ERWIN STOSCHEK

Angewandte Strukturtheorie

Angewandte Strukturtheorie

von
Dr. rer. nat. ERWIN STOSCHEK
Dresden

Mit 55 Abbildungen und 30 Tabellen

Akademie-Verlag · Berlin 1981

Erschienen im Akademie-Verlag, DDR-1080 Berlin, Leipziger Straße 3—4
Lektor: Dipl.-Phys. Gisela Lagowitz

Lizenznummer: 202 · 100/403/81
Umschlaggestaltung: Rolf Kunze
Gesamtherstellung: VEB Druckerei „Thomas Müntzer", 5820 Bad Langensalza
Bestellnummer: 762 400 5 (6398) · LSV 1085
Printed in GDR
DDR 26,— M

Vorwort

Die vorliegende Arbeit entstand während meiner langjährigen Tätigkeit im Wissenschaftsbereich Automatisierte Informationssysteme an der Sektion Informationsverarbeitung der TU Dresden. Die hier unter der Leitung von Herrn Prof. Dr. sc. techn. H. Stahn durchgeführten Arbeiten zur Schaffung einer praxisorientierten Theorie automatisierter Systeme zur Leitung und Steuerung technologischer Prozesse (ASUTP) [1] basieren auf einer konsequenten Benutzung der diskreten Mathematik zur Analyse und Synthese von Systemen und Prozessen. Dabei gewonnene Erkenntnisse (vgl. [2], [3]) sowie rechentechnische und methodisch-didaktische Erfordernisse bildeten Grundlage und Ausgangspunkt für den vorliegenden Versuch einer einheitlichen Betrachtung und Behandlung gewisser mathematischer Grundbegriffe mit dem Ziel der ingenieurmäßigen Anwendung in der Informationsverarbeitung.

Mein besonderer Dank gilt Herrn Prof. Dr. sc. techn. H. Stahn für die ständige Förderung und Ermutigung dieses Vorhabens sowie für viele Anregungen und für fruchtbaren Gedankenaustausch. Anregungen und Beiträge stammen weiterhin von den Diplomanden und Doktoranden des Wissenschaftsbereiches Automatisierte Informationssysteme, Frau Dipl.-Ing. G. Gentzsch [4] (Mitarbeit an Abschn. 3.2.8.), Frau Dipl.-Ing. V. Jonas [5], Frau Dipl.-Ing. I. Thiedig [6], Herrn Dipl.-Ing. P. Schiekel [7], (Mitarbeit an Abschn. 3.3.8.), Herrn Dipl.-Ing. G. Schmidt [8] (Mitarbeit an Abschn. 3.3.3.), Herrn HS-Ing. H. Winter [2], Herrn Dipl.-Math. R. Hesse und Herrn Dipl.-Ing. H. Schodlok [9] (Anregung zu Abschn. 2.9.6.), denen ich an dieser Stelle herzlich danken möchte. Herrn Prof. Dr. rer. nat. habil. M. Peschel danke ich sehr für das fördernde Interesse, das er der vorliegenden Arbeit stets entgegenbrachte. Dem Akademie-Verlag und der Lektorin, Frau Dipl.-Phys. G. Lagowitz, gilt mein Dank für die verständnisvolle Zusammenarbeit.

Dresden, April 1980

E. Stoschek

Inhaltsverzeichnis

1. Einführung

In Teilgebieten der Informationsverarbeitung, wie
- Informationstheorie, Kodierungstheorie,
- angewandte Automatentheorie,
- Theorie der Steuerung und Regelung,
- Theorie der Programmiersprachen,
- Theorie automatisierter Systeme zur Leitung und Steuerung technologischer Prozesse (ASUTP),
- Datenbanksysteme,
- automatische Musterverarbeitung,

in denen reale oder abstrakte Objekte mit mengentheoretischen und algebraischen Mitteln beschrieben werden, spielen die Begriffe
- Äquivalenzrelation, Zerlegung,
- Ordnungsrelation, Ordnung,
- Halbordnungsrelation, Halbordnung, Hassediagramm,
- gerichteter und ungerichteter Graph, Kreis, kreisfreier Graph, Baum, Büschel,
- Gruppe,
- Metrik, metrischer Raum,
- orthogonale Transformation(smatrix)

u.a. eine große Rolle.

Das Anwendungsspektrum reicht dabei von der Definition von Grundbegriffen, z.B.
- nominales (klassifikatorisches), ordinales (komparatives) und kardinales (quantitatives, metrisches) Merkmal in der Theorie automatisierter Systeme zur Leitung und Steuerung technologischer Prozesse,
- Umgebung und Nachbarschaft eines Musterpunktes in der Theorie der automatischen Musterverarbeitung

bis hin zu praktischen Fragestellungen, wie
- Feststellung, ob eine durch Aufzählung ihrer Elemente gegebene binäre Relation R in einer Menge M eine Äquivalenzrelation bzw. Halbordnungsrelation in M ist; in diesem Falle Bestimmung der zugehörigen Zerlegung Z = M/R bzw. des

zugehörigen Hassediagramms,

- Bestimmung der transitiven Hülle einer binären Relation in einer Menge M,
- Bestimmung der kürzesten Weglängen in einem Graphen bei gegebenen direkten Abständen der Knoten,
- Bestimmung der für die Herstellung eines Erzeugnisses insgesamt erforderlichen Bauelemente bzw. Baugruppen bei gegebener Erzeugnisstrukturmatrix (Gozinto-Graph),
- Bereitstellung und Analyse orthogonaler Transformationsmatrizen für eine effektive Bildübertragung, Bildspeicherung und Bildverarbeitung.

Die eingangs genannten Begriffe gehören seit langem zum vollständig ausgearbeiteten klassischen Bestand der Mathematik, sie werden aber i.a. in verschiedenen Teilgebieten (Relationen, Graphentheorie, Algebra, metrische Räume, Funktionaltransformationen) und unter Benutzung unterschiedlicher Notierungsformen behandelt. Ihre Analyse unter dem speziellen Gesichtspunkt der Anwendung in der Informationsverarbeitung zeigt jedoch ([2], [3], [10], vgl. auch [11]):

Vorgenannte Begriffe lassen sich als Spezialfälle einer Struktur

$$S = (M,N;f), \tag{1}$$

$M = \{m_0, m_1, m_2, \ldots, m_{p-1}\}$	–	endliche Menge, $\mathrm{card}(M) = p$, $\dim(M) \geq 1$
N	–	Menge,
$f\colon M \times M \to N$	–	eindeutige Abbildung von $M \times M$ in N

interpretieren, z.B. die genannten Relationen mittels der Zuordnung

$R \subseteq M \times M$	$f\colon M \times M \to N$; $N = \{0,1\}$
xRy	$f(x,y) = 1$
$x\bar{R}y$	$f(x,y) = 0$

. (2)

In diesem Zusammenhang soll dann im folgenden von Äquivalenzstruktur, Halbordnungsstruktur, Büschelstruktur, metrischer

Struktur, orthogonaler Struktur usw. gesprochen werden.

Allgemein können in bezug auf N mehrere Fälle unterschieden werden:

N	S ist eine ... Struktur,	d.h.,
{0,1}	relationale	je zwei Elemente x und y von M stehen entweder zueinander in Beziehung (Relation) oder nicht
$\mathbb{N}, \mathbb{Z}, \mathbb{Q}, \mathbb{R}, \mathbb{C}$ [1]	funktionale	die Beziehung zwischen je zwei Elementen x und y von M wird durch eine Zahl (≙ Abstand, Gewicht,..) beschrieben
M	algebraische	je zwei Elementen x und y von M ist ein Element z von M zugeordnet: $z = x \circ y$ (zweistellige algebraische Operation)
P(M)		je zwei Elementen x und y von M ist ein Element der Potenzmenge von M, also eine Teilmenge von M zugeordnet

1) Menge der natürlichen, ganzen, rationalen, reellen bzw. komplexen Zahlen.

Hierauf fußend scheint eine einheitliche mathematische Behandlung von praktisch relevanten Analyse- und Syntheseproblemen derartiger spezieller Strukturen möglich.

In der vorliegenden Arbeit wird ein Ansatz für eine solche einheitliche Behandlung vorgestellt, der zunächst im wesentlichen nur relationale und funktionale Strukturen erfaßt. Er ist als erste Ausbaustufe einer ingenieurmäßig orientierten "angewandten Strukturtheorie" konzipiert.

Grundlage dieses Ansatzes ist die Beschreibung der Struktur S durch die quadratische Strukturmatrix

$$\underline{f} = \left(f[i,j]\right)_{i=0,j=0}^{p-1,p-1} \quad ; \quad f[i,j] = f(m_i,m_j) \in N \quad , \qquad (3)$$

den Werteteil der Tabellendarstellung der Abbildung f (Abb. 1).

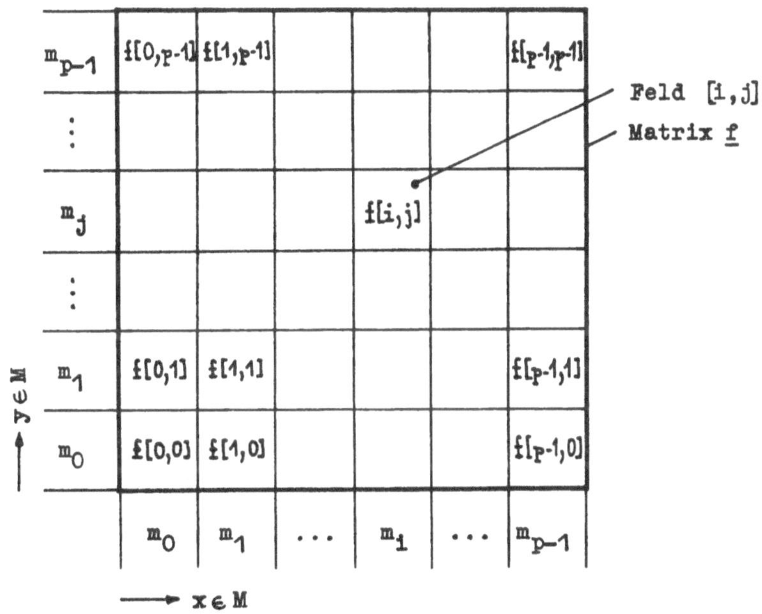

Abb. 1 Tabellendarstellung (Wertetabelle) der Abbildung $f: M \times M \to N$

Die hier gewählte Notierungsform der Wertetabelle von f und damit der Matrix $\underline{f}$

$$j \uparrow \begin{array}{|c|c|} \hline f[0,1] & f[1,1] \\ \hline f[0,0] & f[1,0] \\ \hline \end{array} \; \underset{\longrightarrow i}{} \equiv \; j \uparrow \left(\begin{array}{ccc} \vdots & \vdots & \\ f[0,1] & f[1,1] & \dots \\ f[0,0] & f[1,0] & \dots \end{array} \right. \underset{\longrightarrow i}{} \tag{4}$$

entspricht dem kartesischen Koordinatensystem. $\underline{f}$ ist damit gegenüber der üblichen Notierung

$$\overset{\longrightarrow j}{} \; i \downarrow \begin{array}{|c|c|} \hline f[0,0] & f[0,1] \\ \hline f[1,0] & f[1,1] \\ \hline \end{array} \equiv \; \overset{\longrightarrow j}{} \; i \downarrow \left(\begin{array}{ccc} f[0,0] & f[0,1] & \dots \\ f[1,0] & f[1,1] & \dots \\ \vdots & \vdots & \end{array} \right. \tag{5}$$

um $+90^{\circ}$ gedreht.

Im Kopfteil der Wertetabelle von f sind in horizontaler und vertikaler Richtung die Elemente von M eingetragen, und zwar in der (problembegründet oder willkürlich festgelegten) Reihenfolge, in der sie in $M = \{m_0, m_1, m_2, \dots, m_{p-1}\}$ aufgeschrieben sind. Die dadurch festgelegte Ordnung $m_0 \prec m_1 \prec m_2 \prec \dots \prec m_{p-1}$ bestimmt die Indizierung der Elemente von $\underline{f}$.

Der benutzte mathematische Apparat ist ein erweiterter Matrizenkalkül für quadratische Matrizen über einem kommutativen Semiring mit Null- und Einselement

$$V = (N; \boldsymbol{+}, \bullet) \tag{6}$$

- Addition $\boldsymbol{+}$ und Multiplikation $\bullet$ sind kommutativ und assoziativ,
- die Multiplikation ist bezüglich der Addition distributiv,

- bezüglich der $<$ Addition / Multiplikation gibt es genau ein neutrales Element, das $<$ Nullelement λ / Einselement μ des Semiringes,

der neben den klassischen Matrizenoperationen, wie Addition, äußere und innere Multiplikation, auch über "algorithmisch orientierte" (insbesondere an Musterverarbeitungsoperationen und schnelle Algorithmen zur Berechnung von Matrizenpotenzen und Matrizenpotenzreihen (vgl. [12], [13], [14]) angelehnte) Matrizenoperationen verfügt und dadurch für die vorliegenden Anwendungen wesentlich leistungsfähiger ist bzw. die geschlossene Lösung gewisser Aufgabenstellungen überhaupt erst ermöglicht. Er ist formal einfach handhabbar, die erhaltenen Lösungen sind weitgehend rechnergerecht. Sein Anwendungbereich erstreckt sich auch auf die hier nicht betrachteten Strukturen des Typs

$$(M,N;f_1,f_2,..) \quad ; \quad f_i: M{\times}M \rightarrow N. \qquad (7)$$

Von besonderer Bedeutung sind nachstehende Spezialfälle des Semiringes V:

Spezialfall	Symbol
V mit idempotenter Addition und $a \bullet \lambda = \lambda$, $a + \mu = \mu$ für alle $a \in M$	W
distributiver Verband	V_1
Ring	V_2
Körper	V_3

In allen diesen Fällen wird der Addition $+$ formal eine Subtraktion $\boldsymbol{-}$ zugeordnet:

$$a \square b ::= \begin{cases} \lambda & \text{für } a = b, \\ a & \text{für } a \neq b\text{ ; } V = W, V_1 \\ & \text{(in diesen Fällen ist keine} \\ & \text{eindeutige Umkehroperation} \\ & \text{der Addition vorhanden, für} \\ & a \neq b \text{ wird } a \square b = a \text{ gesetzt),} \\ a \blacksquare b & \text{für } a \neq b\text{ ; } V = V_2, V_3 \\ & \text{(in diesen Fällen ist die} \\ & \text{Subtraktion die vorhandene} \\ & \text{eindeutige Umkehroperation} \\ & \text{der Addition).} \end{cases} \qquad (8)$$

Einige Beispiele für Semiringe V sind in Tab. 1 zusammengestellt.

Der folgende Abschnitt 2. beinhaltet den genannten Matrizenkalkül. Nach der Definition der quadratischen Matrix über V und der Einführung einiger spezieller quadratischer Matrizen werden zunächst einstellige Matrizenoperationen, wie Bildung der Transponierten, des Hauptdiagonalanteils und des symmetrischen Anteils, betrachtet. Es folgen die klassischen zweistelligen Matrizenoperationen Addition, innere und äußere Multiplikation sowie die Bildung von Matrizenpotenzen. Den Abschluß bildet die Einführung der algorithmisch orientierten Matrizenoperationen Aufwärts- und Abwärtsiteration.

Basierend auf diesem mathematischen Apparat werden in Abschnitt 3. die Struktur S und einige ihrer Unterformen untersucht, die durch spezielle Matrizengleichungen charakterisiert sind; es sind dies in Abschnitt 3.2. die transitive Struktur, in Abschnitt 3.3. die antisymmetrische relationale Struktur und in Abschnitt 3.4. die orthogonale Struktur.

Ein wesentliches Ergebnis des Abschnittes 3.2. ist die Feststellung, daß Äquivalenzstruktur, Halbordnungsstruktur und metrische Struktur - Strukturen, auf denen die dem wissenschaftlich-technischen Denken des Menschen zugrundeliegenden elementaren Operationen Klassifizieren, Ordnen (Halbordnen) und Messen basieren - Spezialfälle der transitiven Struktur darstellen, aus dieser neben einer Reihe weiterer spezieller

Strukturen deduktiv gewonnen und mathematisch völlig einheitlich behandelt werden können: so haben z.B. in Matrizenschreibweise die Kriterien für das Vorliegen dieser Strukturen gleiche Form, und es läßt sich in Analogie zum Hauptsatz über Äquivalenzrelationen ein einheitlicher Hauptsatz über transitive Strukturen formulieren.

Ebenfalls von großer praktischer Bedeutung ist die antisymmetrische relationale Struktur (hierzu gehören z.B. Halbordnungsstruktur, Büschelstrutur, Kreisstruktur). In Abschnitt 3.3. wird zunächst ein auf Matrizenkriterien basierendes Klassifikationsschema für diesen Strukturtyp angegeben. Im Anschluß daran werden Zerfällung, Transformation und Zusammenfassung antisymmetrischer relationaler Strukturen behandelt:

- Abspaltung einer Halbordnungsstruktur, Büschelstruktur bzw. Dreiecksstruktur,
- Entwicklung in eine Halbordnungsstrukturreihe,
- Aufspaltung einer Büschel-Kreis-Struktur,
- Büschel-Kreis-Transformation,
- Zusammenfassung nach Kreisen und anderen speziellen Teilstrukturen.

Abschnitt 3.4. schließlich gibt einen Überblick über praktisch wichtige orthogonale Strukturen (Anwendungsgebiete: Transformation diskontinuierlicher Signale und Muster) und über einige Möglichkeiten zur Konstruktion derartiger Strukturen.

Der hier vorgelegte Beitrag zu einer angewandten Strukturtheorie betont den systematischen und den algorithmischen Realisierungsaspekt, dabei wurde zunächst zugunsten einer knappen Darstellung auf eine strenge mathematische Grundlegung verzichtet.

N	a ✚ b	a ● b	λ	μ	V	a ▭ b
$\{0,1\}$	$a \vee b$	$a \wedge b$	0	1	W, V_1	$a \wedge \overline{b}$
	$a \wedge b$	$a \vee b$	1	0	W, V_1	$a \vee \overline{b}$
	$a \oplus b$	$a \wedge b$	0	1	V_3	$a \oplus b$
	$a \leftrightarrow b$	$a \vee b$	1	0	V_3	$a \leftrightarrow b$
$\mathbb{R}(0, <_1^\infty)$	max(a,b)	min(a,b)	0	$<_1^\infty$	W, V_1	
	min(a,b)	max(a,b)	$<_1^\infty$	0	W, V_1	
$\mathbb{R}(0,\infty)$	min(a,b)	$a + b$	∞	0	W	
$\mathbb{R}(0,1)$	min(a,b)	$\frac{a + b}{1 + a \cdot b}$	1	0	W	$\begin{cases} \lambda & \text{für } a = b \\ a & \text{für } a \neq b \end{cases}$
$\mathbb{R}(0,1)$	max(a,b)	$a \cdot b$	0	1	W	
$\mathbb{R}(1,\infty)$	min(a,b)	$a \cdot b$	∞	1	W	
$\mathbb{N}(1,\infty)$	kgV(a,b)	ggT(a,b)	1	∞	W, V_1	
	ggT(a,b)	kgV(a,b)	∞	1	W, V_1	
$\mathbb{N}(1,\infty)$	ggT(a,b)	$a \cdot b$	∞	1	W	
$\mathbb{R}(-\infty,+\infty)$	$a + b$	a b	0	1	V_3	$a - b$
$\mathbb{N}(0,k-1)$ k – Primzahl	$a + b$ modk	$a \cdot b$ modk	0	1	V_3	$a - b$ modk

Tabelle 1 Einige Semiringe V = (N; ✚, ●)

N	a ✚ b	a ● b	λ	μ	V	a ▭ b
$\mathbb{N}(0,\infty)$	$a \sqcup b$	$a \sqcap b$	0	∞	W, V_1	$\begin{cases} \lambda & \text{für } a = b \\ a & \text{für } a \neq b \end{cases}$
	bitweise Disjunktion der Dualdarstellungen der nat. Zahlen a und b	bitweise Konjunktion der Dualdarstellungen der nat. Zahlen a und b				
	$a \sqcap b$	$a \sqcup b$	∞	0	W, V_1	
	$a \oplus b$ bitweise Addition modulo 2	$a \sqcap b$	0	∞	V_2	$a \oplus b$
P(M)	$a \cap b$	$a \cup b$	I Universal-menge	$\emptyset$ leere Menge	W	$\begin{cases} I & \text{für } a = b \\ a & \text{für } a \neq b \end{cases}$
P(M)	$a \Delta b$ symmetrische Differenz der Mengen a u. b	$a \cap b$	$\emptyset$	I	V_2	$a \Delta b$

Tabelle 1 Fortsetzung

2. Erweiterter Matrizenkalkül für quadratische Matrizen

2.1. Quadratische Matrix

Ausgehend von der in Abschnitt 1. skizzierten Problemstellung definieren wir:

Eine p-reihige quadratische Matrix (p-p-Matrix) ist der Werteteil der Tabellendarstellung einer eindeutigen Abbildung

$$f: \mathbb{N}(0,p-1) \times \mathbb{N}(0,p-1) \rightarrow N, \tag{9}$$

N - Trägermenge eines kommutativen Semiringes $V = (N; \boldsymbol{+}, \bullet)$ mit Nullelement λ und Einselement μ

gemäß Abb. 1 :

$$\underline{f} = \left(f[i,j]\right)_{i=0,j=0}^{p-1,p-1} = \begin{bmatrix} f[0,p-1] & f[1,p-1] & .. & f[p-1,p-1] \\ \vdots & \vdots & & \vdots \\ f[0,2] & f[1,2] & .. & f[p-1,2] \\ f[0,1] & f[1,1] & .. & f[p-1,1] \\ f[0,0] & f[1,0] & .. & f[p-1,0] \end{bmatrix} . \tag{10}$$

Die $f[i,j] \in N$ heißen Elemente der Matrix $\underline{f}$.

Die Elemente	bilden die ... der Matrix $\underline{f}$.
$f[i,0], f[i,1], .., f[i,p-1]$	Spalte i
$f[0,j], f[1,j], .., f[p-1,j]$	Zeile j
$f[0,0], f[1,1], .., f[p-1,p-1]$	Hauptdiagonale

Im folgenden werden, falls nichts anderes vereinbart ist, nur quadratische Matrizen betrachtet.

2.2. Spezielle quadratische Matrizen

2.2.1. Nullmatrix, Einsmatrix, Einheitsmatrix, Permutationsmatrix, Diagonalmatrix, Dreiecksmatrix

Nachstehende Tabelle 2 führt einige häufig benutzte quadratische Matrizen ein.

Eine Matrix $\underline{f} = \left(f[i,j]\right)_{i=0,j=0}^{p-1,p-1}$,	heißt	Symbol
deren Elemente sämtlich gleich λ sind	Nullmatrix	$\underline{0}$
deren Elemente sämtlich gleich μ sind	Einsmatrix	$\underline{1}$
deren Nichthauptdiagonalelemente sämtlich gleich λ und deren Hauptdiagonalelemente sämtlich gleich μ sind	Einheitsmatrix	$\underline{e}$
deren Nichthauptdiagonalelemente sämtlich gleich λ und deren Hauptdiagonalelemente gleich λ oder gleich μ sind		$\underline{\varepsilon}$
die in jeder Spalte und in jeder Zeile genau einmal das Einselement μ enthält und deren Elemente sonst sämtlich gleich λ sind	Permutationsmatrix	
deren Nichthauptdiagonalelemente sämtlich gleich λ sind	Diagonalmatrix	
deren $<\begin{matrix}\text{unterhalb}\\ \text{oberhalb}\end{matrix}$ der Hauptdiagonale befindlichen Elemente sämtlich gleich λ sind	$\begin{matrix}\text{obere}\\ \text{untere}\end{matrix}>$ Dreiecksmatrix	
deren Nichthauptdiagonalelemente sämtlich ungleich μ sind	definit	
deren symmetrisch zur Hauptdiagonale liegende Elementepaare sämtlich ungleich (λ,λ) sind	konnex	
mit $f[i,j] \in \{0,1\}$	binär	

Tabelle 2 Spezielle quadratische Matrizen

2.2.2. Verallgemeinerte Diagonalmatrix

Eine quadratische Matrix $\underline{f}$, die folgenden Aufbau besitzt

$\underline{f} =$

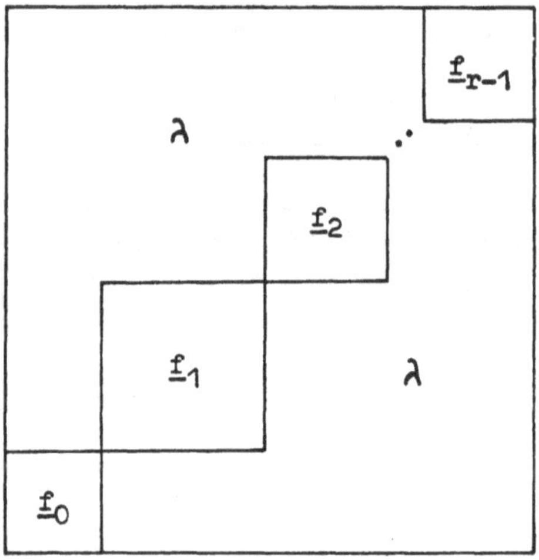

(11.1)

d.h., deren außerhalb der durch die quadratischen Untermatrizen $\underline{f}_0$, $\underline{f}_1$, $\underline{f}_2$, ..,$\underline{f}_{r-1}$ gebildeten "Hauptdiagonale" stehenden Elemente sämtlich gleich λ sind, wird als verallgemeinerte Diagonalmatrix bezeichnet und

$$\underline{f} = [\underline{f}_0, \underline{f}_1, \underline{f}_2, \ldots, \underline{f}_{r-1}] \qquad (11.2)$$

notiert.

2.3. Gleichheit quadratischer Matrizen

Zwei p-p-Matrizen $\underline{f}$ und $\underline{g}$ sind gleich, in Zeichen $\underline{f} = \underline{g}$, wenn alle gleichliegenden Elemente übereinstimmen.

2.4. Transponierte Matrix, Symmetrie

Die Matrix

$$\underline{f}^T = \left(f[j,i] \right)_{i=0,\,j=0}^{p-1,\,p-1} \qquad (12)$$

heißt die zu $\underline{f}$ transponierte Matrix. Sie geht aus $\underline{f}$ durch Vertauschen gleichliegender Spalten und Zeilen (Spiegelung an der Hauptdiagonalen) hervor. Es gilt

$$(\underline{f}^T)^T = \underline{f} \qquad (13)$$

Für

$$\underline{f} = \underline{f}^T \tag{14}$$

heißt $\underline{f}$ symmetrisch.

2.5. Hauptdiagonalanteil und symmetrischer Anteil einer Matrix

Die Matrizen

$$\mathrm{re}(\underline{f}) = \begin{pmatrix} \lambda & \text{für} & i \neq j \\ f[i,j] & & i = j \end{pmatrix}_{i=0,j=0}^{p-1,p-1} \tag{15}$$

$$\mathrm{sym}(\underline{f}) = \begin{pmatrix} f[i,j] \bullet f[j,i] & \text{für} & f[i,j] \neq f[j,i] \\ f[i,j] & & f[i,j] = f[j,i] \end{pmatrix}_{i=0,j=0}^{p-1,p-1} \tag{16}$$

stellen den Hauptdiagonalanteil bzw. den symmetrischen Anteil der Matrix $\underline{f}$ dar; die Matrizen

$$\underset{\bullet}{\underline{f}} = \begin{pmatrix} f[i,j] & \text{für} & i \neq j \\ \lambda & & i = j \end{pmatrix}_{i=0,j=0}^{p-1,p-1} \tag{17.1}$$

$$\dot{\underline{f}} = \begin{pmatrix} f[i,j] & \text{für} & i \neq j \\ \mu & & i = j \end{pmatrix}_{i=0,j=0}^{p-1,p-1} \tag{17.2}$$

gehen aus $\underline{f}$ durch Überschreiben der Hauptdiagonale mit dem Nullelement λ bzw. dem Einselement μ des Semiringes V hervor.

Die Symmetriebedingung Gl. (14) läßt sich damit wie folgt notieren:

$$\mathrm{sym}(\underline{f}) = \underline{f} \quad ; \tag{18}$$

gilt

$$\mathrm{sym}(\underline{f}) = \mathrm{re}(\underline{f}) \quad , \tag{19.1}$$

in Komponentenschreibweise

$$\underset{\substack{i,j \in \mathbb{N}(0,p-1) \\ i \neq j}}{(\forall i)(\forall j)} \quad f[i,j] \neq \lambda \rightarrow f[j,i] = \lambda \quad , \tag{19.2}$$

so heißt $\underline{f}$ antisymmetrisch.

2.6. Drehung einer Matrix

Eine Matrix $\underline{f}$ geht durch Drehung um 180° in die Matrix

$$\underline{f}^D = \left(f[p-1-i, p-1-j] \right)_{i=0,j=0}^{p-1,p-1} \tag{20}$$

über. Es gelten die Beziehungen

$$(\underline{f}^D)^D = \underline{f} , \tag{21}$$

$$(\underline{f}^D)^T = (\underline{f}^T)^D \tag{22}$$

2.7. Zugeordnete Relationsmatrix

Die binäre Matrix

$$r(\underline{f}) = \left(\begin{matrix} 0 \\ 1 \end{matrix} \quad \text{für} \quad \begin{matrix} f[i,j] = \lambda \\ f[i,j] \neq \lambda \end{matrix} \right)_{i=0,j=0}^{p-1,p-1} \tag{23}$$

heißt die $\underline{f}$ zugeordnete Relationsmatrix.

2.8. Zweistellige Matrizenoperationen

2.8.1. Addition

2.8.1.1. Definition

Die Summe der p-p-Matrizen $\underline{f}$ und $\underline{g}$ über V wird durch Addition gleichliegender Elemente gebildet:

$$\underline{f} \oplus \underline{g} = \left(f[i,j] \oplus g[i,j] \right)_{i=0,j=0}^{p-1,p-1} \tag{24}$$

Anmerkung:
Völlig analog hierzu kann auch eine "Differenz" $\underline{f} \ominus \underline{g}$ und ein Produkt $\underline{f} \bullet \underline{g}$ definiert werden.

2.8.1.2 Eigenschaften

- $\underline{f} \oplus \underline{g} = \underline{g} \oplus \underline{f}$, (25)
- $(\underline{f} \oplus \underline{g}) \oplus \underline{h} = \underline{f} \oplus (\underline{g} \oplus \underline{h})$, (26)
- $\underline{f} \oplus \underline{0} = \underline{0} \oplus \underline{f} = \underline{f}$, (27)
- $(\underline{f} \oplus \underline{g})^T = \underline{f}^T \oplus \underline{g}^T$, (28)
- $(\underline{f} \oplus \underline{g})^D = \underline{f}^D \oplus \underline{g}^D$. (29)

2.8.2. Innere Multiplikation

2.8.2.1. Definition

Das innere Produkt der p-p-Matrizen $\underline{f}$ und $\underline{g}$ über V ist eine p-p-Matrix, deren Elemente i,j durch skalare Multiplikation von Spalte i der Matrix $\underline{f}$ und Zeile j der Matrix $\underline{g}$ gebildet wird:

$$\underline{f}\,\underline{g} = \left(\sum_{k=0}^{p-1} f[i,k] \bullet g[k,j] \right)_{i=0,j=0}^{p-1,p-1} \tag{30}$$

2.8.2.2. Eigenschaften

- Die innere Multiplikation ist nicht kommutativ, d.h., im allgemeinen gilt
  $\underline{f}\,\underline{g} \neq \underline{g}\,\underline{f}$ für $\underline{f} \neq \underline{g}$, (31)
  andernfalls heißen $\underline{f}$ und $\underline{g}$ bezüglich der inneren Multiplikation vertauschbar.
- $(\underline{f}\,\underline{g})\,\underline{h} = \underline{f}\,(\underline{g}\,\underline{h})$, (32)
- $(\underline{f} \boldsymbol{+} \underline{g})\,\underline{h} = \underline{f}\,\underline{h} \boldsymbol{+} \underline{g}\,\underline{h}$, (33.1)
  $\underline{f}\,(\underline{g} \boldsymbol{+} \underline{h}) = \underline{f}\,\underline{g} \boldsymbol{+} \underline{f}\,\underline{h}$, (33.2)
- $\underline{f}\,\underline{0} = \underline{0}\,\underline{f} = \underline{0}$, (34)
- Auch für $\underline{f},\underline{g} \neq \underline{0}$ kann gelten $\underline{f}\,\underline{g} = \underline{0}$. (35)
- $\underline{f}\,\underline{e} = \underline{e}\,\underline{f} = \underline{f}$, (36)
- $(\underline{f}\,\underline{g})^T = \underline{g}^T\,\underline{f}^T$, (37)
- $(\underline{f}\,\underline{g})^D = \underline{f}^D\,\underline{g}^D$, (38)
- $\underline{f} = \left[\underline{f}_0,\underline{f}_1,\ldots,\underline{f}_{r-1}\right]$ und $\underline{g} = \left[\underline{g}_0,\underline{g}_1,\ldots,\underline{g}_{r-1}\right]$ seien zwei p-p-Quasidiagonalmatrizen mit gleichem Aufbau. Dann ist
  $\underline{f}\,\underline{g} = \left[\underline{f}_0\,\underline{g}_0,\underline{f}_1\,\underline{g}_1,\ldots,\underline{f}_{r-1}\,\underline{g}_{r-1}\right]$ (39)

2.8.3. Äußere Multiplikation

2.8.3.1. Definition

Das äußere (tensorielle) Produkt der p-p-Matrix $\underline{f}$ und der q-q-Matrix $\underline{g}$ über V ist eine pq-pq-Matrix mit dem Bildungsgesetz

$$\underline{f} \otimes \underline{g} = \left(f[\mathrm{entier}(\tfrac{i}{q}),\mathrm{entier}(\tfrac{j}{q})] \bullet g[i \bmod q, j \bmod q] \right)_{i=0,\,j=0}^{pq-1,\,pq-1} . \quad (40)$$

2.8.3.2. Eigenschaften

- $\underline{f} \otimes \underline{g} \neq \underline{g} \otimes \underline{f}$ für $\underline{f} \neq \underline{g}$, (41)
- $(\underline{f} \otimes \underline{g}) \otimes \underline{h} = \underline{f} \otimes (\underline{g} \otimes \underline{h})$, (42)
- $(\underline{f} \boldsymbol{+} \underline{g}) \otimes \underline{h} = \underline{f} \otimes \underline{h} \boldsymbol{+} \underline{g} \otimes \underline{h}$, (43.1)
  $\underline{f} \otimes (\underline{g} \boldsymbol{+} \underline{h}) = \underline{f} \otimes \underline{g} \boldsymbol{+} \underline{f} \otimes \underline{h}$, (43.2)
- $(\underline{f} \otimes \underline{g})^T = \underline{f}^T \otimes \underline{g}^T$, (44)
- $(\underline{f} \otimes \underline{g})^D = \underline{f}^D \otimes \underline{g}^D$, (45)
- $(\underline{f}_1 \otimes \underline{g}_1)\,(\underline{f}_2 \otimes \underline{g}_2) = (\underline{f}_1\,\underline{f}_2) \otimes (\underline{g}_1\,\underline{g}_2)$. (46)

2.8.4. Matrizenpotenzen

2.8.4.1. Definition

Die m-te $<\begin{matrix}\text{äußere}\\ \text{innere}\end{matrix}$ Potenz ($m \geq 2$) der Matrix $\underline{f}$ über V ist das $<\begin{matrix}\text{äußere}\\ \text{innere}\end{matrix}$ Produkt aus m Faktoren $\underline{f}$:

$$\underline{f}^{\textcircled{m}} = \underline{f} \otimes \underline{f} \otimes \ldots \otimes \underline{f} \tag{47}$$

$$\underline{f}^{m} = \underline{f}\,\underline{f} \ldots \underline{f} \tag{48}$$

Für m = 0 und m = 1 wird vereinbart:

$$\underline{f}^{0} = \underline{e} \qquad \text{- p-p-Einheitsmatrix ,} \tag{49}$$

$$\underline{f}^{\textcircled{0}} = (\mu) \qquad \text{- 1-1-Einheitsmatrix ,} \tag{50}$$

$$\underline{f}^{1} = \underline{f}^{\textcircled{1}} = \underline{f} \ . \tag{51}$$

2.8.4.2. Eigenschaften

- $\underline{f}^{l}\,\underline{f}^{m} = \underline{f}^{l+m}$, (52)
- $(\underline{f}\,\underline{g})^{m} = \underline{f}^{m}\,\underline{g}^{m}$, (53)
- $(\underline{f}^{T})^{m} = (\underline{f}^{m})^{T}$, (54)
- $(\underline{f}^{D})^{m} = (\underline{f}^{m})^{D}$, (55)
- $\underline{f}^{\textcircled{l}} \otimes \underline{f}^{\textcircled{m}} = \underline{f}^{\textcircled{l+m}}$, (56)
- $(\underline{f}^{T})^{\textcircled{m}} = (\underline{f}^{\textcircled{m}})^{T}$, (57)
- $(\underline{f}^{D})^{\textcircled{m}} = (\underline{f}^{\textcircled{m}})^{D}$, (58)
- $(\underline{f}^{\textcircled{l}})^{m} = (\underline{f}^{m})^{\textcircled{l}}$; $l,m \geq 1$. (59)

2.9. Algorithmisch orientierte Matrizenoperationen

Im vorliegenden Abschnitt werden zwei Arten von Matrizenoperationen eingeführt, die in dem zuvor skizzierten klassischen Matrizenkalkül nicht enthalten, mit diesem aber völlig kompatibel sind und seine Leistungsfähigkeit wesentlich erhöhen. Sie sollen als Aufwärtsiteration und als Abwärtsiteration bezeichnet werden. Ihre Formulierung wurde durch

- die in der automatischen Musterverarbeitung benutzten lokalen Operatoren mit Rückwärtskopplung

- und durch schnelle Algorithmen zur Berechnung der inneren Potenz einer quadratischen Matrix über einen Semiring V und zugehöriger Matrizenpotenzreihen

angeregt.

Es liegt nahe, weitere derartige Matrizenoperationen zu untersuchen (Ideeneinzugsgebiete: automatische Musterverarbeitung, schnelle Algorithmen, Turingautomat mit zweidimensionalem Werteband, zellulare Automaten, kombinatorische Geometrie,..).

2.9.1. Aufwärtsiteration Typ 1

2.9.1.1. Definition

Die Aufwärtsiterierte it↑(f) der p-p-Matrix f mit re(f) = g über V ist eine p-p-Matrix, die in nachstehendem Tabellenschema (Abb. 2) seriell-parallel gebildet wird.

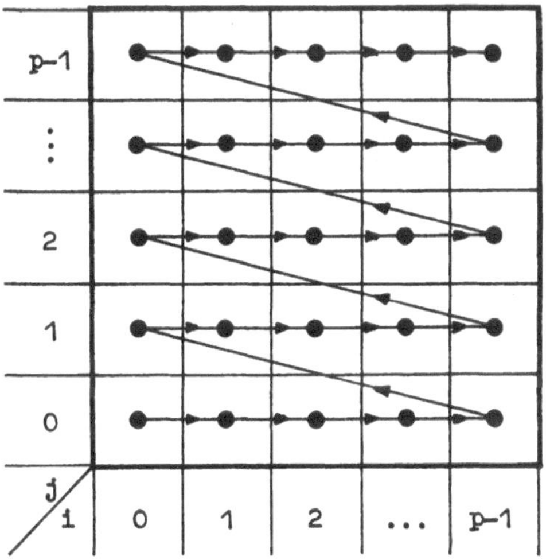

Abb. 2 Tabellenschema zur Bildung der Aufwärtsiterierten Typ 1

- Die p^2 Felder der Tabelle werden dabei nacheinander, getaktet, in der Reihenfolge

$$[0,0]\ ,[1,0]\ ,[2,0]\ ,\ldots,[p-1,0],$$
$$[0,1]\ ,[1,1]\ ,[2,1]\ ,\ldots,[p-1,1],$$
$$[0,2]\ ,[1,2]\ ,[2,2]\ ,\ldots,[p-1,2],\ldots,$$
$$[0,p-1],[1,p-1],[2,p-1],\ldots,[p-1,p-1] \tag{60.1}$$

durchlaufen ("zeilenweise mit Rücksprung"), d.h., zum Taktzeitpunkt $t \in \mathbb{N}(0,\infty)$ ist das Feld

$$[t \bmod p, \mathrm{entier}(\tfrac{t}{p})] \tag{60.2}$$

erreicht.

- Vor dem Taktzeitpunkt $t = 0$ sind die Felder $[i,j]$ der Tabelle mit den Elementen $h_a[i,j]$ der Anfangsmatrix $\underline{h}_a$ belegt. Hierbei ist

$$\underline{h}_a = \underline{f} \quad . \tag{61}$$

- Zum Taktzeitpunkt t $(0 \leq t \leq p^2-1)$ sei das Feld

$$[l = t \bmod p, m = \mathrm{entier}(\tfrac{t}{p})] \tag{62}$$

erreicht (Abb. 3).

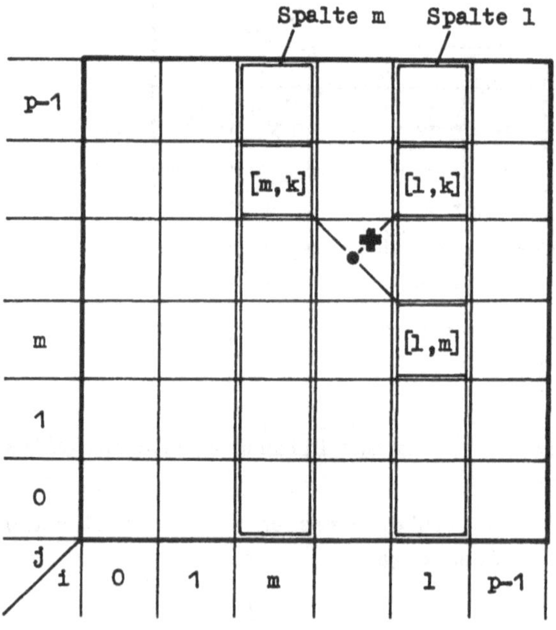

Abb. 3 Berechnung von $h'[l,k]$

Die Felder $[i,j]$ der Tabelle seien mit den Elementen $h[i,j]$ der Matrix $\underline{h}$ belegt. Für

$$1 \neq m \quad \text{und} \quad h[l,m] \neq \lambda \tag{63.1}$$

wird dann in allen Feldern $[l,k]$ der Spalte l der alte Feldinhalt $h[l,k]$ mit dem neuen Feldinhalt

$$h'[l,k] = h[l,k] + h[l,m] \bullet h[m,k] \tag{63.2}$$

überschrieben, andernfalls nicht verändert.

- Die Aufwärtsiteration ist mit Beendigung des Durchlaufes $[0,0] \rightarrow [p-1,p-1]$, also zum Taktzeitpunkt $t = p^2-1$ beendet. Die Tabelle ist dann mit den Elementen $h_e[i,j]$ der Endmatrix $\underline{h}_e$ belegt, und es gilt

$$\text{it}\!\uparrow\!(\underline{f}) = \underline{h}_e \quad . \tag{64}$$

Das vorstehend beschriebene Bildungsgesetz für $\text{it}\!\uparrow\!(\underline{f})$ läßt sich sehr übersichtlich in AAS-Form [1] notieren (Tab. 3).

Anmerkung:

Für $V = (\{0,1\}; \vee, \wedge)$ können die $f[i,j]$ auch Schaltfunktionen in Zeichenreihendarstellung, für $V = (\mathbb{R}(-\infty,+\infty); +, \cdot)$ auch Polynome sein.

2.9.1.2. Potenzreihendarstellung von $\text{it}\!\uparrow\!(\underline{f})$

Satz:

Wenn die Matrizenpotenzreihe

$$\sum_{k=1}^{\infty} \underline{f}^k \quad , \quad \text{re}(\underline{f}) = \underline{\varepsilon} \quad , \tag{65.1}$$

über V konvergiert (d.h., wenn die Folge ihrer Partialsummen

$$\underline{s}_n = \sum_{k=1}^{n} \underline{f}^k \tag{65.2}$$

einem Grenzwert $\underline{s}$ zustrebt), dann ist ihre Summe gleich $\text{it}\!\uparrow\!(\underline{f})$:

$$\text{it}\!\uparrow\!(\underline{f}) = \sum_{k=1}^{\infty} \underline{f}^k \quad . \tag{65.3}$$

Regel	Bedingung	Aktion	Verbundaktion
1		$l := 0$, $m := 0$, $\underline{h} := \underline{f}$	
2	$l = m = p-1$	Verfahren beenden. $it\dagger(\underline{f}) := \underline{h}$	stop
3	$l \neq m$ und $h[l,m] \neq \lambda$	In allen Feldern $[l,k]$ der Spalte l alten Feldinhalt $h[l,k]$ mit neuem Feldinhalt $h[l,k] := h[l,k] \boldsymbol{+} h[l,m] \bullet h[m,k]$ $k = 0(1)p-1$ überschreiben.	
4		$m := m + \text{entier}(\frac{l+1}{p})$, $l := l+1 \bmod p$	goto r2

Tabelle 3 Bildung von $it\dagger(\underline{f})$

Folgerung 1:
Für V = W und $re(\underline{f}) = \underline{e}$ gilt

$$it\uparrow(\underline{f}) = \sum_{k=1}^{p} \underline{f}^{k} \quad . \tag{66}$$

Folgerung 2:
Für V = W und $re(\underline{f}) = \underline{e}$ gibt es eine kleinste natürliche Zahl m mit $1 \leq m \leq p-1$, so daß gilt

$$\underline{f}^{m} = \underline{f}^{m+1} \quad . \tag{67.1}$$

Dann hat man

$$it\uparrow(\underline{f}) = \underline{f}^{m} \quad . \tag{67.2}$$

Folgerung 3:
Ist $re(\underline{f}) = sym(\underline{f}) = re(it\uparrow(\underline{f})) = \underline{0}$, so hat man für beliebige V

$$it\uparrow(\underline{f}) = \sum_{k=1}^{p-1} \underline{f}^{k} \quad , \tag{68.1}$$

und es gibt eine kleinste natürliche Zahl m mit $2 \leq m \leq p-1$, so daß gilt

$$\underline{f}^{m} = \underline{0} \quad . \tag{68.2}$$

Für den Spezialfall $V = (\mathbb{R}\,(-\infty,+\infty);+,\cdot)$ ist dann außerdem

$$it\uparrow(\underline{f}) = \underline{f}\,(\underline{e} - \underline{f})^{-1} = (\underline{e} - \underline{f})^{-1} - \underline{e} \tag{68.3}$$

(Neumannsche Reihe).

2.9.1.3. Beispiele

2.9.1.3.1. Beispiel 1

$V = (\{0,1\};\vee,\wedge)$,

$$\underline{f} = \begin{bmatrix} 0&0&1&0&0&0&0\\ 0&0&0&1&0&0&1\\ 0&0&1&0&0&0&0\\ 0&0&0&0&1&0&0\\ 0&0&0&0&0&0&0\\ 0&0&0&1&0&0&0\\ 0&0&0&0&1&0&0 \end{bmatrix} \quad , \quad it\uparrow(\underline{f}) = \begin{bmatrix} 0&0&1&0&0&0&0\\ 0&0&1&1&1&0&1\\ 0&0&1&0&0&0&0\\ 0&0&1&0&1&0&0\\ 0&0&0&0&0&0&0\\ 0&0&1&1&1&0&0\\ 0&0&1&0&1&0&0 \end{bmatrix} \quad . \tag{69}$$

2.9.1.3.2. Beispiel 2

$V = (\mathbb{R}(0,\infty);\min,+)$

$$\underline{f} = \begin{bmatrix} 9 & 8 & 10 & 13 & 15 & 0 \\ 6 & 7 & 5 & 2 & 0 & 15 \\ 4 & 5 & 2 & 0 & 2 & 13 \\ 2 & 2 & 0 & 2 & 5 & 10 \\ 1 & 0 & 2 & 5 & 7 & 8 \\ 0 & 1 & 2 & 4 & 6 & 9 \end{bmatrix}, \quad it\uparrow(\underline{f}) = \begin{bmatrix} 9 & 8 & 10 & 12 & 14 & 0 \\ 6 & 6 & 4 & 2 & 0 & 14 \\ 4 & 4 & 2 & 0 & 2 & 12 \\ 2 & 2 & 0 & 2 & 4 & 10 \\ 1 & 0 & 2 & 4 & 6 & 8 \\ 0 & 1 & 2 & 4 & 6 & 9 \end{bmatrix}. \quad (70)$$

2.9.1.3.3. Beispiel 3

$V = (\mathbb{N}(1,\infty);\mathrm{ggT},\cdot)$

$$\underline{f} = \begin{bmatrix} \infty & 3 & 2 & \infty & \infty & 1 \\ 5 & \infty & \infty & \infty & 1 & \infty \\ \infty & 2 & \infty & 1 & \infty & \infty \\ 3 & \infty & 1 & \infty & \infty & 2 \\ 2 & 1 & \infty & 2 & \infty & 3 \\ 1 & 2 & 3 & \infty & 5 & \infty \end{bmatrix}, \quad it\uparrow(\underline{f}) = \begin{bmatrix} 6 & 3 & 2 & 6 & 30 & 1 \\ 5 & 10 & 15 & 20 & 1 & 30 \\ 4 & 2 & 12 & 1 & 20 & 6 \\ 3 & 6 & 1 & 12 & 15 & 2 \\ 2 & 1 & 6 & 2 & 10 & 3 \\ 1 & 2 & 3 & 4 & 5 & 6 \end{bmatrix}. \quad (71)$$

2.9.1.3.4. Beispiel 4

$V = (\mathbb{R}(-\infty,+\infty);+,\cdot)$

$$\underline{f} = \begin{bmatrix} 3 & 0 & 5 & 0 & 0 & 0 \\ 0 & 4 & 2 & 1 & 0 & 0 \\ 0 & 1 & 0 & 0 & 0 & 0 \\ 2 & 0 & 0 & 0 & 0 & 0 \\ 1 & 0 & 0 & 0 & 0 & 0 \\ 0 & 0 & 0 & 0 & 0 & 0 \end{bmatrix}, \quad it\uparrow(\underline{f}) = \begin{bmatrix} 13 & 0 & 5 & 0 & 0 & 0 \\ 9 & 5 & 2 & 1 & 0 & 0 \\ 1 & 1 & 0 & 0 & 0 & 0 \\ 2 & 0 & 0 & 0 & 0 & 0 \\ 1 & 0 & 0 & 0 & 0 & 0 \\ 0 & 0 & 0 & 0 & 0 & 0 \end{bmatrix}. \quad (72)$$

2.9.2. Aufwärtsiteration Typ 2

2.9.2.1. Definition

Die Aufwärtsiterierte $it\rightarrow(\underline{f})$ der p-p-Matrix $\underline{f}$ mit $re(\underline{f}) = \underline{g}$ über V ist eine p-p-Matrix, die in dem Tabellenschema Abb. 2 mit der Durchlaufreihenfolge Gl. (60) und der Anfangsmatrix Gl. (61) seriell-parallel gebildet wird.

- Zum Taktzeitpunkt t $(0 \leq t \leq p^2-1)$ sei das Feld

$$[l = t \bmod p, m = \mathrm{entier}(\tfrac{t}{p})] \quad (62)$$

erreicht (Abb. 4).

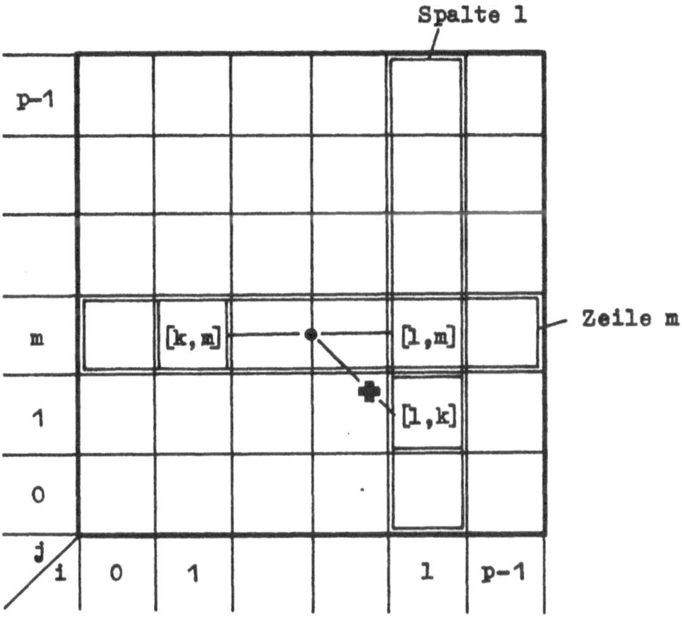

Abb. 4 Berechnung von $h'[l,k]$

Die Felder $[i,j]$ der Tabelle seien mit den Elementen $h[i,j]$ der Matrix $\underline{h}$ belegt. Für

$$l \neq m \quad \text{und} \quad h[l,m] \neq \lambda \tag{73.1}$$

wird dann in allen Feldern $[l,k]$ der Spalte l der alte Feldinhalt $h[l,k]$ mit

$$h'[l,k] = h[l,k] \boldsymbol{+} h[l,m] \bullet h[k,m] \tag{73.2}$$

überschrieben, andernfalls nicht verändert.

- Die Aufwärtsiteration ist mit Beendigung des Durchlaufes $[0,0] \rightarrow [p-1,p-1]$, also zum Taktzeitpunkt $t = p^2-1$ beendet. Die Tabelle ist dann mit der Endmatrix $\underline{h}_e$ belegt, und es gilt

$$it_{\rightarrow}(\underline{f}) = \underline{h}_e \quad . \tag{74}$$

In Tabelle 4 ist die AAS-Notierung des vorstehend beschriebenen Bildungsgesetzes von $it_{\rightarrow}(\underline{f})$ angegeben.

Regel	Bedingung	Aktion	Verbundaktion
1		$l := 0$, $m := 0$, $\underline{h} := \underline{f}$	
2	$l = m = p-1$	Verfahren beenden. $it\rightarrow(\underline{f}) := \underline{h}$	stop
3	$l \neq m$ und $h[l,m] \neq \lambda$	In allen Feldern $[l,k]$ der Spalte l alten Feldinhalt $h[l,k]$ mit neuem Feldinhalt $h[l,k] := h[l,k] \oplus h[l,m] \bullet h[k,m]$ $k = 0(1)p-1$ überschreiben.	
4		$m := m + \text{entier}(\frac{l+1}{p})$, $l := l+1 \bmod p$	goto r2

Tabelle 4 Bildung von $it\rightarrow(\underline{f})$

Anmerkung:

Für $V = W$ und $\mathrm{sym}(\underline{f}) = \underline{f}$ ist

$$\mathrm{it}\!\rightarrow\!(\underline{f}) = \mathrm{it}\!\uparrow\!(\underline{f}) \quad . \tag{75}$$

2.9.2.2. Beispiel

$V = (\{0,1\};\vee,\wedge)$

$$\underline{f} = \begin{pmatrix} 0&0&1&0&0&0&1\\ 0&0&0&1&0&1&a\\ 0&0&1&0&1&0&0\\ 0&0&0&1&1&0&0\\ 0&0&1&0&0&0&0\\ 0&1&0&1&0&0&0\\ 1&0&0&0&1&0&0 \end{pmatrix}, \quad \mathrm{it}\!\rightarrow\!(\underline{f})|_{a=0} = \begin{pmatrix} 0&0&1&0&0&0&1\\ 0&0&0&1&0&1&0\\ 0&0&1&0&1&0&0\\ 0&0&0&1&1&0&0\\ 0&0&1&0&0&0&0\\ 0&1&0&1&0&0&0\\ 1&0&0&0&1&0&0 \end{pmatrix} = \underline{f}|_{a=0} ,$$

$$\mathrm{it}\!\rightarrow\!(\underline{f})|_{a=1} = \begin{pmatrix} 0&0&1&1&0&0&1\\ 0&0&0&1&0&1&1\\ 0&0&1&0&1&0&0\\ 0&0&1&1&1&0&1\\ 0&0&1&1&0&0&0\\ 0&1&0&1&0&0&0\\ 1&0&0&0&1&0&0 \end{pmatrix} . \tag{76}$$

2.9.3. Abwärtsiteration Typ 1

2.9.3.1. Definition

Die Abwärtsiterierte $\mathrm{it}\!\downarrow\!(\underline{f})$ der p-p-Matrix $\underline{f}$ mit $\mathrm{re}(\underline{f}) = \underline{\varepsilon}$ über V ist eine p-p-Matrix, die in dem Tabellenschema Abb. 2 mit der Durchlaufreihenfolge Gl. (60) seriell-parallel gebildet wird.

- Vor dem Taktzeitpunkt $t = 0$ sind die Felder $[i,j]$ der Tabelle mit den Elementen $h_a[i,j]$ der Anfangsmatrix $\underline{h}_a$ belegt. Hierbei ist

  $$\underline{h}_a = \underline{\dot{f}} = \underline{f} \sqsubset \mathrm{re}(\underline{f}) \quad . \tag{77}$$

- Zum Taktzeitpunkt t $(0 \leq t \leq p^2-1)$ sei das Feld

  $$\left[l = t \bmod p, m = \mathrm{entier}\left(\frac{t}{p}\right)\right] \tag{62}$$

  erreicht (Abb. 3), die Felder $[i,j]$ der Tabelle seien mit den Elementen $h[i,j]$ der Matrix $\underline{h}$ belegt. Für

  $$h[l,m] \neq \lambda \tag{78.1}$$

  wird dann in allen Feldern $[l,k]$, $k \neq l$, der Spalte l der alte Feldinhalt $h[l,k]$ mit

  $$h'[l,k] = h[l,k] \sqsubset h[l,m] \bullet h[m,k] \tag{78.2}$$

  überschrieben, andernfalls nicht verändert.

- Die Abwärtsiteration ist mit Beendigung des Durchlaufes $[0,0] \rightarrow [p-1,p-1]$, also zum Taktzeitpunkt $t = p^2-1$, beendet. Die Tabelle ist dann mit den Elementen $h_e[i,j]$ der Endmatrix $\underline{h}_e$ belegt, und es gilt

$$it\downarrow(\underline{f}) = \underline{h}_e \boxplus re(\underline{f}) \quad , \quad it\downarrow(\underset{\cdot}{\underline{f}}) = \underline{h}_e \quad . \tag{79}$$

Die zusammenfassende AAS-Notierung des Bildungsgesetzes von $it\downarrow(\underline{f})$ ist in Tabelle 5 angegeben.

Anmerkung:

Ist $V = (\{0,1\};\vee,\wedge)$ und sind die $f[i,j]$ (und damit auch die $h[i,j]$) Schaltfunktionen in disjunktiver Normalform, so erhält man den neuen Feldinhalt $h[l,k]$, indem man die Terme des alten Feldinhaltes $h[l,k]$, die auch in $h[l,m] \wedge h[m,k]$ auftreten, mit 0^* überschreibt.

2.9.3.2. Potenzreihendarstellung von $it\downarrow(\underline{f})$

Satz:

Konvergieren die Matrizenpotenzreihen

$$\sum_{k=1}^{\infty} \underset{\cdot}{\underline{f}}^{2k-1} \quad \text{und} \quad \sum_{k=1}^{\infty} \underset{\cdot}{\underline{f}}^{2k} \quad , \quad re(\underline{f}) = \underline{\varepsilon} \, , \tag{80.1}$$

über V und gilt für ihre Summen $\underline{s}_1$ bzw. $\underline{s}_2$

$$\underline{s}_1 \boxminus \underline{s}_2 \neq \underline{0} \quad , \tag{80.2}$$

so ist

$$it\downarrow(\underline{f}) = \left[\sum_{k=1}^{\infty} \underset{\cdot}{\underline{f}}^{2k-1} \boxminus \sum_{k=1}^{\infty} \underset{\cdot}{\underline{f}}^{2k}\right] \boxplus re(\underline{f}) \, . \tag{80.3}$$

Folgerung 1:

Für $V = W$ und $re(\underline{f}) = \underline{\varepsilon}$ gilt

$$it\downarrow(\underline{f}) = ((\underset{\cdot}{\underline{f}} \boxplus \underset{\cdot}{\underline{f}}^3 \boxplus \underset{\cdot}{\underline{f}}^5 \boxplus \ldots) \boxminus (\underset{\cdot}{\underline{f}}^2 \boxplus \underset{\cdot}{\underline{f}}^4 \boxplus \underset{\cdot}{\underline{f}}^6 \boxplus \ldots)) \boxplus re(\underline{f}) \, ,$$

der größte hierbei auftretende Exponent ist p.

(81)

Folgerung 2:

Ist $re(\underline{f}) = sym(\underline{f}) = re(it\uparrow(\underline{f})) = \underline{0}$, so hat man für beliebige V

$$it\downarrow(\underline{f}) = (\underline{f} \boxplus \underline{f}^3 \boxplus \underline{f}^5 \boxplus \ldots) \boxminus (\underline{f}^2 \boxplus \underline{f}^4 \boxplus \underline{f}^6 \boxplus \ldots) \, , \tag{82.1}$$

der größte hierbei auftretende Exponent ist p.

Regel	Bedingung	Aktion	Verbundaktion
1		l := 0 , m := 0 , $\underline{h}$:= $\underline{f}$	
2	l = m = p-1	Verfahren beenden. it↓($\underline{f}$) := $\underline{h}$ ✚ re($\underline{f}$)	stop
3	h[l,m] ≠ λ	In allen Nichthauptdiagonalfeldern [l,k] der Spalte l alten Feldinhalt h[l,k] mit neuem Feldinhalt h[l,k] := h[l,k] ▭ h[l,m] ● h[m,k] überschreiben.	
4		m := m + entier($\frac{l+1}{p}$), l := l+1 modp	goto r2

Tabelle 5 Bildung von it↓($\underline{f}$)

Für den Spezialfall $V = (\mathbb{R}(-\infty,+\infty);+,\cdot)$ ist dann außerdem

$$\text{it}{\downarrow}(\underline{f}) = \underline{f}\,(\underline{e} + \underline{f})^{-1} = \underline{e} - (\underline{e} + \underline{f})^{-1} = -\,\text{it}{\uparrow}(-\,\underline{f}) \quad . \tag{82.2}$$

2.9.3.3. Beispiele

2.9.3.3.1. Beispiel 1

$V = (\{0,1\};\vee,\wedge)$,

$$\underline{f} = \begin{bmatrix} 0&0&0&0&1&1&1\\ 0&0&0&0&1&1&1\\ 0&0&0&0&1&1&1\\ 1&1&1&1&0&0&0\\ 1&1&1&1&0&0&0\\ 1&1&1&1&0&0&0\\ 1&1&1&1&0&0&0 \end{bmatrix} , \quad \text{it}{\downarrow}(\underline{f}) = \begin{bmatrix} 0&0&0&0&1&0&1\\ 0&0&0&0&1&1&0\\ 0&0&0&0&1&1&1\\ 1&0&0&1&0&0&0\\ 1&0&1&0&0&0&0\\ 1&1&0&0&0&0&0\\ 1&1&1&1&0&0&0 \end{bmatrix} . \tag{83}$$

2.9.3.3.2. Beispiel 2

$V = (\mathbb{R}(0,\infty);\min,+)$,

$$\underline{f} = \begin{bmatrix} 7&6&3&1&0\\ 6&5&2&0&1\\ 4&3&0&2&3\\ 2&0&3&5&6\\ 0&2&4&6&7 \end{bmatrix} , \quad \text{it}{\downarrow}(\underline{f}) = \begin{bmatrix} \infty&\infty&\infty&1&0\\ \infty&\infty&2&0&1\\ 4&3&0&2&\infty\\ 2&0&3&\infty&\infty\\ 0&2&4&\infty&\infty \end{bmatrix} . \tag{84}$$

2.9.3.3.3. Beispiel 3

$V = (\mathbb{R}(-\infty,+\infty);+,\cdot)$,

$$\underline{f} = \begin{bmatrix} 13&0&5&0&0&0\\ 9&5&2&1&0&0\\ 1&1&0&0&0&0\\ 2&0&0&0&0&0\\ 1&0&0&0&0&0\\ 0&0&0&0&0&0 \end{bmatrix} , \quad \text{it}{\downarrow}(\underline{f}) = \begin{bmatrix} 3&0&5&0&0&0\\ 0&4&2&1&0&0\\ 0&1&0&0&0&0\\ 2&0&0&0&0&0\\ 1&0&0&0&0&0\\ 0&0&0&0&0&0 \end{bmatrix} . \tag{85}$$

2.9.3.3.4. Beispiel 4

$V = (P(M);\cap,\cup)$, $M = \{m_0,m_1,m_2,m_3\}$,

$$\underline{f} = \begin{bmatrix} \{m_0,m_1,m_2,m_3\} & \{m_1,m_2,m_3\} & \{m_3\} & \emptyset\\ \{m_0,m_1,m_2\} & \{m_1,m_2\} & \emptyset & \{m_3\}\\ \{m_0\} & \emptyset & \{m_1,m_2\} & \{m_1,m_2,m_3\}\\ \emptyset & \{m_0\} & \{m_0,m_1,m_2\} & \{m_0,m_1,m_2,m_3\} \end{bmatrix} ,$$

$$\mathrm{it}{\downarrow}(\underline{f}) = \begin{bmatrix} I & I & \{m_3\} & \emptyset \\ I & \{m_1,m_2\} & \emptyset & \{m_3\} \\ \{m_0\} & \emptyset & \{m_1,m_2\} & I \\ \emptyset & \{m_0\} & I & I \end{bmatrix} . \tag{86}$$

2.9.4. Abwärtsiteration Typ 2

2.9.4.1. Definition

Die Abwärtsiterierte $\mathrm{it}{\leftarrow}(\underline{f})$ der p-p-Matrix $\underline{f}$ mit $\mathrm{re}(\underline{f}) = \underline{\varepsilon}$ über V ist eine p-p-Matrix, die in dem Tabellenschema Abb. 2 mit der Durchlaufreihenfolge Gl. (60) und der Anfangsmatrix Gl. (77) seriell-parallel gebildet wird.

- Zum Taktzeitpunkt t $(0 \leq t \leq p^2-1)$ sei das Feld

  $$[l = t \bmod p, m = \mathrm{entier}(\tfrac{t}{p})] \tag{62}$$

  erreicht (Abb. 4), die Felder $[i,j]$ der Tabelle seien mit den Elementen $h[i,j]$ der Matrix $\underline{h}$ belegt. Für

  $$h[l,m] \neq \lambda \tag{87.1}$$

  wird dann in allen Feldern $[l,k]$, $k \neq l$, der Spalte l der alte Feldinhalt $h[l,k]$ mit

  $$h'[l,k] = h[l,k] \sqcup h[l,m] \bullet h[k,m] \tag{87.2}$$

  überschrieben, andernfalls nicht verändert.
- Die Abwärtsiteration ist mit Beendigung des Durchlaufes $[0,0] \rightarrow [p-1,p-1]$, also zum Taktzeitpunkt $t = p^2-1$ beendet. Die Tabelle ist dann mit der Endmatrix $\underline{h}_e$ belegt, und es gilt

  $$\mathrm{it}{\leftarrow}(\underline{f}) = \underline{h}_e \,\maltese\, \mathrm{re}(\underline{f}) \tag{88}$$

Tabelle 6 zeigt die AAS-Notierung des Bildungsgesetzes von $\mathrm{it}{\leftarrow}(\underline{f})$.

2.9.5. Eigenschaften von Aufwärts- und Abwärtsiteration Typ 1

Nachstehend sind die wesentlichen Eigenschaften der Aufwärts- und Abwärtsiteration Typ 1 zusammengestellt.

Regel	Bedingung	Aktion	Verbundaktion
1		l := 0 , m := 0 , $\underline{h}$:= $\underline{f}$	
2	l = m = p-1	Verfahren beenden. it←($\underline{f}$) := $\underline{h}$ ✚ re($\underline{f}$)	stop
3	h[l,m] ≠ λ	In allen Nichthauptdiagonalfeldern [l,k] der Spalte l alten Feldinhalt h[l,k] mit neuem Feldinhalt h[l,k] := h[l,k] ▭ h[l,m] ● h[k,m] überschreiben.	
4		m := m + entier($\frac{l+1}{p}$), l := l+1 modp	goto r2

Tabelle 6 Bildung von it←($\underline{f}$)

2.9.5.1.

Für V = W haben beide Operationen "Sättigungscharakter":

$$\mathrm{it}{\uparrow}(\mathrm{it}{\uparrow}(\underline{f})) = \mathrm{it}{\uparrow}(\underline{f}) \quad , \qquad (89.1)$$

$$\mathrm{it}{\downarrow}(\mathrm{it}{\downarrow}(\underline{f})) = \mathrm{it}{\downarrow}(\underline{f}) \quad . \qquad (89.2)$$

2.9.5.2.

$$\mathrm{it}{\uparrow}(\underline{f}) = \underline{f} \quad \text{über} \quad V = \begin{cases} W \\ V_2, V_3 \end{cases} . \qquad (90.1)$$

ist gleichbedeutend mit

$$\begin{cases} \dot{\underline{f}}^2 = \dot{\underline{f}} \\ \underline{f}^2 = \underline{0} \end{cases} . \qquad (90.2)$$

2.9.5.3.

Die Aufwärtsiteration der Abwärtsiterierten von $\underline{f}$ über V =	liefert
W	die Aufwärtsiterierte von $\underline{f}$: $\mathrm{it}{\uparrow}(\mathrm{it}{\downarrow}(\underline{f})) = \mathrm{it}{\uparrow}(\underline{f})$ (91)
W	genau dann, wenn die Aufwärtsiterierte von $\underline{f}$ mit $\underline{f}$ identisch ist: $\mathrm{it}{\uparrow}(\underline{f}) = \underline{f}$ (92.1) wieder $\underline{f}$ selbst: $\mathrm{it}{\uparrow}(\mathrm{it}{\downarrow}(\underline{f})) = \underline{f}$, (92.2) d.h. die Aufwärtsiteration ist in diesem Falle die Umkehrung der Abwärtsiteration
V_2, V_3	für $\mathrm{re}(\underline{f}) = \mathrm{sym}(\underline{f}) = \mathrm{re}(\mathrm{it}{\uparrow}(\underline{f})) = \underline{0}$ wieder $\underline{f}$ selbst: (93.1) $\mathrm{it}{\uparrow}(\mathrm{it}{\downarrow}(\underline{f})) = \underline{f}$, (93.2) d.h., die Aufwärtsiteration ist in diesem Falle die Umkehrung der Abwärtsiteration

2.9.5.4.

Aus

$$\mathrm{it}\!\uparrow\!(\underline{f}) = \underline{f} \tag{94.1}$$

folgt

$$\mathrm{it}\!\uparrow\!(\underline{f}^T) = \underline{f}^T \tag{94.2}$$

$$\mathrm{it}\!\uparrow\!(\underline{f}^D) = \underline{f}^D \tag{94.3}$$

2.9.5.5.

Aus

$$\mathrm{it}\!\uparrow\!(\underline{f}_1) = \underline{f}_1 \quad \text{und} \quad \mathrm{it}\!\uparrow\!(\underline{f}_2) = \underline{f}_2 \tag{95.1}$$

folgt

$$\mathrm{it}\!\uparrow\!(\underline{f}_1 \otimes \underline{f}_2) = \underline{f}_1 \otimes \underline{f}_2 \tag{95.2}$$

Aus

$$\mathrm{it}\!\uparrow\!(\underline{f}) = \underline{f} \tag{96.1}$$

folgt

$$\mathrm{it}\!\uparrow\!(\underline{f}^{ⓜ}) = \underline{f}^{ⓜ} \tag{96.2}$$

2.9.6. Separate Berechnung einer Spalte bzw. Zeile von $\mathrm{it}\!\uparrow\!(\underline{f})$ und $\mathrm{it}\!\downarrow\!(\underline{f})$

Bei bestimmten Anwendungen (vgl. Abschn. 3.2.4.2.) werden die Matrizen $\mathrm{it}\!\uparrow\!(\underline{f})$ und $\mathrm{it}\!\downarrow\!(\underline{f})$ nicht vollständig, sondern allein deren Spalte r bzw. Zeile s benötigt. Eine vollständige Berechnung von $\mathrm{it}\!\uparrow\!(\underline{f})$ oder $\mathrm{it}\!\downarrow\!(\underline{f})$ gemäß Abschn. 2.9.1.1. oder 2.9.3.1. wäre in diesem Falle rechentechnisch uneffektiv. Das nachstehend beschriebene "Hauptdiagonalverfahren" vermeidet diesen Nachteil.

2.9.6.1. Hauptdiagonalverfahren, Standardform

Die 1. Spalte r — 1.1 / 1.2 — der Aufwärtsiterierten $\varphi_1 = \mathrm{it}\!\uparrow\!(\underline{f})$

2. Zeile s — 2.1 / 2.2 — der Abwärtsiterierten $\varphi_2 = \mathrm{it}\!\downarrow\!(\underline{f})$

der p-p-Matrix $\underline{f}$ über V mit $\mathrm{re}(\underline{f}) = \underline{\varepsilon}$ wird im Tabellenschema Abb. 5 seriell-parallel gebildet.

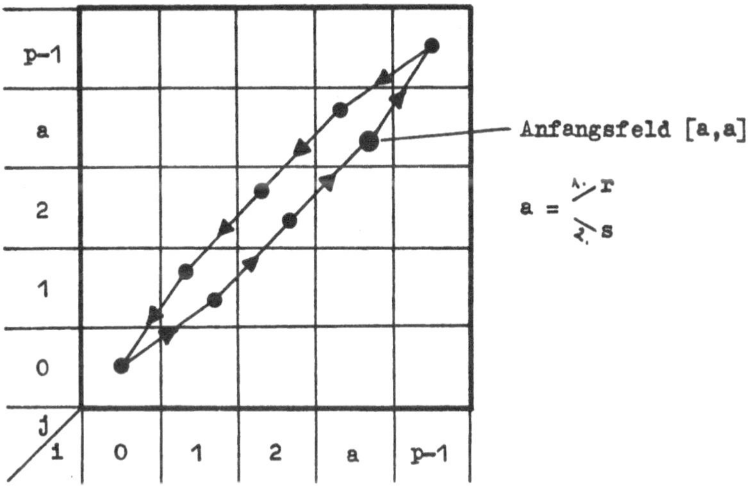

Abb. 5 Tabellenschema zur Bildung der 1. Spalte r (1.1. / 1.2.) von it↑($\underline{f}$) bzw. 2. Zeile s (2.1. / 2.2.) von it↓($\underline{f}$)

- Dabei werden nur die Hauptdiagonalfelder der Tabelle nacheinander, getaktet, in der Reihenfolge

Anfangsfeld

[a,a] , [a+1,a+1] ,..., [p-2,p-2] , [p-1,p-1] , [p-2,p-2] ,..., [1,1] ,

Vorlauf vom Anfangsfeld — Rücklauf

Anlauf

[0,0] , [1,1] ,..., [p-2,p-2] , [p-1,p-1] , [p-2,p-2] ,..., [1,1] ,

Vorlauf — Rücklauf

1. Durchlauf

[0,0] , [1,1] ,..., [p-2,p-2] , [p-1,p-1] , [p-2,p-2] ,..., [1,1] ,..

Vorlauf — Rücklauf

2. Durchlauf

(97.1)

durchlaufen, d.h., zum Taktzeitpunkt $t \in \mathbb{N}(0,\infty)$ ist das Feld

$$[\min(\tau,2p-2-\tau),\min(\tau,2p-2-\tau)] \quad ; \quad \tau = (t+a) \bmod (2p-2) \tag{97.2}$$

erreicht.

- Vor dem Taktzeitpunkt $t = 0$ sind die Felder $[i,j]$ der Tabelle mit den Elementen $h_a[i,j]$ der Anfangsmatrix $\underline{h}_a$ belegt:
  - die Hauptdiagonale der Tabelle enthält die

$$\left\langle \begin{matrix} \text{Spalte } r \\ \text{Zeile } s \end{matrix} \right. \begin{matrix} \xrightarrow{1.1.} \text{ von } \underline{f} \;(1.2. \searrow) \\ \xrightarrow{2.2.} \text{ von } \underline{f} \;(2.1. \nearrow) \end{matrix} \quad :$$

$$h_a[i,i] = \left\langle \begin{matrix} \overset{1.1.}{\longrightarrow} f[r,i] \\ \overset{1.2.}{\longrightarrow} \begin{cases} f[r,i] & \text{für } i \neq r \\ \lambda & \text{für } i = r \end{cases} \\ \overset{2.1.}{\longrightarrow} f[i,s] \\ \overset{2.2.}{\longrightarrow} \begin{cases} f[i,s] & \text{für } i \neq s \\ \lambda & \text{für } i = s \end{cases} \end{matrix} \right. \tag{98}$$

  - die Nichthauptdiagonalfelder der $\left\langle \begin{matrix} \overset{1.}{} \text{Spalte } r \\ \overset{2.}{} \text{Zeile } s \end{matrix} \right.$ der Tabelle sind mit λ
  - und alle übrigen Felder $[i,j]$ mit $f[i,j]$ belegt.
- Zum Taktzeitpunkt t sei das Hauptdiagonalfeld

$$[l = \min(\tau,2p-2-\tau), l = \min(\tau,2p-2-\tau)] ; \quad \tau = (t+a) \bmod (2p-2) \tag{99}$$

erreicht, die Felder $[i,j]$ der Tabelle seien mit den Elementen $h[i,j]$ der Matrix $\underline{h}$ belegt. Ist

$$h[l,l] \neq \lambda \quad , \tag{100.1}$$

so wird
- in allen Hauptdiagonalfeldern $[k,k]$, $k \neq l$, $\left\langle \begin{matrix} \overset{1.}{} h[l,k] \neq \lambda \\ \overset{2.}{} h[k,l] \neq \lambda \end{matrix} \right.$, der alte Feldinhalt $h[k,k]$ mit

$$h'[k,k] = h[k,k] \left\langle \begin{matrix} \overset{1.1.}{\longrightarrow} \boldsymbol{+}\, h[l,l] \bullet h[l,k] \\ \overset{1.2.}{\longrightarrow} \boldsymbol{-}\, h[l,l] \bullet h[l,k] \\ \overset{2.1.}{\longrightarrow} \boldsymbol{+}\, h[l,l] \bullet h[k,l] \\ \overset{2.2.}{\longrightarrow} \boldsymbol{-}\, h[l,l] \bullet h[k,l] \end{matrix} \right. \tag{100.2}$$

- und gleichzeitig der zugehörige Feldinhalt 1. $h[l,k] \neq \lambda$ / 2. $h[k,l] \neq \lambda$ mit

$$\begin{aligned} &1.\; h'[l,k] = \lambda \\ &2.\; h'[k,l] = \lambda \end{aligned} \qquad (100.3)$$

überschrieben (Abb. 6), andernfalls nicht verändert.

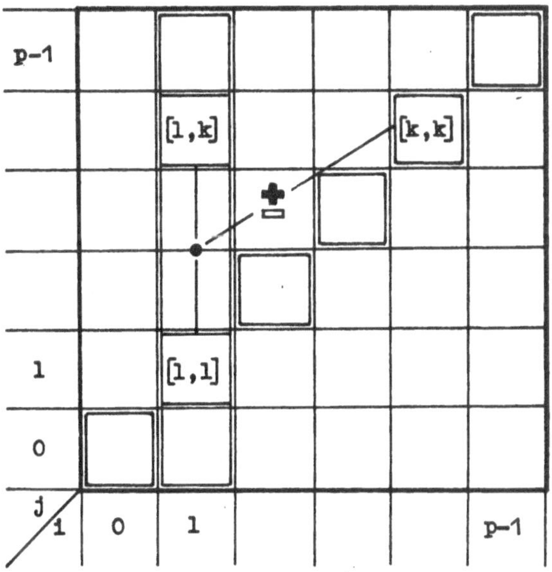

Abb. 6.1 Berechnung von $h'[k,k]$ für die Fälle 1.1. und 1.2.

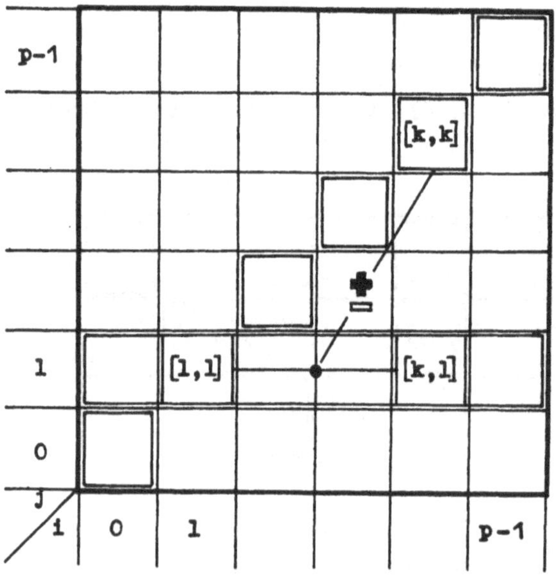

Abb. 6.2 Berechnung von h[k,k] für die Fälle 2.1. und 2.2.

- Der Berechnungsvorgang ist mit dem Durchlauf [0,0] ⟶ [1,1] beendet, in dem kein Hauptdiagonalfeldinhalt mehr eine Änderung erfährt. Die Tabelle ist dann mit den Elementen $h_e[i,i]$ der Endmatrix $\underline{h}_e$ belegt, und ihre Hauptdiagonale

enthält die Spalte r (1.1.) von $\varphi_1 = \text{it}\uparrow(\underline{f})$ (1.2.) bzw. Zeile s (2.1.) von φ_1, (2.2.) von $\varphi_2 = \text{it}\downarrow(\underline{f})$, d.h., es gilt

$$\varphi_1[r,j] = h_e[j,j]\,,$$

$$\varphi_2[r,j] = \begin{cases} h_e[j,j] & \text{für } j \neq r\,, \\ f[r,r] & \phantom{\text{für }} j = r\,, \end{cases}$$

$$\varphi_1[i,s] = h_e[i,i]$$

$$\varphi_2[i,s] = \begin{cases} h_e[i,i] & \text{für } i \neq s\,, \\ f[s,s] & \phantom{\text{für }} i = s\,. \end{cases} \qquad (101)$$

Regel	Bedingung	Aktion	Verbundaktion
1		l:=r, z:=r, h[i,j] := ($\lambda.\lambda.$) $\begin{cases} f[r,j] & \text{für } i=j \\ \lambda & \text{für } i=r,\ j\neq r \\ f[i,j] & \text{sonst} \end{cases}$ ($\tau.z.$) $\begin{cases} f[r,j] & \text{für } i=j\neq r \\ \lambda & \text{für } i=r \\ f[i,j] & \text{sonst} \end{cases}$	
2	Anlauf [r,r]···►[p-1,p-1]···►[1,1] beendet		goto r5
3	h[l,l]$\neq\lambda$	– In den Hauptdiagonalfeldern [k,k], k$\neq$l, h[l,k]$\neq\lambda$, alten Feldinhalt h[k,k] mit neuem Feldinhalt h[k,k] :=h[k,k] ($\lambda.\lambda.$ ✚ / $\tau.z.$ ▭) h[l,l] ● h[l,k] – und danach in den Feldern [l,k], k$\neq$l, der Spalte l alten Feldinhalt h[l,k]$\neq\lambda$ mit h[l,k] :=λ überschreiben.	
4		z:=z+1, l:=min(z,2p-2-z)	goto r2
5		l:=0, z:=0, ä:=0	
6	Durchlauf [0,0]···►[p-1,p-1]···►[1,1] beendet		goto r9

Tabelle 7 Bildung der Spalte r von ($\lambda.\lambda.$) $\underline{\varphi}_1$ = it↑($\underline{f}$) / ($\tau.z.$) $\underline{\varphi}_2$ = it↓($\underline{f}$)

Regel	Bedingung	Aktion	Verbundaktion
7	$h[l,l] \neq \lambda$	– In den Hauptdiagonalfeldern $[k,k]$, $k \neq l$, $h[l,k] \neq \lambda$, alten Feldinhalt $h[k,k]$ mit neuem Feldinhalt $h[k,k] := h[k,k] \overset{\text{A.A.}}{\underset{\text{1.Z.}}{\lessgtr}} \begin{matrix}\text{✚}\\ \square\end{matrix} > h[l,l] \bullet h[l,k]$ überschreiben. – Dabei pro Änderung in einem Hauptdiagonalfeld ä um 1 erhöhen. – Danach in den Feldern $[l,k]$, $k \neq l$, der Spalte l alten Feldinhalt $h[l,k] \neq \lambda$ mit $h[l,k] := \lambda$ überschreiben.	
8		$z := z+1$, $l := \min(z, 2p-2-z)$	goto r6
9	ä=0	$\overset{\text{A.A.}}{\nearrow} \varphi_1[r,j] := h[j,j]$ $\underset{\text{1.Z.}}{\searrow} \varphi_2[r,j] := \begin{cases} h[j,j] & \text{für } j \neq r \\ f[r,r] & j = r \end{cases}$	stop
10			goto r5

Tabelle 7 Fortsetzung

Regel	Bedingung	Aktion	Verbundaktion
1		1:=s, z:=s, h[i,j] := 2.A.: $\begin{cases} f[i,s] & \text{für } i=j \\ \lambda & \text{für } i \neq s,\ j=s \\ f[i,j] & \text{sonst} \end{cases}$ 2.Z.: $\begin{cases} f[i,s] & \text{für } i=j \neq s \\ \lambda & \text{für } j=s \\ f[i,j] & \text{sonst} \end{cases}$	
2	Anlauf [s,s]⋯→[p-1,p-1]⋯→[1,1] beendet		goto r5
3	h[l,l] ≠ λ	– In den Hauptdiagonalfeldern [k,k], k≠l, h[k,l] ≠ λ, alten Feldinhalt h[k,k] mit neuem Feldinhalt h[k,k] := h[k,k] (2.A.: ✚ / 2.Z.: ▭) h[l,l] ● h[k,l] – und danach in den Feldern [k,l], k≠l, der Zeile l alten Feldinhalt h[k,l] ≠ λ mit h[k,l] := λ überschreiben.	
4		z:=z+1, l:=min(z,2p-2-z)	goto r2
5		l:=0, z:=0, ä:=0	
6	Durchlauf [0,0]⋯→[p-1,p-1]⋯→[1,1] beendet		goto r9

Tabelle 8 Bildung der Zeile s von 2.A.: $\underline{\varphi}_1$ = it↑($\underline{f}$) / 2.Z.: $\underline{\varphi}_2$ = it↓($\underline{f}$)

Regel	Bedingung	Aktion	Verbundaktion
7	$h[1,1] \neq \lambda$	- In den Hauptdiagonalfeldern $[k,k]$, $k \neq 1$, $h[k,1] \neq \lambda$, alten Feldinhalt $h[k,k]$ mit neuem Feldinhalt $h[k,k] := h[k,k] \overset{z.1.}{\underset{z.2.}{<}} \begin{matrix} + \\ \square \end{matrix} > h[1,1] \bullet h[k,1]$ überschreiben. - Dabei pro Änderung in einem Hauptdiagonalfeld ä um 1 erhöhen. - Danach in den Feldern $[k,1]$, $k \neq 1$, der Zeile 1 alten Feldinhalt $h[k,1] \neq \lambda$ mit $h[k,1] := \lambda$ überschreiben.	
8		$z := z+1$, $1 := \min(z, 2p-2-z)$	goto r6
9	ä=0	z.1.: $\varphi_1[i,s] := h[i,i]$ z.2.: $\varphi_2[i,s] := \begin{cases} h[i,i] & \text{für } i \neq s \\ f[s,s] & i = s \end{cases}$	stop
10			goto r5

Tabelle 8 Fortsetzung

2.9.6.2. Hauptdiagonalverfahren, Eigensteuerung

2.9.6.2.1. Problemstellung

In der in Abschn. 2.9.6.1. betrachteten Standardform des Hauptdiagonalverfahrens werden die Hauptdiagonalfelder mit dem Anfangsfeld [a,a] beginnend in der Reihenfolge Gl.(97) "zwangsgesteuert" durchlaufen. Der Berechnungsvorgang erfordert dabei nach dem Anlauf [a,a]→[1,1] günstigstenfalls noch einen, i.a. aber mehrere Durchläufe [0,0]→[1,1], d.h., jedes Hauptdiagonalfeld wird mehrfach angelaufen. Das ist rechentechnisch als Nachteil zu betrachten, der umgangen werden kann, wenn es gelingt, ein allgemeines oder für typische Formen von $\underline{f}$ spezifizierte Verfahren zu finden, die es gestatten, bei gegebener Matrix $\underline{f}$ die Menge der Hauptdiagonalfelder (HF) so in Präferenzklassen zu zerlegen, daß der Berechnungsvorgang mit der dadurch festgelegten Reihenfolge ("Eigensteuerung"):

- zuerst alle HF der Klasse 0 (die mindestens das Anfangsfeld [a,a] enthält), danach alle HF der Klasse 1,..
- innerhalb jeder Klasse beliebig [2)]

nur ein einmaliges Anlaufen jedes HF erfordert.

Es ist zweckmäßig, diese eigengesteuerte Durchlaufreihenfolge durch Eintragen der Präferenzklassennamen (Nominalzahlen) 0,1,.. in die HF anzugeben: jedes HF [i,i] ist dann vor Beginn des eigentlichen Berechnungsvorganges mit dem geordneten Paar

$$\bar{h}_a[i,i] = (\underbrace{h_a[i,i]}_{\text{Werteteil gemäß Gl. (98)}},\underbrace{h_{st}[i,i]}_{\text{Steuerteil (Präferenzklassenname)}}) \qquad (102)$$

belegt. Dem eigentlichen Berechnungsvorgang ist die Bestimmung des "Steuervektors"

$$\overrightarrow{h_{st}} = (h_{st}[0,0], h_{st}[1,1], \ldots, h_{st}[p-1,p-1]) \qquad (103)$$

aus $\underline{f}$ vorgelagert.

---

2) Grenzfälle:
- alle HF sind Elemente einer einzigen Präferenzklasse ,
- jede Präferenzklasse enthält nur ein HF .

2.9.6.2.2. Bestimmung des Steuervektors für den Spezialfall $\mathrm{re}(\underline{f}) = \mathrm{sym}(\underline{f}) = \mathrm{re}(\mathrm{it}{\uparrow}(\underline{f})) = \underline{0}$

Für $\underline{f}$ gelte

$$\mathrm{re}(\underline{f}) = \mathrm{sym}(\underline{f}) = \mathrm{re}(\mathrm{it}{\uparrow}(\underline{f})) = \underline{0} \quad \text{über } V \quad , \tag{103}$$

d.h., $\underline{f}$ sei die Strukturmatrix einer irreflexiven antisymmetrischen und kreisfreien Struktur (vgl. Abschn. 3.1.3., Tab. 13); der zugehörige Strukturgraph ist ein schlingen- und kreisfreier antisymmetrischer Graph.

Dann ist der Steuervektor $\vec{h}_{st}$ für die eigengesteuerte Berechnung der

- Spalte r (1.1.) von $\mathrm{it}{\uparrow}(\underline{f})$
- Spalte r (1.2.) von $\mathrm{it}{\downarrow}(\underline{f})$
- Zeile s (2.1.) von $\mathrm{it}{\uparrow}(\underline{f})$
- Zeile s (2.2.) von $\mathrm{it}{\downarrow}(\underline{f})$

über V gleich der Hauptdiagonale der Endmatrix $\underline{h}_e$ bei der Berechnung der

1. Spalte r
2. Zeile s

von $\mathrm{it}{\uparrow}(r(\underline{f}))$ über $(\mathbb{N}(0,\infty);\max,+)$ mittels der Standardform des Hauptdiagonalverfahrens.[3)].

2.9.6.3. Beispiele

2.9.6.3.1. Beispiel 1 (vgl. Abschn. 3.2.4.2.1.)

Gegeben:

$$\underline{f} = \begin{pmatrix} x_3 & 0 & x_4 & 0 & 1 \\ \bar{x}_1 & 0 & \bar{x}_2 & 1 & 0 \\ 0 & x_2 & 1 & \bar{x}_2 & x_4 \\ x_1 & 1 & x_2 & 0 & 0 \\ 1 & x_1 & 0 & \bar{x}_1 & x_3 \end{pmatrix} \quad ; \quad x_i \in \{0,1\} . \tag{104.1}$$

Spalte 2

Gesucht:

Spalte 2 von $\mathrm{it}{\uparrow}(\underline{f})$ über $V = (\{0,1\};\vee,\wedge)$.

Lösung:

Hauptdiagonalverfahren, Standardform

---

3) Die homomorphe Abbildung $\underline{f} \rightarrow r(\underline{f})$ (Gl. (23)) gewährleistet eine rechentechnisch sehr einfache Bestimmung des Steuervektors $\vec{h}_{st}$ aus der Matrix $\underline{f}$.

$$\underline{h}_a = \begin{pmatrix} x_3 & 0 & 0 & 0 & x_4 \\ \bar{x}_1 & 0 & 0 & \bar{x}_2 & 0 \\ 0 & x_2 & 1 & \bar{x}_2 & x_4 \\ x_1 & x_2 & 0 & 0 & 0 \\ 0 & x_1 & 0 & \bar{x}_1 & x_3 \end{pmatrix} \qquad (104.2)$$

Anfangsfeld [2,2]

$$\underline{h}_e = \begin{pmatrix} 0 & 0 & 0 & 0 & x_4 \vee x_1 x_2 x_3 \vee \bar{x}_1 \bar{x}_2 x_3 \\ 0 & 0 & 0 & \bar{x}_2 \vee \bar{x}_1 x_3 x_4 & 0 \\ 0 & 0 & 1 & 0 & 0 \\ 0 & x_2 \vee x_1 x_3 x_4 & 0 & 0 & 0 \\ x_1 x_2 \vee \bar{x}_1 \bar{x}_2 \vee x_3 x_4 & 0 & 0 & 0 & 0 \end{pmatrix}$$

Anlauf + 1 Durchlauf (104.3)

Spalte 2 von it↑($\underline{f}$):

$$\begin{bmatrix} x_4 \vee x_1 x_2 x_3 \vee x_1 \bar{x}_2 \bar{x}_3 \\ \bar{x}_2 \vee \bar{x}_1 x_3 x_4 \\ 1 \\ x_2 \vee x_1 x_3 x_4 \\ x_1 x_2 \vee \bar{x}_1 \bar{x}_2 \vee x_3 x_4 \end{bmatrix} . \tag{104.4}$$

2.9.6.3.2. Beispiel 2 (vgl. Abschn. 3.2.4.2.3.)

Gegeben:

$$\underline{f} = \begin{bmatrix} \infty & \infty & \infty & \infty & 2 & 4 & 0 \\ \infty & \infty & 2 & \infty & \infty & 0 & \infty \\ \infty & 2 & \infty & \infty & 0 & \infty & \infty \\ \infty & 5 & 4 & 0 & 2 & 1 & 1 \\ 3 & 1 & 0 & \infty & \infty & \infty & \infty \\ 1 & 0 & \infty & \infty & \infty & \infty & \infty \\ 0 & \infty & \infty & \infty & \infty & \infty & \infty \end{bmatrix} \text{— Zeile 6} . \tag{105.1}$$

Gesucht:

Zeile 6 von it↑($\underline{f}$) über $V = (\mathbb{R}(0,\infty);\min,+)$.

Lösung:

Hauptdiagonalverfahren, Standardform

$$\underline{h}_a = \begin{bmatrix} \infty & \infty & \infty & \infty & \infty & \infty & \boxed{0} \\ \infty & \infty & 2 & \infty & \infty & \boxed{4} & \infty \\ \infty & 2 & \infty & \infty & \boxed{2} & \infty & \infty \\ \infty & 5 & 4 & \boxed{\infty} & 2 & 1 & 1 \\ 3 & 1 & \boxed{\infty} & \infty & \infty & \infty & \infty \\ 1 & \boxed{\infty} & \infty & \infty & \infty & \infty & \infty \\ \boxed{\infty} & \infty & \infty & \infty & \infty & \infty & \infty \end{bmatrix} \text{— Anfangsfeld [6,6]} , \tag{105.2}$$

$$\underline{h}_e = \begin{pmatrix} \infty & \infty & \infty & \infty & \infty & \infty & \boxed{0} \\ \infty & \infty & \infty & \infty & \infty & \boxed{4} & \infty \\ \infty & \infty & \infty & \infty & \boxed{2} & \infty & \infty \\ \infty & 5 & 4 & \boxed{\infty} & 2 & 1 & 1 \\ \infty & \infty & \boxed{6} & \infty & \infty & \infty & \infty \\ \infty & \boxed{4} & \infty & \infty & \infty & \infty & \infty \\ \boxed{5} & \infty & \infty & \infty & \infty & \infty & \infty \end{pmatrix} \quad \text{Anlauf + 1 Durchlauf} \; , \qquad (105.3)$$

Zeile 6 von $\mathrm{it}\!\uparrow\!(\underline{f})$:

$$[5 \;\; 4 \;\; 6 \;\; \infty \;\; 2 \;\; 4 \;\; 0] \; . \qquad (105.4)$$

2.9.6.3.3. Beispiel 3 (vgl. Abschn. 3.2.7.3.3.)

Gegeben:

$$\underline{f} = \begin{pmatrix} 1 & 0 & 1 & 0 & 0 & 0 & 0 & 0 & 0 \\ 1 & 1 & 0 & 1 & 0 & 0 & 0 & 0 & 0 \\ 1 & 0 & 0 & 0 & 0 & 0 & 0 & 0 & 0 \\ 1 & 1 & 1 & 0 & 0 & 0 & 0 & 0 & 0 \\ 1 & 0 & 0 & 0 & 0 & 0 & 0 & 0 & 0 \\ 1 & 1 & 0 & 0 & 0 & 0 & 0 & 0 & 0 \\ 1 & 0 & 0 & 0 & 0 & 0 & 0 & 0 & 0 \\ 1 & 0 & 0 & 0 & 0 & 0 & 0 & 0 & 0 \\ 0 & 0 & 0 & 0 & 0 & 0 & 0 & 0 & 0 \end{pmatrix} \begin{matrix} \\ \text{—— Zeile 7} \\ \\ \\ \\ \\ \\ \\ \\ \end{matrix} . \qquad (106.1)$$

Gesucht:

Zeile 7 von $\mathrm{it}\!\downarrow\!(\underline{f})$ über $V = (\{0,1\}; \vee, \wedge)$.

Lösung:

Hauptdiagonalverfahren, Standardform

$$\underline{h}_a = \begin{pmatrix} 1 & 0 & 1 & 0 & 0 & 0 & 0 & 0 & \boxed{0} \\ 0 & 0 & 0 & 0 & 0 & 0 & 0 & \boxed{0} & 0 \\ 1 & 0 & 0 & 0 & 0 & 0 & \boxed{0} & 0 & 0 \\ 1 & 1 & 1 & 0 & 0 & \boxed{0} & 0 & 0 & 0 \\ 1 & 0 & 0 & 0 & \boxed{0} & 0 & 0 & 0 & 0 \\ 1 & 1 & 0 & \boxed{1} & 0 & 0 & 0 & 0 & 0 \\ 1 & 0 & \boxed{0} & 0 & 0 & 0 & 0 & 0 & 0 \\ 1 & \boxed{1} & 0 & 0 & 0 & 0 & 0 & 0 & 0 \\ \boxed{1} & 0 & 0 & 0 & 0 & 0 & 0 & 0 & 0 \end{pmatrix} \begin{matrix} \\ \text{—— Anfangsfeld } [7,7] \\ \\ \\ \\ \\ \\ \\ \\ \end{matrix} , \qquad (106.2)$$

$$\underline{h}_e = \begin{pmatrix} 1 & 0 & 1 & 0 & 0 & 0 & 0 & 0 & 0 \\ 0 & 0 & 0 & 0 & 0 & 0 & 0 & 0 & 0 \\ 1 & 0 & 0 & 0 & 0 & 0 & 0 & 0 & 0 \\ 1 & 1 & 1 & 0 & 0 & 0 & 0 & 0 & 0 \\ 1 & 0 & 0 & 0 & 0 & 0 & 0 & 0 & 0 \\ 0 & 0 & 0 & 1 & 0 & 0 & 0 & 0 & 0 \\ 1 & 0 & 0 & 0 & 0 & 0 & 0 & 0 & 0 \\ 1 & 0 & 0 & 0 & 0 & 0 & 0 & 0 & 0 \\ 0 & 0 & 0 & 0 & 0 & 0 & 0 & 0 & 0 \end{pmatrix} \qquad \text{Anlauf + 1 Durchlauf}, \tag{106.3}$$

Zeile 7 von $\mathrm{it}\!\downarrow(\underline{f})$:

$$\begin{pmatrix} 0 & 0 & 0 & 1 & 0 & 0 & 0 & 0 & 0 \end{pmatrix}. \tag{106.4}$$

2.9.6.3.4. Beispiel 4 (vgl. Abschn. 3.2.4.2.4.)

Gegeben:

$$\underline{f} = \begin{pmatrix} 0 & 0 & 0 & 0 & 0 & 7 & 8 & 0 \\ 0 & 0 & 2 & 0 & 0 & 0 & 0 & 0 \\ 0 & 0 & 3 & 0 & 0 & 0 & 0 & 0 \\ 0 & 0 & 0 & 3 & 0 & 0 & 0 & 0 \\ 0 & 0 & 0 & 0 & 0 & 0 & 0 & 0 \\ 0 & 0 & 0 & 5 & 6 & 0 & 0 & 0 \\ 0 & 0 & 0 & 1 & 0 & 0 & 0 & 0 \\ 0 & 2 & 0 & 0 & 0 & 0 & 0 & 4 \end{pmatrix}, \tag{107.1}$$

| Spalte 3

$$\mathrm{re}(\underline{f}) = \mathrm{sym}(\underline{f}) = \mathrm{re}(\mathrm{it}\!\uparrow(\underline{f})) = \underline{0} \quad \text{über } V = (\mathbb{R}(-\infty,+\infty);+,\cdot). \tag{107.2}$$

Gesucht:

Spalte 3 von $\mathrm{it}\!\uparrow(\underline{f})$ über $V = (\mathbb{R}(-\infty,+\infty);+,\cdot)$.

Lösung 1:

Hauptdiagonalverfahren, Standardform

$$\underline{h}_a = \begin{pmatrix} 0 & 0 & 0 & 0 & 0 & 7 & 8 & 0 \\ 0 & 0 & 2 & 0 & 0 & 0 & 0 & 0 \\ 0 & 0 & 3 & 0 & 0 & 0 & 0 & 0 \\ 0 & 0 & 0 & 0 & 3 & 0 & 0 & 0 \\ 0 & 0 & 0 & 0 & 0 & 0 & 0 & 0 \\ 0 & 0 & 5 & 0 & 6 & 0 & 0 & 0 \\ 0 & 1 & 0 & 0 & 0 & 0 & 0 & 0 \\ 0 & 2 & 0 & 0 & 0 & 0 & 0 & 4 \end{pmatrix}, \quad (107.3)$$

Anfangsfeld [3,3]

$$\underline{h}_e = \begin{pmatrix} 0 & 0 & 0 & 0 & 0 & 0 & 0 & 851 \\ 0 & 0 & 0 & 0 & 0 & 0 & 46 & 0 \\ 0 & 0 & 0 & 0 & 0 & 69 & 0 & 0 \\ 0 & 0 & 0 & 0 & 3 & 0 & 0 & 0 \\ 0 & 0 & 0 & 0 & 0 & 0 & 0 & 0 \\ 0 & 0 & 23 & 0 & 0 & 0 & 0 & 0 \\ 0 & 1 & 0 & 0 & 0 & 0 & 0 & 0 \\ 3406 & 0 & 0 & 0 & 0 & 0 & 0 & 0 \end{pmatrix}$$

Anlauf + 2 Durchläufe , (107.4)

Spalte 3 von it↑($\underline{f}$):

$$\begin{pmatrix} 851 \\ 46 \\ 69 \\ 3 \\ 0 \\ 23 \\ 1 \\ 3406 \end{pmatrix}. \quad (107.5)$$

Lösung 2:

Hauptdiagonalverfahren, Eigensteuerung

Teil 1: Bestimmung des Steuervektors

Da für die vorliegende Matrix $\underline{f}$ Gl. (103) erfüllt ist, ist der Steuervektor $\overrightarrow{h_{st}}$ nach Abschn. 2.9.6.2.2. zu bestimmen:

$$r(\underline{f}) = \begin{bmatrix} 0 & 0 & 0 & 0 & 0 & 1 & 1 & 0 \\ 0 & 0 & 1 & 0 & 0 & 0 & 0 & 0 \\ 0 & 0 & 1 & 0 & 0 & 0 & 0 & 0 \\ 0 & 0 & 0 & 1 & 0 & 0 & 0 & 0 \\ 0 & 0 & 0 & 0 & 0 & 0 & 0 & 0 \\ 0 & 0 & 0 & 1 & 1 & 0 & 0 & 0 \\ 0 & 0 & 0 & 1 & 0 & 0 & 0 & 0 \\ 0 & 1 & 0 & 0 & 0 & 0 & 0 & 1 \end{bmatrix} , \qquad (107.6)$$

Spalte 3

$$\underline{h}_a = \begin{bmatrix} 0 & 0 & 0 & 0 & 0 & 1 & 1 & 0 \\ 0 & 0 & 1 & 0 & 0 & 0 & 0 & 0 \\ 0 & 0 & 1 & 0 & 0 & 0 & 0 & 0 \\ 0 & 0 & 0 & 0 & 1 & 0 & 0 & 0 \\ 0 & 0 & 0 & 0 & 0 & 0 & 0 & 0 \\ 0 & 0 & 1 & 0 & 1 & 0 & 0 & 0 \\ 0 & 1 & 0 & 0 & 0 & 0 & 0 & 0 \\ 0 & 1 & 0 & 0 & 0 & 0 & 0 & 1 \end{bmatrix} , \qquad (107.7)$$

$$\underline{h}_e = \begin{bmatrix} 0 & 0 & 0 & 0 & 0 & 0 & 0 & 4 \\ 0 & 0 & 0 & 0 & 0 & 0 & 3 & 0 \\ 0 & 0 & 0 & 0 & 0 & 3 & 0 & 0 \\ 0 & 0 & 0 & 0 & 1 & 0 & 0 & 0 \\ 0 & 0 & 0 & 0 & 0 & 0 & 0 & 0 \\ 0 & 0 & 2 & 0 & 0 & 0 & 0 & 0 \\ 0 & 1 & 0 & 0 & 0 & 0 & 0 & 0 \\ 5 & 0 & 0 & 0 & 0 & 0 & 0 & 0 \end{bmatrix} \quad \text{Anlauf + 2 Durchläufe ,} \qquad (107.8)$$

$h_{st} =$

Teil 2: Berechnung der Spalte 3 von $it\!\uparrow\!(\underline{f})$

$$\underline{h}_a = \begin{pmatrix} 0 & 0 & 0 & 0 & 0 & 7 & 8 & \boxed{(0,4)} \\ 0 & 0 & 2 & 0 & 0 & 0 & \boxed{(0,3)} & 0 \\ 0 & 0 & 3 & 0 & 0 & \boxed{(0,3)} & 0 & 0 \\ 0 & 0 & 0 & 0 & \boxed{(3,1)} & 0 & 0 & 0 \\ 0 & 0 & 0 & \boxed{(0,0)} & 0 & 0 & 0 & 0 \\ 0 & 0 & \boxed{(5,2)} & 0 & 6 & 0 & 0 & 0 \\ 0 & \boxed{(1,1)} & 0 & 0 & 0 & 0 & 0 & 0 \\ \boxed{(0,5)} & 2 & 0 & 0 & 0 & 0 & 0 & 4 \end{pmatrix} \tag{107.9}$$

$\underline{h}_e$ und Ergebnis wie bei Lösung 1.

2.9.7. Eine modifizierte Form der Abwärtsiteration für binäre Matrizen, Typ 1

2.9.7.1. Definition

Die modifizierte Abwärtsiterierte $itm\!\downarrow\!(\underline{f},\underline{f}_{st})$ der binären p-p-Matrix $\underline{f}$ mit

$$sym(\underline{f}) = re(\underline{f}) \quad , \tag{108.1}$$

$$re(it\!\uparrow\!(\underline{f})) = \underline{0} \tag{108.2}$$

über $W = (\{0,1\};\vee,\wedge)$ bezüglich der binären Steuermatrix $\underline{f}_{st}$ mit

$$re(\underline{f}_{st}) = \underline{0} \tag{108.3}$$

ist eine binäre p-p-Matrix, die in dem Tabellenschema Abb. 7 getaktet seriell-parallel gebildet wird. Das geschieht in Form der nacheinander ausgeführten Teiloperationen Reinigungslauf, Numerierungslauf und Abtragungslauf.

Reinigungslauf:

- Vor dem Taktzeitpunkt t = 0 des Reinigungslaufes ist die Tabelle mit der Anfangsmatrix

$$\underline{h}_{a1} = \underline{f} \tag{109}$$

  belegt.
- Im Reinigungslauf werden die Felder der Tabelle je einmal zwangsgesteuert in der Reihenfolge

$$\left[t \bmod p, \operatorname{entier}\left(\frac{t}{p}\right)\right] \quad , \quad t \in \{0,1,2,..,p^2-1\} \tag{110}$$

  (zeilenweise mit Rücksprung) angelaufen. Zum Taktzeitpunkt t sei das Feld

$$\left[l = t \bmod p, \; m = \operatorname{entier}\left(\frac{t}{p}\right)\right] \tag{111.1}$$

erreicht (Abb. 7.1), die Tabelle sei mit der Matrix $\underline{h}$ belegt. Für

$$l \neq m \quad \text{und} \quad h[l,m] \wedge f_{st}[l,m] = 1 \tag{111.2}$$

wird dann in allen Feldern $[m,k]$ der Spalte m der alte Feldinhalt $h[m,k] = 1$ mit

$$h'[m,k] = h[l,k] \tag{111.3}$$

überschrieben, andernfalls nicht verändert (Verknüpfung von Spalte m mit Spalte l).

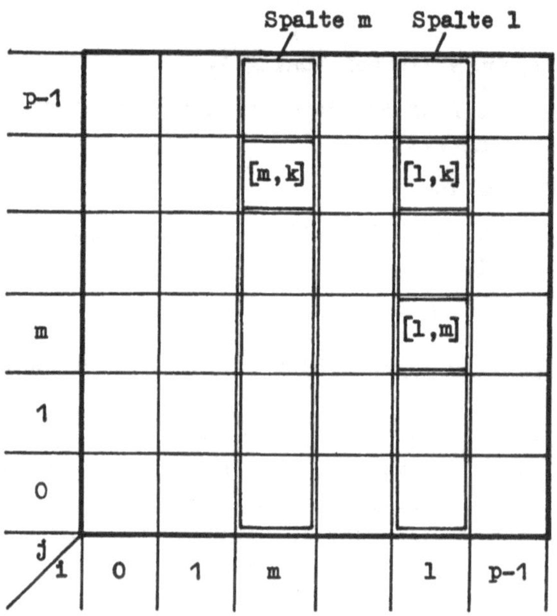

Abb. 7.1 Berechnung von $h'[m,k]$ (Reinigungslauf) und $h'[l,m]$ (Abtragungslauf)

- Zum Taktzeitpunkt $t = p^2-1$ ist die Tabelle mit der Endmatrix $\underline{h}_{e1}$ des Reinigungslaufes belegt. Sie bildet die Anfangsmatrix des anschließenden Numerierungslaufes,

$$\underline{h}_{a2} = \underline{h}_{e1} \,. \tag{112}$$

Numerierungslauf:

- Im Numerierungslauf werden nur die Hauptdiagonalfelder der Tabelle zwangsgesteuert in der Reihenfolge

$[t \bmod p, t \bmod p]$, $t \in \{0,1,2,..\}$ (113)

angelaufen. Zum Taktzeitpunkt t sei das Feld

$[l = t \bmod p,\ m = t \bmod p]$ (114.1)

erreicht (Abb. 7.2), die Tabelle sei mit der Matrix $\underline{h}$ belegt. In den Hauptdiagonalfeldern $[k,k]$ mit

$k \neq l$ und $h[k,l] = 1$ (114.2)

wird der alte Feldinhalt $h[k,k]$ mit dem neuen Feldinhalt

$h'[k,k] = \max(h[k,k], h[l,l]+1)$ (114.3)

überschrieben, andernfalls nicht verändert.
Die Feldinhalte aller Nichthauptdiagonalfelder erfahren keine Veränderung.

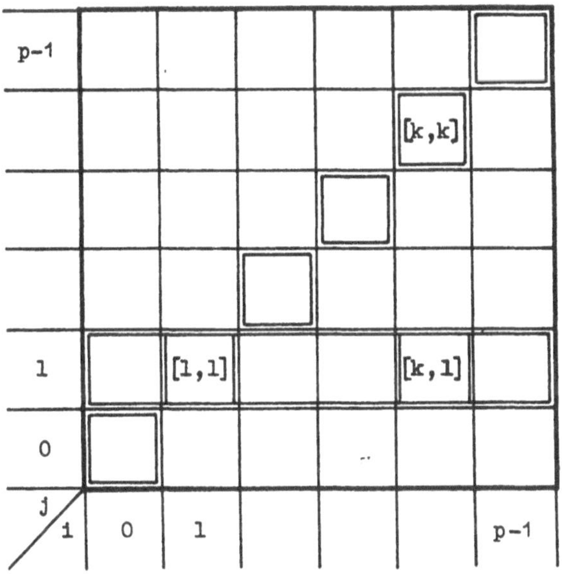

Abb. 7.2 Berechnung von $h'[k,k]$ (Numerierungslauf)

Der Numerierungslauf ist mit dem Hauptdiagonaldurchlauf $[0,0] \rightarrow [p-1,p-1]$ beendet, in dem kein Feldinhalt mehr verändert wird. Die Tabelle ist dann mit der Endmatrix $\underline{h}_{e2}$ des Numerierungslaufes belegt. Ihre Hauptdiagonale bildet den

Steuervektor

$$\overrightarrow{h_{st3}} = (h_{e2}[0,0], h_{e2}[1,1], .., h_{e2}[p-1,p-1]) \quad , \tag{115.1}$$

der Rest die Anfangsmatrix

$$\underline{h}_{a3} = \underline{h}_{e2} \tag{115.2}$$

des anschließenden Abtragungslaufes.

Abtragungslauf:

- Im Abtragungslauf werden die Felder der Tabelle höchstens je einmal angelaufen. Das geschieht spaltenweise, eigengesteuert mit der durch den Steuervektor $\overrightarrow{h_{st3}}$ gegebenen Reihenfolge: zunächst alle Spalten mit der zugehörigen Steuervektorkomponente 1 in beliebiger Reihenfolge, danach alle Spalten mit der zugehörigen Steuervektorkomponente 2 in beliebiger Reihenfolge,.., zuletzt alle Spalten mit der größten zugehörigen Steuervektorkomponente h_{st3max} in beliebiger Reihenfolge. Innerhalb jeder Spalte erfolgt der Durchlauf zwangsgesteuert in der Reihenfolge steigender Zeilenindizes.

  Auf diese Weise sei das Feld [l,m] erreicht (Abb. 7.1), die Tabelle sei mit der Matrix $\underline{h}$ belegt. Für

  $$l \neq m \quad \text{und} \quad h[l,m] = 1 \tag{116.1}$$

  wird der alte Feldinhalt mit

  $$h'[l,m] = \bigwedge_{k=0}^{p-1} (h[l,k] \leftarrow h[m,k]) \quad ^{4)} \tag{116.2}$$

  überschrieben, andernfalls nicht verändert (Verknüpfung von Spalte l mit Spalte m).
- Nach einmaligem Anlaufen aller Felder ist die Tabelle mit der Endmatrix $\underline{h}_{e3}$ des Abtragungslaufes belegt, und es gilt

  $$\mathrm{itm}\downarrow(\underline{f},\underline{f}_{st}) = \underline{h}_{e3} \vee \mathrm{re}(\underline{f}) . \tag{117}$$

Anmerkung:

Für die spezielle Steuermatrix

$$\underline{f}_{st} = f \oplus \mathrm{it}\downarrow(\underline{f}) \tag{118.1}$$

notieren wir abkürzend

$$\mathrm{itm}\downarrow(\underline{f},\underline{f} \oplus \mathrm{it}\downarrow(\underline{f})) = \mathrm{itm}\downarrow(\underline{f}) \tag{118.2}$$

4) $a \leftarrow b = a \vee \overline{b}$

Regel	Bedingung	Aktion	Verbundaktion
1		l:=0, m:=0, $\underline{h}:=\underline{f}$	
2	l=m=p-1	l=m:=0	goto r6
3	l$\neq$m, h[l,m]$\wedge f_{st}$[l,m]=1	In allen Feldern [m,k] der Spalte m alten Feldinhalt h[m,k]=1 mit h[m,k]:=h[l,k] überschreiben (Verknüpfung von Spalte m mit Spalte l).	
4		m:=m+entier($\frac{l+1}{p}$), l:=l+1 modp	goto r2
5	l=0, im zuvor beendeten Hauptdiagonaldurchlauf [0,0] → [p-1,p-1] keine Änderung eines Hauptdiagonalfeldinhaltes	- $\overrightarrow{h_{st}}$:=(h[0,0],h[1,1],..,h[p-1,p-1]), $\underline{h}:=\underline{h}$ - l:=Index einer Komponente 1 von $\overrightarrow{h_{st}}$, Überschreiben dieser Komponente mit 0 m:=0	goto r10
6		In allen Hauptdiagonalfeldern [k,k] mit k$\neq$l und h[k,l]=1 alten Feldinhalt h[k,k] mit h[k,k]:=max(h[k,k],h[l,l]+1) überschreiben.	
7		l=m:=l+1 modp	goto r5
8	m=0, alle Komponenten von $\overrightarrow{h_{st}}$ sind gleich 0	itm$\downarrow(\underline{f},\underline{f}_{st}):=\underline{h} \vee$ re($\underline{f}$)	stop
9	m=0	l:=Index einer kleinsten positiven Komponente von $\overrightarrow{h_{st}}$, Überschreiben dieser Komponente mit 0, r:=0	

Tabelle 9 Bildung von $\overline{\text{itm}\downarrow(\underline{f},\underline{f}_{st})}$ 5)

5) itm$\downarrow(\underline{f},\underline{f}\oplus$it$\downarrow(\underline{f}))$ = itm$\downarrow(\underline{f})$

Regel	Bedingung	Aktion	Verbundaktion
10	$l \neq m,\ h[l,m]=1$	$h[l,m] := \bigwedge_{k=0}^{p-1} (h[l,k] \leftarrow h[m,k])$ [4] (Verknüpfung von Spalte l mit Spalte m)	
11		$m := m+1 \bmod p$	goto r8

Tabelle 9 Fortsetzung

Eine zusammenfassende AAS-Notierung des Bildungsgesetzes von $\mathrm{itm}{\downarrow}(\underline{f},\underline{f}_{st})$ ist in Tabelle 9 angegeben.

2.9.7.2. Eigenschaften

- $\mathrm{itm}{\downarrow}(\mathrm{itm}{\downarrow}(\underline{f},\underline{f}_{st}),\underline{f}_{st}) = \mathrm{itm}{\downarrow}(\underline{f},\underline{f}_{st})$, (119)
- $\mathrm{it}{\uparrow}(\mathrm{itm}{\downarrow}(\underline{f},\underline{f}_{st})) = \mathrm{itm}{\downarrow}(\underline{f},\underline{f}_{st})$. (120)
- Aus

  $\mathrm{re}(\underline{f}) = \underline{0},\underline{e} \quad ; \quad \mathrm{sym}(\underline{f}) = \mathrm{re}(\underline{f}) \quad ; \quad \mathrm{it}{\uparrow}(\underline{f}) = \underline{f}$ (121.1)

  folgt

  $\mathrm{itm}{\downarrow}(\underline{f}) = \underline{f}$. (121.2)
- Aus

  $\mathrm{re}(\underline{f}) = \underline{e} \quad ; \quad \mathrm{sym}(\underline{f}) = \underline{f} \quad ; \quad \mathrm{it}{\uparrow}(\underline{f}) = \underline{f}$ (122.1)

  folgen für

  $\underline{\varphi}_1 = \mathrm{itm}{\downarrow}(\underline{f}) \quad ; \quad \underline{\varphi}_2 = \underline{f} \oplus \mathrm{itm}{\downarrow}(\underline{f})$ (122.2)

  die Beziehungen

  - $\mathrm{re}(\underline{\varphi}_1) = \underline{e} \quad ; \quad \mathrm{sym}(\underline{\varphi}_1) = \mathrm{re}(\underline{\varphi}_1) \quad ; \quad \mathrm{it}{\uparrow}(\underline{\varphi}_1) = \underline{\varphi}_1$, (122.3)
  - $\mathrm{re}(\underline{\varphi}_2) = \underline{0} \quad ; \quad \mathrm{sym}(\underline{\varphi}_2) = \mathrm{re}(\underline{\varphi}_2) \quad ; \quad \mathrm{it}{\uparrow}(\underline{\varphi}_2) = \underline{\varphi}_2$, (122.4)
  - $\underline{\varphi}_1 \wedge \underline{\varphi}_2 = \underline{0}$. (122.5)

2.9.7.3. Beispiel

Gegeben:

$$\underline{f} = \begin{bmatrix} 0&0&0&1&0&1&0&0&0\\ 1&0&0&0&1&0&0&0&0\\ 0&1&1&0&0&0&0&0&1\\ 1&0&1&0&0&0&0&0&0\\ 1&1&0&0&0&0&0&0&0\\ 0&0&0&0&0&1&0&1&0\\ 1&0&0&0&0&0&0&0&0\\ 0&0&1&0&0&0&0&0&0\\ 0&0&0&0&0&0&0&0&0 \end{bmatrix} . \qquad (123.1)$$

Gesucht:

$\mathrm{itm}{\downarrow}(\underline{f})$.

Lösung:

$$\underline{f}_{st} = \underline{f} \oplus \mathrm{it}{\downarrow}(\underline{f}) = \begin{bmatrix} 0&0&0&0&0&1&0&0&0\\ 1&0&0&0&0&0&0&0&0\\ 0&0&1&0&0&0&0&0&0\\ 1&0&0&0&0&0&0&0&0\\ 0&0&0&0&0&0&0&0&0\\ 0&0&0&0&0&0&0&0&0\\ 0&0&0&0&0&0&0&0&0\\ 0&0&0&0&0&0&0&0&0\\ 0&0&0&0&0&0&0&0&0 \end{bmatrix} , \qquad (123.2)$$

$$\underline{h}_{e1} = \begin{pmatrix} 0&0&0&1&0&0&0&0&0 \\ 1&0&0&0&1&0&0&0&0 \\ 0&1&1&0&0&0&0&0&1 \\ 1&0&1&0&0&0&0&0&0 \\ 1&1&0&0&0&0&0&0&0 \\ 0&0&0&0&0&0&0&0&0 \\ 1&0&0&0&0&0&0&0&0 \\ 0&0&1&0&0&0&0&0&0 \\ 0&0&0&0&0&0&0&0&0 \end{pmatrix}, \quad \underline{h}_{e2} = \begin{pmatrix} 0&0&0&1&0&0&0&0&1 \\ 1&0&0&0&1&0&0&0&0 \\ 0&1&1&0&0&0&0&0&1 \\ 1&0&1&0&0&0&0&0&0 \\ 1&1&0&0&1&0&0&0&0 \\ 0&0&0&2&0&0&0&0&0 \\ 1&0&3&0&0&0&0&0&0 \\ 0&2&1&0&0&0&0&0&0 \\ 4&0&0&0&0&0&0&0&0 \end{pmatrix} \text{(4 Durchläufe)}, \tag{123.3,4}$$

$$\overrightarrow{h_{st3}} = (4,2,3,2,1,0,0,0,1), \tag{123.5}$$

$$\underline{h}_{e3} = \begin{pmatrix} 0&0&0&0&0&0&0&0&0 \\ 1&0&0&0&1&0&0&0&0 \\ 0&1&1&0&0&0&0&0&1 \\ 1&0&1&0&0&0&0&0&0 \\ 1&0&0&0&0&0&0&0&0 \\ 0&0&0&0&0&0&0&0&0 \\ 0&0&0&0&0&0&0&0&0 \\ 0&0&1&0&0&0&0&0&0 \\ 0&0&0&0&0&0&0&0&0 \end{pmatrix}, \tag{123.6}$$

$$\text{itm}{\downarrow}(\underline{f}) = \underline{h}_{e3} \vee \text{re}(\underline{f}) = \begin{pmatrix} 0&0&0&0&0&0&0&0&0 \\ 1&0&0&0&1&0&0&0&0 \\ 0&1&1&0&0&0&0&0&1 \\ 1&0&1&0&0&0&0&0&0 \\ 1&0&0&0&0&0&0&0&0 \\ 0&0&0&0&0&0&0&0&0 \\ 0&0&0&0&0&0&0&0&0 \\ 0&0&1&0&0&0&0&0&0 \\ 0&0&0&0&0&0&0&0&0 \end{pmatrix}. \tag{123.7}$$

2.9.8. Eine modifizierte Form der Abwärtsiteration für binäre Matrizen, Typ 2

2.9.8.1. Definition

Die modifizierte Abwärtsiterierte $\text{itm}{\leftarrow}(\underline{f},\underline{f}_{st})$ der binären p-p-Matrix $\underline{f}$ mit

$$\text{sym}(\underline{f}) = \text{re}(\underline{f}), \tag{108.1}$$

$$\text{re}(\text{it}{\uparrow}(\underline{f})) = \underline{0} \tag{108.2}$$

über $W = (\{0,1\};\vee,\wedge)$ bezüglich der binären Steuermatrix $\underline{f}_{st}$ mit

$$\text{re}(\underline{f}_{st}) = \underline{0} \tag{108.3}$$

ist eine binäre p-p-Matrix. Sie wird in völlig analoger Weise wie $\text{itm}{\downarrow}(\underline{f},\underline{f}_{st})$ nach dem in Tabelle 10 angegebenen Algorithmus gebildet.

Regel	Bedingung	Aktion	Verbundaktion
1		$l:=0,\ m:=0,\ \underline{h}:=\dot{\underline{f}}$	
2	$l=m=p-1$	$l=m:=0,\ \underline{h}:=\underset{\cdot}{\underline{h}}$	goto r6
3	$l \neq m,\ h[l,m] \wedge f_{st}[l,m]=1$	In allen Feldern $[k,m]$ der Zeile m alten Feldinhalt $h[k,m]=1$ mit $h[k,m]:=h[l,k]$ überschreiben (Verknüpfung von Zeile m mit Spalte l).	
4		$m:=m+\mathrm{entier}(\frac{l+1}{p}),\ l:=l+1 \bmod p$	goto r2
5	l=0, im zuvor beendeten Hauptdiagonaldurchlauf $[0,0] \rightarrow [p-1,p-1]$ keine Änderung eines Hauptdiagonalfeldinhaltes	– $\overrightarrow{h}_{st}:=(h[0,0],h[1,1],..,h[p-1,p-1]),\ \underline{h}:=\dot{\underline{h}}$ – l:=Index einer Komponente 1 von $\overrightarrow{h}_{st}$, Überschreiben dieser Komponente mit 0 m:=0	goto r10
6		In allen Hauptdiagonalfeldern $[k,k]$ mit $k \neq l$ und $h[k,l]=1$ alten Feldinhalt $h[k,k]$ mit $h[k,k]:=\max(h[k,k],h[l,l]+1)$ überschreiben.	
7		$l=m:=l+1 \bmod p$	goto r5
8	m=0, alle Komponenten von $\overrightarrow{h}_{st}$ sind gleich 0	$\mathrm{itm} \leftarrow (\underline{f},\underline{f}_{st}):=\underset{\cdot}{\underline{h}} \vee \mathrm{re}(\underline{f})$	stop
9	m=0	l:=Index einer kleinsten positiven Komponente von $\overrightarrow{h}_{st}$, Überschreiben dieser Komponente mit 0 m:=0	

Tabelle 10 Bildung von $\mathrm{itm} \leftarrow (\underline{f},\underline{f}_{st})$ 6)

6) $\mathrm{itm} \leftarrow (\underline{f},\underline{f} \oplus \mathrm{it} \leftarrow (\underline{f})) = \mathrm{itm} \leftarrow (\underline{f})$

Regel	Bedingung	Aktion	Verbundaktion
10	$l \neq m,\ h[l,m]=1$	$h[l,m] := \bigwedge_{k=0}^{p-1} (h[l,k] \leftarrow h[k,m])$ 4) (Verknüpfung von Spalte l mit Zeile m)	
11		$m:=m+1 \bmod p$	goto r8

Tabelle 10 Fortsetzung

2.9.8.2. Beispiel

Gegeben:

$$\underline{f} = \begin{pmatrix} 1&0&1&0&0&0&0&0&0\\ 1&1&0&1&0&0&0&0&0\\ 1&0&0&0&0&0&0&0&0\\ 1&1&1&0&0&0&0&0&0\\ 1&0&0&0&0&0&0&0&0\\ 1&1&0&0&0&0&0&0&0\\ 1&0&0&0&0&0&0&0&0\\ 1&0&0&0&0&0&0&0&0\\ 0&0&0&0&0&0&0&0&0 \end{pmatrix} . \qquad (124.1)$$

Gesucht:

$$\text{itm}\leftarrow(\underline{f}) = \text{itm}\leftarrow(\underline{f},\underline{f} \oplus \text{it}\leftarrow(\underline{f})) . \qquad (124.2)$$

Lösung:

$$\underline{f}_{st} = \underline{f} \oplus \text{it}\leftarrow(\underline{f}) = \begin{pmatrix} 0&0&0&0&0&0&0&0&0\\ 0&0&0&0&0&0&0&0&0\\ 0&0&0&0&0&0&0&0&0\\ 0&0&0&0&0&0&0&0&0\\ 0&0&0&0&0&0&0&0&0\\ 1&1&0&0&0&0&0&0&0\\ 1&0&0&0&0&0&0&0&0\\ 1&0&0&0&0&0&0&0&0\\ 0&0&0&0&0&0&0&0&0 \end{pmatrix} , \qquad (124.3)$$

$$\underline{h}_{e1} = \begin{pmatrix} 1&0&1&0&0&0&0&0&1\\ 1&1&0&1&0&0&0&1&0\\ 1&0&0&0&0&0&1&0&0\\ 1&1&1&0&0&1&0&0&0\\ 1&0&0&0&1&0&0&0&0\\ 0&1&0&1&0&0&0&0&0\\ 1&0&1&0&0&0&0&0&0\\ 1&1&0&0&0&0&0&0&0\\ 1&0&0&0&0&0&0&0&0 \end{pmatrix} , \qquad (124.4)$$

$$\underline{h}_{e2} = \begin{pmatrix} 1&0&1&0&0&0&0&0&0\\ 1&1&0&1&0&0&0&0&0\\ 1&0&0&0&0&0&0&0&0\\ 1&1&1&0&0&0&0&0&0\\ 1&0&0&0&0&0&0&0&0\\ 0&1&0&1&0&0&0&0&0\\ 1&0&1&0&0&0&0&0&0\\ 1&2&0&0&0&0&0&0&0\\ 3&0&0&0&0&0&0&0&0 \end{pmatrix} \quad \text{(4 Durchläufe)} , \qquad (124.5)$$

$$\overrightarrow{h_{st3}} = (3,2,1,1,0,0,0,0,0) , \qquad (124.6)$$

$$\underline{h}_{e3} = \begin{bmatrix} 1&0&0&0&0&0&0&0&1\\ 1&0&0&0&0&0&0&1&0\\ 1&0&0&0&0&0&1&0&0\\ 1&0&0&0&0&1&0&0&0\\ 1&0&0&0&1&0&0&0&0\\ 0&1&0&1&0&0&0&0&0\\ 1&0&1&0&0&0&0&0&0\\ 1&1&0&0&0&0&0&0&0\\ 1&0&0&0&0&0&0&0&0 \end{bmatrix} , \qquad (124.7)$$

$$\mathrm{itm}\leftarrow(\underline{f}) = \underline{h}_{e3} \vee \mathrm{re}(\underline{f}) = \begin{bmatrix} 1&0&0&0&0&0&0&0&0\\ 1&0&0&0&0&0&0&0&0\\ 1&0&0&0&0&0&0&0&0\\ 1&0&0&0&0&0&0&0&0\\ 1&0&0&0&0&0&0&0&0\\ 0&1&0&0&0&0&0&0&0\\ 1&0&0&0&0&0&0&0&0\\ 1&0&0&0&0&0&0&0&0\\ 0&0&0&0&0&0&0&0&0 \end{bmatrix} . \qquad (124.8)$$

2.9.9. Produktiteration

2.9.9.1. Definition

Die Produktiterierte $\mathrm{it}\sqcap(\underline{f}_1,\underline{f}_2)$ der p-p-Matrizen $\underline{f}_1$ und $\underline{f}_2$ über V ist eine p-p-Matrix, die in dem Tabellenschema Abb. 3 mit der Durchlaufreihenfolge

$$\left[\mathrm{entier}(\tfrac{t}{p}), t \bmod p\right] \qquad (125.1)$$

(spaltenweise mit Rücksprung) seriell-parallel gebildet wird.

- Vor dem Taktzeitpunkt $t = 0$ sind die Felder $[i,j]$ der Tabelle mit den Elementen $h_a[i,j]$ der Anfangsmatrix $\underline{h}_a$ belegt. Hierbei ist

  $$h_a[i,j] = (\lambda, f_1[i,j], f_2[i,j]) \quad \text{(geordnetes Tripel)} \qquad (126.1)$$

  in Matrizennotation

  $$\underline{h}_a = (\underline{0}, \underline{f}_1, \underline{f}_2) \quad . \qquad (126.2)$$

- Zum Taktzeitpunkt t $(0 \leq t \leq p^2-1)$ sei das Feld

  $$\left[l = \mathrm{entier}(\tfrac{t}{p}), m = t \bmod p\right] \qquad (125.2)$$

  erreicht (Abb. 3), die Felder $[i,j]$ der Tabelle seien mit den Elementen

  $$h[i,j] = (g[i,j], f_1[i,j], f_2[i,j]) \qquad (127.1)$$

  der Matrix

  $$\underline{h} = (\underline{g}, \underline{f}_1, \underline{f}_2) \qquad (127.2)$$

  belegt. Für

Regel	Bedingung	Aktion	Verbundaktion
1		l:=0, m:=0, $\underline{h}:=(\underline{0},\underline{f}_1,\underline{f}_2)$	
2	l=m=p-1	$itn(\underline{f}_1,\underline{f}_2):=\underline{g}$	stop
3	$f_1[l,m] \neq \lambda$	In allen Feldern [l,k] der Spalte l alten Feldinhalt $h[l,k]=(g[l,k],f_1[l,k],f_2[l,k])$ mit neuem Feldinhalt $h[l,k]:=(g[l,k] ✚ f_1[l,m] \bullet f_2[m,k],f_1[l,k],f_2[l,k])$ überschreiben.	
4		$l:=l+entier(\frac{m+1}{p})$, m:=m+1 modp	goto r2

Tabelle 11 Bildung von $itn(\underline{f}_1,\underline{f}_2)$

$$f_1[l,m] \neq \lambda \tag{128.1}$$

wird dann in allen Feldern [l,k] der Spalte l der alte Feldinhalt g[l,k] mit dem neuen Feldinhalt

$$g'[l,k] = g[l,k] \oplus f_1[l,m] \bullet f_2[m,k] \tag{128.2}$$

überschrieben, andernfalls nicht verändert.

- Die Produktiteration ist mit Beendigung des Durchlaufes $[0,0] \rightarrow [p-1,p-1]$, also zum Taktzeitpunkt $t = p^2-1$, beendet. Die Tabelle ist dann mit den Elementen

$$h_e[i,j] = (g_e[i,j], f_1[i,j], f_2[i,j]) \tag{129.1}$$

der Endmatrix

$$\underline{h}_e = (\underline{g}_e, \underline{f}_1, \underline{f}_2) \tag{129.2}$$

belegt, und es gilt

$$\mathrm{it}\sqcap(\underline{f}_1, \underline{f}_2) = \underline{g}_e \quad . \tag{129.3}$$

In Tabelle 11 ist die AAS-Notierung des Bildungsgesetzes von $\mathrm{it}\sqcap(\underline{f}_1, \underline{f}_2)$ angegeben.

2.9.9.2. Eigenschaften

- $\mathrm{it}\sqcap(\underline{f}_1, \underline{f}_2) = \underline{f}_1\ \underline{f}_2$ ("schnelle" innere Multiplikation), (130)
- $\mathrm{it}\sqcap(\underline{f}, \underline{f}) = \underline{f}^2$, (131)
- $\mathrm{it}\sqcap(\mathrm{it}\sqcap(\underline{f}_1, \underline{f}_2), \underline{f}_3) = \underline{f}_1\ \underline{f}_2\ \underline{f}_3$, (132)
- $\mathrm{it}\sqcap(\mathrm{it}\sqcap(\underline{f}, \underline{f}), \underline{f}) = \underline{f}^3$ (2 it⊓-Durchläufe) . (133)

2.9.9.3. Beispiele

2.9.9.3.1. Beispiel 1

$$V = (\mathbb{R}(0,\infty); \min, +) \quad ,$$

$$\underline{f}_1 = \begin{bmatrix} 8 & 5 & 3 & 7 \\ 2 & 0 & 3 & 6 \\ 5 & 2 & 10 & 7 \\ 1 & 3 & 4 & 9 \end{bmatrix}, \quad \underline{f}_2 = \begin{bmatrix} 11 & 8 & 6 & 4 \\ 9 & 5 & 5 & 8 \\ 3 & 0 & 2 & 0 \\ 0 & 6 & 0 & 10 \end{bmatrix},$$

$$\mathrm{it}\sqcap(\underline{f}_1, \underline{f}_2) = \begin{bmatrix} 8 & 6 & 7 & 11 \\ 7 & 5 & 8 & 11 \\ 4 & 2 & 3 & 7 \\ 1 & 0 & 3 & 6 \end{bmatrix} = \underline{f}_1\ \underline{f}_2 \quad . \tag{134}$$

2.9.9.3.2. Beispiel 2

$V = (\mathbb{R}(-\infty,+\infty);+,\cdot)$,

$$\underline{f}_1 = \begin{bmatrix} 1&0&0&3&0\\ 5&0&0&0&0\\ 2&0&0&0&0\\ 0&0&3&7&0\\ 0&0&0&0&0 \end{bmatrix} , \quad \underline{f}_2 = \begin{bmatrix} 0&2&5&0&0\\ 0&3&7&0&0\\ 0&0&0&0&0\\ 0&0&0&0&0\\ 0&0&3&2&0 \end{bmatrix} ,$$

$$\mathrm{itn}(\underline{f}_1,\underline{f}_2) = \begin{bmatrix} 10&0&6&14&0\\ 14&0&9&21&0\\ 0&0&0&0&0\\ 0&0&0&0&0\\ 16&0&0&0&0 \end{bmatrix} = \underline{f}_1\,\underline{f}_2 ,$$

$$\mathrm{itn}(\underline{f}_2,\underline{f}_1) = \begin{bmatrix} 0&9&24&2&0\\ 0&0&15&10&0\\ 0&0&6&4&0\\ 0&21&49&0&0\\ 0&0&0&0&0 \end{bmatrix} = \underline{f}_2\,\underline{f}_1 . \qquad (135)$$

3. Die Struktur S

3.1. Grundlagen

3.1.1. Definition

Die endliche Menge

$M = \{m_0, m_1, m_2, \ldots, m_{p-1}\}$; card(M) = p ; dim(M) ≥ 1 ,

die Menge

N – Trägermenge eines kommutativen Semiringes $V = (N; \oplus, \bullet)$ mit Null- und Einselement, Gl. (6)

und die eindeutige Abbildung f von MxM in N

$f: M \times M \rightarrow N$

bilden die Struktur

$$S = (M, N; f) \quad . \tag{1}$$

S wird beschrieben durch die Strukturmatrix

$$\underline{f} = \left\| f[i,j] \right\|_{i=0,j=0}^{p-1,p-1} \quad ; \quad f[i,j] = f(m_i, m_j) \in N \quad , \tag{3}$$

den Werteteil der Tabellendarstellung der Abbildung f (Abb. 1).

Zur Veranschaulichung von S benutzen wir einen bewerteten gerichteten Graphen (genauer: das geometrische Bild eines bewerteten gerichteten Graphen), den durch Tabelle 12 vereinbarten Strukturgraphen. $\underline{f}$ ist dann die bewertete Adjazenzmatrix dieses Graphen.

3.1.2. Gleichheit

Zwei Strukturen

$$S_1 = (M_1, N_1; f_1) \ ; \quad f_1: M_1 \times M_1 \rightarrow N_1 \tag{136.1}$$

und

$$S_2 = (M_2, N_2; f_2) \ ; \quad f_2: M_2 \times M_2 \rightarrow N_2 \tag{136.2}$$

sind gleich, in Zeichen

$$S_1 = S_2 \quad , \tag{136.3}$$

wenn gilt

$$M_1 = M_2 \ , \ N_1 = N_2 \ , \ \underline{f}_1 = \underline{f}_2 \quad . \tag{136.4}$$

3.1.3. Spezielle Strukturen vom Typ S

Die Struktur S kann bezüglich der Menge N und bezüglich der Strukturmatrix $\underline{f}$ (spezielle Matrizengleichungen über V) unter-

Struktur $S = (M,N;f)$	Strukturgraph
$m_i \in M$ $f[i,j] \in N$	Knotenbewertung Kantenbewertung 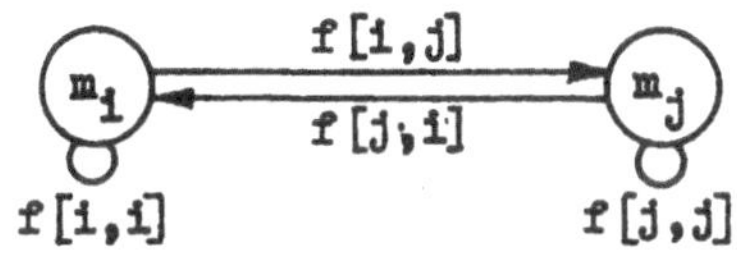 Vereinbarungen: - Jede mit λ bewertete Kante wird nicht gezeichnet. - Bei $N = \{0,1\}$, $\lambda = 0$, $\mu = 1$ wird die Kantenbewertung μ nicht angeschrieben. - Symmetrische bewertete gerichtete Graphen werden als bewertete ungerichtete Graphen betrachtet: 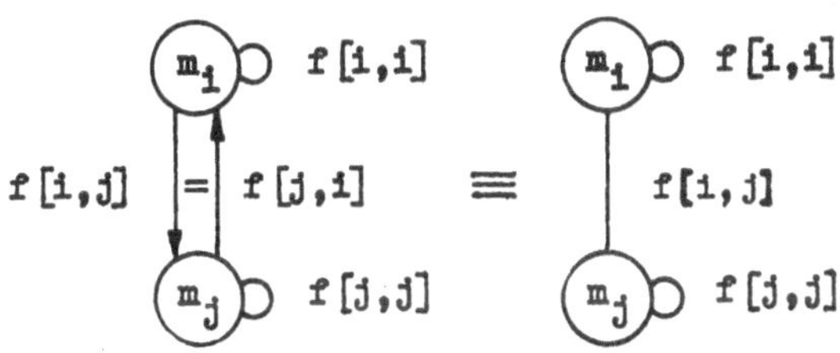

Tabelle 12 Strukturgraph

Gilt ,		so heißt S = (M,N;f)
$N = \{0,1\}$		relational
$N = \mathbb{N}, \mathbb{Z}, \mathbb{Q}, \mathbb{R}, \mathbb{C}$		funktional
$N = M$		algebraisch
$r(\dot{\underline{f}}) \vee r(\dot{\underline{f}}^T) = \underline{1}$	über W = ({0,1};∨,∧)	konnex Zwischen je zwei Knoten des Strukturgraphen befindet sich eine Kante.
$\mathrm{it}{\uparrow}(r(\dot{\underline{f}}) \vee r(\dot{\underline{f}}^T)) = \underline{1}$	über W = ({0,1};∨,∧)	zusammenhängend Der Strukturgraph ist zusammenhängend.
$\mathrm{it}{\uparrow}(r(\dot{\underline{f}})) = \underline{1}$	über W = ({0,1};∨,∧)	streng zusammenhängend Der Strukturgraph ist zusammenhängend, dabei ist jeder Knoten von jedem anderen Knoten aus über eine gerichtete Kante erreichbar.
$\mathrm{it}{\uparrow}(r(\dot{\underline{f}}) \vee r(\dot{\underline{f}}^T)) \neq \underline{1}$	über W = ({0,1};∨,∧)	zerfallend Der Strukturgraph zerfällt in mindestens zwei zusammenhängende Teilgraphen.
$re(\underline{f}) = \underline{e}$	über V	reflexiv
$re(\underline{f}) \neq \underline{e}$	über V	nicht reflexiv
$re(\underline{f}) = \underline{0}$	über V	irreflexiv
$re(\underline{f}) = \underline{f}$	über V	diagonal
$(\forall i)(\forall j)_{i,j \in \{0,1,..,p-1\},\ i \neq j}\ f[i,j] \neq \mu$	über V	definit
$sym(\underline{f}) = \underline{f}$	über V	symmetrisch
$sym(\underline{f}) \neq \underline{f}$	über V	nicht symmetrisch
$sym(\underline{f}) = re(\underline{f})$	über V	antisymmetrisch
$sym(\underline{f}) = re(\underline{f})$ über W = ({0,1};∨,∧)		antisymmetrisch relational
$\mathrm{it}{\uparrow}(\underline{f}) = \underline{f}$ über W		transitiv Die Bezeichnung "transitiv" wurde in Verallgemeinerung des Falles $\mathrm{it}{\uparrow}(\underline{f}) = \underline{f}$ über W = ({0,1};∨,∧) gewählt (vgl. Abschn. 3.2.2.).

Tabelle 13 Unterformen der Struktur S

Gilt ,	so heißt S = (M,N;f)
$it\uparrow(\underline{f}) \neq \underline{f}$	nicht transitiv
$it\downarrow(\underline{f}) = \underline{f}$ über W	intransitiv
$it\uparrow(\underline{f}) = it\downarrow(\underline{f}) = \underline{f}$	inert
$it\uparrow(\underline{f}) = \underline{f}$ über $V \neq W$	transitiv über V
$re(\underline{f}) = sym(\underline{f}) = re(it\uparrow(\underline{f})) = \underline{0}$ über V	irreflexiv, antisymmetrisch und kreisfrei Der Strukturgraph ist ein schlingen- und kreisfreier antisymmetrischer gerichteter Graph.
$\underline{f}\ \underline{f}' = \underline{e}$ über V_3 $\underline{f}' = \underline{f}, \underline{f}^T, \underline{f}^D, ..$	orthogonal
$\underline{f}\ \underline{f}' = \underline{e}$ über $V \neq V_3$ $\underline{f}' = \underline{f}, \underline{f}^T, \underline{f}^D, ..$	orthogonal über V

Tabelle 13 Fortsetzung

gliedert werden. Tabelle 13 summiert einige auf diese Weise erhaltene Unterformen von S. Drei dieser Unterformen, die transitive Struktur S_{tr}, die antisymmetrische relationale Struktur S_{ar} und die orthogonale Struktur S_{or} werden im folgenden gemäß dem in Abschn. 1. skizzierten Programm im Detail untersucht.

3.2. Die transitive Struktur S_{tr}

3.2.1. Definition

Eine Struktur S = (M,N;f) heißt transitiv, wenn die Strukturmatrix $\underline{f}$ über V = W die Bedingung

$$\text{it}\uparrow(\underline{f}) = \underline{f} \qquad (137)$$

erfüllt.

Anmerkung:

Im weiteren Sinne soll auch für $\text{it}\uparrow(\underline{f}) = \underline{f}$ über V ≠ W von einer transitiven Struktur gesprochen werden, jedoch ist dabei stets V mit anzugeben. Im vorliegenden Abschnitt wird nur der Fall V = W betrachtet.

3.2.2. Spezielle transitive Strukturen, Überblick

Unter Zugrundelegung der Definition der Aufwärtsiteration Typ 1 (Abschn. 2.9.1.1.) kann die Matrizengleichung (137) leicht in Elementform geschrieben werden:

- $\text{it}\uparrow(\underline{f}) = \underline{f}$ bedeutet: im Verlaufe der Aufwärtsiteration wird kein Feldinhalt verändert, d.h., es gilt

$$\underline{h}_a = \underline{h} = \underline{h}_e = \underline{f} \quad . \qquad (138.1)$$

- Damit folgt aus Gl. (63) zunächst

$$\begin{array}{ll} (\forall k)(\forall l)(\forall m) & f[l,k] = f[l,k] \,\textbf{+}\, f[l,m] \bullet f[m,k]. \qquad (138.2) \\ k,l,m \in \{0,1,..,p-1\} & \\ l \neq m & \\ f[l,m] \neq \lambda & \end{array}$$

- Wegen $\left\langle \begin{array}{l} a \bullet \lambda = \lambda \\ a \,\textbf{+}\, \mu = \mu \end{array} \right.$ (V = W) gilt Gl. (138.2) aber auch für den

$$\text{Fall} \left\langle \begin{array}{lll} f[l,m] = \lambda & : f[l,k] = f[l,k] \,\textbf{+}\, \lambda \bullet f[m,k] = f[l,k] \\ l = m & : f[l,k] = f[l,k] \,\textbf{+}\, f[l,l] \bullet f[l,k] \\ & = (\mu \,\textbf{+}\, f[l,l]) \bullet f[l,k] = f[l,k] \end{array} \right. \qquad (138.3)$$

(bei der Bildung der Aufwärtsiterierten Typ 1 wurde der

Fall $\left\langle\begin{matrix} h[l,m] = \lambda \\ l = m \end{matrix}\right.$ ja nur deshalb ausgeschlossen, weil dann mit $h'[l,k] = h[l,k]$ sowieso in keinem Feld der Spalte l eine Änderung des Feldinhaltes auftreten würde), wir haben also

$$\underset{k,l,m \in \{0,1,..,p-1\}}{(\forall k)(\forall l)(\forall m)} \quad f[l,k] = f[l,k] + f[l,m] \bullet f[m,k]. \quad (138.4)$$

Gl. (138.4) bildet die Grundlage für eine deduktive Erschließung spezieller transitiver Strukturen bei Vorgabe von W gemäß Tabelle 1. In Tabelle 14 ist das in vier Fällen durchgeführt, mit den beiden ersten Fällen ergibt sich gleichzeitig die Induktionsbasis der vorliegenden Arbeit für die Formulierung der Gl. (138.4) bzw. (137).

Spezifizieren wir die so gewonnenen transitiven Strukturen noch weiter bezüglich Reflexivität, Symmetrie und Definitheit (Tabelle 13), so gelangen wir (rein deduktiv vorgehend) unter Benutzung der Gl. (14) - (19) einerseits zu den in Abschnitt 1. charakterisierten grundlegenden Begriffen

- Äquivalenzstruktur (reflexive, symmetrische und transitive relationale Struktur, $W = (\{0,1\}; \vee, \wedge)$):
  - $\underset{x \in M}{(\forall x)}\ f(x,x) = 1$, (139.1)
  - $\underset{x,y \in M}{(\forall x)(\forall y)}\ f(x,y) = f(y,x)$, (139.2)
  - $\underset{x,y,z \in M}{(\forall x)(\forall y)(\forall z)}\ f(x,y) \geq f(x,z) \wedge f(z,y)$ (139.3)

    oder gleichbedeutend damit

    $\underset{x,y,z \in M}{(\forall x)(\forall y)(\forall z)}\ (f(x,z) \wedge f(z,y)) \rightarrow f(x,y) = 1$, (139.4)

  bzw. Äquivalenzrelation (reflexive, symmetrische und transitive binäre Relation R in der Menge M; vgl. Gl. (2)):
  - $\underset{x \in M}{(\forall x)}\ xRx$, (140.1)
  - $\underset{x,y \in M}{(\forall x)(\forall y)}\ xRy \leftrightarrow yRx$, (140.2)
  - $\underset{x,y,z \in M}{(\forall x)(\forall y)(\forall z)}\ xRz \wedge zRy \rightarrow xRy$, (140.3)
- Halbordnungsstruktur (irreflexive oder reflexive, antisymmetrische und transitive relationale Struktur, $W = (\{0,1\}; \vee, \wedge)$)

Für den Semiring W	erhält man aus Gl. (138) mit $f[i,j] = f(m_i,m_j)$ und unter Benutzung
$(\{0,1\};\vee,\wedge)$	- der Vergleichsrelation $a \geq b$ $(\forall x)(\forall y)(\forall z)\ f(x,y) \geq f(x,z) \wedge f(z,y)$ $x,y,z \in M$ - der logischen Implikation $a \rightarrow b$ $(\forall x)(\forall y)(\forall z)\ (f(x,z) \wedge f(z,y)) \rightarrow f(x,y) = 1$ $x,y,z \in M$ - der logischen Implikation $a \rightarrow b$ und der Zuordnung gemäß Gl. (2) die Transitivitätsbedingung für eine binäre Relation R in der Menge M $(\forall x)(\forall y)(\forall z)\ xRz \wedge zRy \rightarrow xRy$, $x,y,z \in M$ d.h., im Strukturgraph (= Relationsgraph) sind je zwei in gleicher Richtung aufeinanderfolgende gerichtete Kanten stets durch eine dritte gerichtete Kante gleichsinnig überbrückt (transitive Überbrückung): 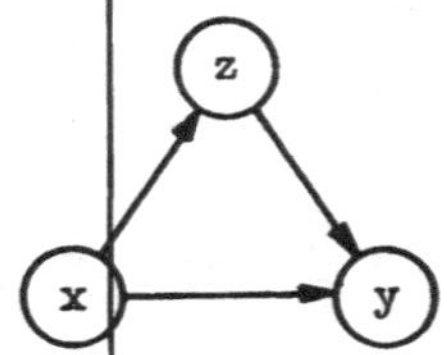
$(\mathbb{R}\ (0,\infty);\min,+)$	der Vergleichsrelation $a \leq b$ die Dreiecksungleichung $(\forall x)(\forall y)(\forall z)\ f(x,y) \leq f(x,z) + f(z,y)$, $x,y,z \in M$ d.h., die Summe der Bewertungen je zweier in gleicher Richtung aufeinanderfolgender gerichteter Kanten des Strukturgraphen ist größer oder gleich der Bewertung ihrer gleichsinnigen Überbrückung: 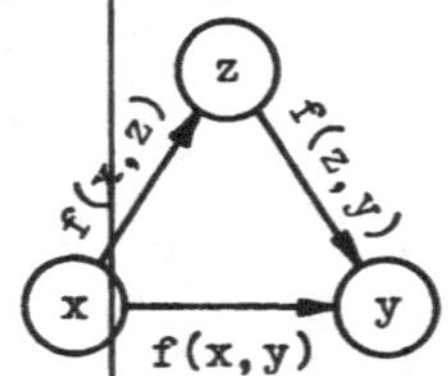

Tabelle 14 Spezielle transitive Strukturen

Für den Semiring W	erhält man aus Gl. (138) mit $f[i,j] = f(m_i,m_j)$ und unter Benutzung
$(\mathbb{N}(1,\infty);ggT,\cdot)$	der Teilbarkeitsrelation $a \mid b$ (a teilt b) $\underset{x,y,z \in M}{(\forall x)(\forall y)(\forall z)}\ f(x,y) \mid (f(x,z) \cdot f(z,y))$, d.h., das Produkt der Bewertungen je zweier in gleicher Richtung aufeinanderfolgender gerichteter Kanten des Strukturgraphen ist durch die Bewertung ihrer gleichsinnigen Überbrückung teilbar.
$(P(M);\cap,\cup)$	der Enthaltenseinsrelation $a \subseteq b$ $\underset{x,y,z \in M}{(\forall x)(\forall y)(\forall z)}\ f(x,y) \subseteq f(x,z) \cup f(z,y)$, d.h., die Vereinigung der Bewertungen je zweier in gleicher Richtung aufeinanderfolgender gerichteter Kanten des Strukturgraphen enthält die Bewertung ihrer gleichsinnigen Überbrückung.

Tabelle 14 Fortsetzung

- $(\forall x)_{x\in M}\ f(x,x) = \begin{cases} 0\ , \\ 1\ , \end{cases}$ (141.1)
- $(\forall x)(\forall y)_{x,y\in M,\ x\neq y}\ f(x,y) \wedge f(y,x) = 0\ ,$ (141.2)
- $(\forall x)(\forall y)(\forall z)_{x,y,z\in M}\ f(x,y) \geq f(x,z) \wedge f(z,y)$ (141.3)

  oder gleichbedeutend damit

  $(\forall x)(\forall y)(\forall z)_{x,y,z\in M}\ (f(x,z) \wedge f(z,y)) \rightarrow f(x,y) = 1\ ,$ (141.4)

bzw. Halbordnungsrelation (irreflexive oder reflexive, antisymmetrische und transitive binäre Relation R in der Menge M):

- $(\forall x)_{x\in M} \begin{cases} x\bar{R}x\ , \\ xRx\ , \end{cases}$ (142.1)
- $(\forall x)(\forall y)_{x,y\in M,\ x\neq y}\ xRy \rightarrow y\bar{R}x\ ,$ (142.2)
- $(\forall x)(\forall y)(\forall z)_{x,y,z\in M}\ xRz \wedge zRy \rightarrow xRy\ ,$ (142.3)

- metrische Struktur (reflexive, symmetrische, definite und transitive funktionale Struktur, $W = (\mathbb{R}(0,\infty);\min,+))$:
  - $(\forall x)_{x\in M}\ f(x,x) = 0\ ,$ (143.1)
  - $(\forall x)(\forall y)_{x,y\in M}\ f(x,y) = f(y,x)\ ,$ (143.2)
  - $(\forall x)(\forall y)_{x,y\in M,\ x\neq y}\ f(x,y) > 0\ ,$ (143.3)
  - $(\forall x)(\forall y)(\forall z)_{x,y,z\in M}\ f(x,y) \leq f(x,z) + f(z,y)\ ,$ (143.4)

andererseits zu solchen Strukturen (deren Anwendungsmöglichkeiten noch zu untersuchen sind) wie

- "symmetrische Teilbarkeitsstruktur" (reflexive, symmetrische, definite und transitive funktionale Struktur, $W = (\mathbb{N}(1,\infty);\mathrm{ggT},\cdot))$:
  - $(\forall x)_{x\in M}\ f(x,x) = 1\ ,$ (144.1)
  - $(\forall x)(\forall y)_{x,y\in M}\ f(x,y) = f(y,x)\ ,$ (144.2)
  - $(\forall x)(\forall y)_{x,y\in M,\ x\neq y}\ f(x,y) > 1\ ,$ (144.3)

- $(\forall x)(\forall y)(\forall z)_{x,y,z\in M}\; f(x,y) \mid (f(x,z)\cdot f(z,y))$, (144.4)

- "symmetrische Teilmengenstruktur" (reflexive, symmetrische, definite und transitive Struktur des Typs $S = (M,P(M);f)$, $W = (P(M);\cap,\cup)$):
  - $(\forall x)_{x\in M}\; f(x,x) = \emptyset$, (145.1)
  - $(\forall x)(\forall y)_{x,y\in M}\; f(x,y) = f(y,x)$, (145.2)
  - $(\forall x)(\forall y)_{x,y\in M,\; x\neq y}\; f(x,y) \supset \emptyset$, (145.3)
  - $(\forall x)(\forall y)(\forall z)_{x,y,z\in M}\; f(x,y) \subseteq f(x,z)\cup f(z,y)$. (145.4)

Aus dieser Feststellung folgt aber: für alle vorstehend deduktiv erhaltenen speziellen transitiven Strukturen lassen sich unter Benutzung der Matrizenoperationen $re(\underline{f})$, $sym(\underline{f})$ und $it{\updownarrow}(\underline{f})$ einheitlich aufgebaute Matrizenkriterien angeben (Tabelle 15).

3.2.3. Hauptsatz über transitive Strukturen

Der in Abschn. 2.9.5.3. angegebene Umkehrungssatz 1 erhält unter Benutzung des Transitivitätsbegriffes folgende Gestalt: Für jede transitive Struktur

$$S_{tr} = (M,N;f) \quad , \quad it{\uparrow}(\underline{f}) = \underline{f} \text{ über } W \tag{146}$$

liefert die Aufwärtsiteration der Abwärtsiterierten der Strukturmatrix $\underline{f}$ über W

$$\underline{g} = it{\downarrow}(\underline{f}) \tag{147.1}$$

wieder $\underline{f}$ selbst:

$$\underline{f} = it{\uparrow}(\underline{g}) \quad , \tag{147.2}$$

d.h., die Aufwärtsiteration ist in diesem Falle die Umkehrung der Abwärtsiteration.

Bezeichnen wir die Struktur

$$T_{tr} = (M,N;g) \quad , \quad g\colon M\times M \rightarrow N \; , \quad \underline{g} = it{\downarrow}(\underline{f}) \text{ über } W \tag{148}$$

als Skelett von S_{tr}, die Bildung von $\left\{\begin{array}{l} T_{tr} \text{ aus } S_{tr} \\ S_{tr} \text{ aus } T_{tr} \end{array}\right.$ als $\left\{\begin{array}{l} \text{Reduktion von } S_{tr} \\ \text{Rekonstruktion von } S_{tr} \text{ aus ihrem Skelett } T_{tr} \end{array}\right.$, so können wir

Die Struktur S=(M,N;f) heißt	, wenn für die Strukturmatrix $\underline{f}$ über W=(N; ✚, ●)				gilt			
	N	✚	●	λ	μ	re($\underline{f}$)	sym($\underline{f}$)	$(\forall i)(\forall j) f[i,j]$ $i \neq j$	it↑($\underline{f}$)
Äquivalenzstruktur	$\{0,1\}$	$\vee$	$\wedge$	0	1	$\underline{e}$	$\underline{f}$	$\in N$	$\underline{f}$
Quasiäquivalenzstruktur						$\underline{e}$	$\underline{f}$	$\in N$	
irrefl./refl. > Halbordnungsstruktur	$\{0,1\}$	$\vee$	$\wedge$	0	1	$<\begin{smallmatrix}\underline{0}\\ \underline{e}\end{smallmatrix}$	re($\underline{f}$)	$\in N$	$\underline{f}$
i./r. > Quasihalbordnungsstruktur						$<\begin{smallmatrix}\underline{0}\\ \underline{e}\end{smallmatrix}$		$\in N$	$\underline{f}$
i./r. > Ordnungsstruktur						$<\begin{smallmatrix}\underline{0}\\ \underline{e}\end{smallmatrix}$	re($\underline{f}$)	$= \overline{f[j,i]} \in N$	$\underline{f}$
metrische Struktur	$\mathbb{R}(0,\infty)$	min	+	∞	0	$\underline{e}$	$\underline{f}$	$\in N\setminus\{\mu\}$	$\underline{f}$
quasimetrische Struktur						$\underline{e}$	$\underline{f}$	$\in N$	$\underline{f}$
antisymmetrische metrische Struktur						$\underline{e}$	re($\underline{f}$)	$\in N\setminus\{\mu\}$	$\underline{f}$
symmetrische Teilbarkeitsstruktur	$\mathbb{N}(1,\infty)$	ggT	$\cdot$	∞	1	$\underline{e}$	$\underline{f}$	$\in N\setminus\{\mu\}$	$\underline{f}$
antisymmetrische Teilbarkeitsstruktur						$\underline{e}$	re($\underline{f}$)	$\in N\setminus\{\mu\}$	$\underline{f}$
symmetrische Teilmengenstruktur	P(M)	$\cap$	$\cup$	I	$\emptyset$	$\underline{e}$	$\underline{f}$	$\in N\setminus\{\mu\}$	$\underline{f}$
antisymmetrische Teilmengenstruktur						$\underline{e}$	re($\underline{f}$)	$\in N\setminus\{\mu\}$	$\underline{f}$

Tabelle 15 Matrizenkriterien für spezielle transitive Strukturen

Für den Semiring W	heißt Reduktion der reflexiven/irreflexiven, symmetrischen/antisymmetrischen und transitiven Struktur S_{tr}: Unter Beibehaltung von Reflexivitäts- und Symmetrieform werden im Strukturgraphen von S_{tr} gemäß der Bildungsvorschrift von it$\downarrow$(f) (Abschn. 2.9.3.1.) mittels der Beziehung schrittweise alle so entfernbaren "transitiven Überbrückungen" entfernt (d.h. mit der Kantenbewertung λ versehen). Der verbleibende Rest bildet den Graph des Skeletts dieser Struktur, T_{tr}. Aus ihm wird durch Rekonstruktion, d.h. schrittweises Einfügen aller bei der Reduktion entfernten transitiven Überbrückungen gemäß Bildungsvorschrift von it$\uparrow$(f) (Abschn. 2.9.1.1.) mittels der Beziehung der Graph von S_{tr} wiedergewonnen.	
$(\{0,1\};\vee,\wedge)$	$h[l,k]=\begin{cases} h[l,k] \\ 0 \end{cases}$ für $h[l,k] \overset{\neq}{=} h[l,m] \wedge h[m,k]$	$h[l,k]=h[l,k] \vee (h[l,m] \wedge h[m,k])$
$(\mathbb{R}(0,\infty);\min,+)$	$h[l,k]=\begin{cases} h[l,k] \\ \infty \end{cases}$ für $h[l,k] \overset{\neq}{=} h[l,m]+h[m,k]$	$h[l,k]=\min(h[l,k],h[l,m]+h[m,k])$
$(\mathbb{N}(1,\infty);ggT,\cdot)$	$h[l,k]=\begin{cases} h[l,k] \\ \infty \end{cases}$ für $h[l,k] \overset{\neq}{=} h[l,m]\cdot h[m,k]$	$h[l,k]=ggT(h[l,k],h[l,m]\cdot h[m,k])$
$(P(M);\cap,\cup)$	$h[l,k]=\begin{cases} h[l,k] \\ I \end{cases}$ für $h[l,k] \overset{\neq}{=} h[l,m] \cup h[m,k]$	$h[l,k]=h[l,k] \cap (h[l,m] \cup h[m,k])$

Tabelle 16 Zum Hauptsatz über transitive Strukturen

vorstehenden Satz auch wie folgt formulieren:

Hauptsatz über transitive Strukturen:

Jeder transitiven Struktur S_{tr} wird durch Reduktion eindeutig ein Skelett T_{tr} zugeordnet; aus T_{tr} gewinnt man durch Rekonstruktion wieder S_{tr}, d.h., die Rekonstruktion ist die Umkehrung der Reduktion.

Von besonderer Bedeutung ist der in Abbildung 8 angegebene Spezialfall dieses Hauptsatzes.

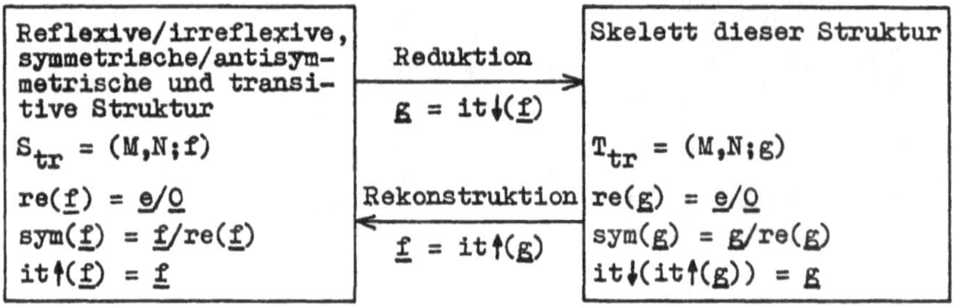

Abb. 8 Hauptsatz über reflexive/irreflexive, symmetrische/antisymmetrische und transitive Strukturen

Auch hier soll sich wieder eine Interpretation für die in Tabelle 14 betrachteten speziellen transitiven Strukturen anschließen (Tabelle 16).

Das Skelett stellt ein wesentliches Hilfsmittel zur Beurteilung der durch die zugehörige Struktur definierten Beziehung zwischen den Elementen von M dar. Es kann als "redundanzfreie Speicherform" der Struktur angesehen werden. Von besonderer praktischer Bedeutung ist die Gewinnung einer Zeichenreihendarstellung des Skeletts spezieller Strukturen (z.B. Zerlegung Z bei Äquivalenzstruktur, Halbordnung Y bei Halbordnungsstruktur).

3.2.4. Die transitive Hülle einer nicht transitiven Struktur

3.2.4.1. Definition

Die Struktur

$$S = (M,N;f) \qquad (149.1)$$

sei nicht transitiv über W. Dann heißt die transitive Struktur

$$\Sigma = (M,N;\varphi) \quad , \quad \varphi\colon M\times M \rightarrow N \; ,$$
$$\underline{\varphi} = it\uparrow(\underline{f}) \text{ über } W \qquad (149.2)$$

$\underline{f}$	W	Interpretiert man $\underline{f}$ als	, so ist $\underline{\varphi}$ die zugehörige
$re(\underline{f})=\underline{e}$ $sym(\underline{f})=\underline{f}$	$(\{0,1\};\vee,\wedge)$	Verknüpfungsmatrix eines Schalter-p-Poles (Schalternetzwerk mit p äußeren Klemmen) $f[i,j]$ - Schaltfunktion der direkten Verbindung zwischen den Klemmen i und j (die Verbindungen zu allen anderen Klemmen denkt man sich aufgetrennt)	Übertragungsmatrix $\varphi[i,j]$ - Schaltfunktion des Zweipols mit den Klemmen i und j
$re(\underline{f})=\underline{0}$ $sym(\underline{f})=\underline{0}$	$(\{0,1\};\vee,\wedge)$	Adjazenzmatrix eines schlingenfreien antisymmetrischen gerichteten Graphen $f[i,j]=\left\langle{1 \atop 0}\right.$ - Knoten m_j $\left\langle{\text{ist} \atop \text{ist nicht}}\right.$ direkter Nachfolger von Knoten m_i	Erreichbarkeitsmatrix $\varphi[i,j]=\left\langle{1 \atop 0}\right.$ - Knoten m_j $\left\langle{\text{ist} \atop \text{ist nicht}}\right.$ Nachfolger von Knoten m_i, Knoten m_j ist also von Knoten m_i aus $\left\langle{\text{erreichbar} \atop \text{nicht erreichbar}}\right.$. Zwei Knoten m_i und m_j mit $\varphi[i,j]=\varphi[j,i]=1$ sind Knoten eines Kreises im vorliegenden Graphen.

Tabelle 17 Anwendungen der Hüllenbildung Typ 1

$\underline{f}$	W	Interpretiert man $\underline{f}$ als	, so ist $\underline{\varphi}$ die zugehörige
re($\underline{f}$)=$\underline{e}$ sym($\underline{f}$)=$\underline{f}$, $\underline{e}$	($\mathbb{R}(0,\infty)$;min,+)	Matrix der direkten Abstände der Knoten eines gerichteten oder ungerichteten Graphen f[i,j] - direkter Abstand von Knoten m_i zu Knoten m_j des Graphen	Matrix der kürzesten Abstände (Weglängen) φ[i,j] - kürzester Abstand von Knoten m_i zu Knoten m_j des Graphen
	V ≠ W		
re($\underline{f}$)=$\underline{0}$ sym($\underline{f}$)=$\underline{0}$ re(it↑($\underline{f}$))=$\underline{0}$	($\mathbb{R}(-\infty,+\infty)$;+,·)	Erzeugnisstrukturmatrix (bewertete Adjazenzmatrix des eine Erzeugnisstruktur beschreibenden Gozinto-Graphen) f[i,j] - in einem Fertigungsprozeß wird der Operand (Bauelement, Baugruppe) m_i f[i,j]-mal (Stückzahl) zur Herstellung des gemäß Gozinto-Graphen direkten Nachfolgeoperanden m_j benötigt	kumulative Stückzahlmatrix φ[i,j] - der Operand (Bauelement, Baugruppe) m_i wird φ[i,j]-mal zur Herstellung des Operanden (Baugruppe, Erzeugnis) m_j benötigt

Tabelle 17 Fortsetzung

transitive Hülle (Hülle Typ 1) von S über W.

Dieser Begriff stellt eine Verallgemeinerung des Begriffes der transitiven Hülle einer relationalen Struktur über $W = (\{0,1\};\vee,\wedge)$ - der kleinsten transitiven relationalen Struktur, die eine gegebene relationale Struktur enthält - dar.

Bei der Hüllenbildung werden wie bei der Rekonstruktion in den Strukturgraphen von S schrittweise bis zum Erreichen der Transitivität gemäß Bildungsvorschrift von $it^{\dagger}(\underline{f})$ "transitive Überbrückungen" eingefügt.

Unter Benutzung des in Abschn. 2.9.6. beschriebenen Hauptdiagonalverfahrens ist es erforderlichenfalls möglich, nur eine einzelne Spalte bzw. Zeile der Strukturmatrix $\underline{\varphi}$ der transitiven Hülle Σ einer Struktur S zu berechnen.

3.2.4.2. Anwendungen, Beispiele

Im folgenden sollen einige Anwendungen der Hüllenbildung Typ 1 betrachtet werden. Tabelle 17 gibt zunächst eine Übersicht.

3.2.4.2.1. Beispiel 1 (Anwendungsfall 1)

Wir betrachten den Schalter-Fünfpol Abb. 9 [15]

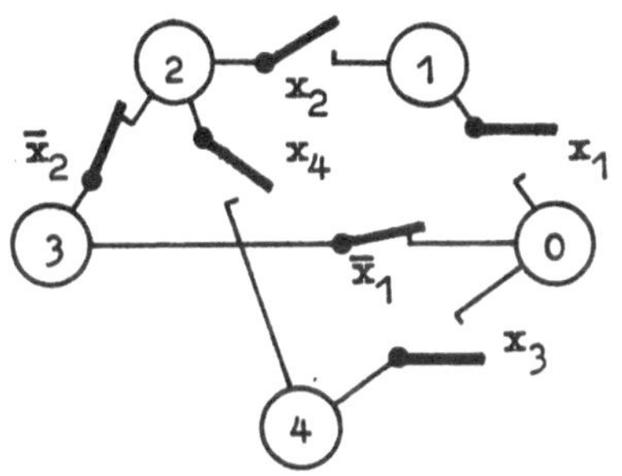

Abb. 9 Schalter-Fünfpol

mit der Verknüpfungsmatrix

$$\underline{f} = \begin{bmatrix} x_3 & 0 & x_4 & 0 & 1 \\ \bar{x}_1 & 0 & \bar{x}_2 & 1 & 0 \\ 0 & x_2 & 1 & \bar{x}_2 & x_4 \\ x_1 & 1 & x_2 & 0 & 0 \\ 1 & x_1 & 0 & \bar{x}_1 & x_3 \end{bmatrix} \quad ; \quad x_i \in \{0,1\} . \tag{150.1}$$

Durch Aufwärtsiteration Typ 1 über $W = (\{0,1\};\vee,\wedge)$ erhalten wir die Übertragungsmatrix

$$\underline{\varphi} = \mathrm{it}\uparrow(\underline{f}) =$$

$$\begin{bmatrix} x_3 \vee x_1x_2x_4 \vee \bar{x}_1\bar{x}_2x_4 & x_1x_3 \vee x_2x_4 & x_4 \vee x_1x_2x_3 \vee \bar{x}_1\bar{x}_2x_3 & x_1x_3 \vee \bar{x}_2x_4 & 1 \\ \bar{x}_1 \vee \bar{x}_2x_3x_4 & x_1\bar{x}_2x_3x_4 \vee \bar{x}_1x_2x_3x_4 & \bar{x}_2 \vee \bar{x}_1x_3x_4 & 1 & \bar{x}_1x_3 \vee \bar{x}_2x_4 \\ x_1x_2 \vee \bar{x}_1\bar{x}_2 \vee x_3x_4 & x_2 \vee x_1x_3x_4 & 1 & \bar{x}_2 \vee \bar{x}_1x_3x_4 & x_4 \vee x_1x_2x_3 \vee \bar{x}_1\bar{x}_2x_3 \\ x_1 \vee x_2x_3x_4 & 1 & x_2 \vee x_1x_3x_4 & x_1\bar{x}_2x_3x_4 \vee \bar{x}_1x_2x_3x_4 & x_1x_3 \vee x_2x_4 \\ 1 & x_1 \vee x_2x_3x_4 & x_1x_2 \vee \bar{x}_1\bar{x}_2 \vee x_3x_4 & \bar{x}_1 \vee \bar{x}_2x_3x_4 & x_3 \vee x_1x_2x_4 \vee \bar{x}_1\bar{x}_2x_4 \end{bmatrix}. \tag{150.2}$$

Im Zusammenhang mit der vorliegenden Aufgabenstellung erhebt sich natürlich sofort die Frage nach einer Umkehrung:
Gegeben ist die Übertragungsmatrix $\underline{\varphi}$ eines Schalter-p-Poles in disjunktiver Normalform, gesucht ist eine zugehörige Verknüpfungsmatrix $\underline{f}'$, d.h. ein p-poliges Schalternetzwerk, das die geforderten Übertragungseigenschaften besitzt.

Wir gewinnen $\underline{f}'$ durch Abwärtsiteration von $\underline{\varphi}$ über $W = (\{0,1\};\vee,\wedge)$:

$$\underline{f}' = \mathrm{it}\uparrow(\underline{\varphi}) \tag{151}$$

(vgl. hierzu Anmerkung zur Definition von $\mathrm{it}\uparrow(\underline{f})$ in Abschn. 2.9.3.1.).

Nur für den speziellen Fall

$$\underline{\varphi} = \mathrm{it}\uparrow(\underline{f}), \tag{152.1}$$

$$\underline{f} = \mathrm{it}\downarrow(\mathrm{it}\uparrow(\underline{f})) \quad \text{über } W = (\{0,1\};\vee,\wedge) \tag{152.2}$$

(vorliegendes Beispiel) hat man

$$\underline{f}' = \underline{f} \quad . \tag{152.3}$$

3.2.4.2.2. Beispiel 2 (Anwendungsfall 3)

Gegeben sei der kantenbewertete gerichtete Graph Abb. 10 (Kantenbewertung: Abstand)

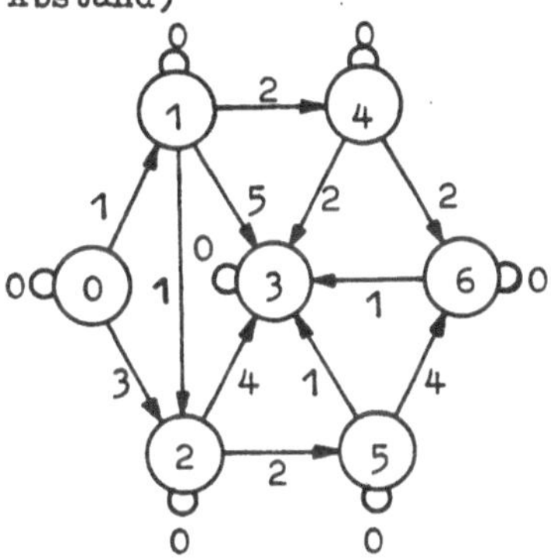

Abb. 10 Kantenbewerteter gerichteter Graph

Die zugehörige Matrix der direkten Abstände lautet

$$\underline{f} = \begin{bmatrix} \infty & \infty & \infty & \infty & 2 & 4 & 0 \\ \infty & \infty & 2 & \infty & \infty & 0 & \infty \\ \infty & 2 & \infty & \infty & 0 & \infty & \infty \\ \infty & 5 & 4 & 0 & 2 & 1 & 1 \\ 3 & 1 & 0 & \infty & \infty & \infty & \infty \\ 1 & 0 & \infty & \infty & \infty & \infty & \infty \\ 0 & \infty & \infty & \infty & \infty & \infty & \infty \end{bmatrix} \quad . \tag{153.1}$$

Für die Matrix der kürzesten Abstände erhält man dann

$$\underline{\varphi} = \mathrm{it}\!\uparrow\!(\underline{f}) = \begin{bmatrix} 5 & 4 & 6 & \infty & 2 & 4 & 0 \\ 4 & 3 & 2 & \infty & \infty & 0 & \infty \\ 3 & 2 & \infty & \infty & 0 & \infty & \infty \\ 5 & 4 & 3 & 0 & 2 & 1 & 1 \\ 2 & 1 & 0 & \infty & \infty & \infty & \infty \\ 1 & 0 & \infty & \infty & \infty & \infty & \infty \\ 0 & \infty & \infty & \infty & \infty & \infty & \infty \end{bmatrix} \quad . \tag{153.2}$$

Das "Skelett" der Matrix der kürzesten Abstände, gewonnen durch Abwärtsiteration von $\underline{\varphi}$ über $W = (\mathbb{R}(0,\infty);\min,+)$,

$$\underline{f}' = \mathrm{it}\!\downarrow\!(\underline{\varphi}) = \begin{bmatrix} \infty & \infty & \infty & \infty & 2 & 4 & 0 \\ \infty & \infty & 2 & \infty & \infty & 0 & \infty \\ \infty & 2 & \infty & \infty & 0 & \infty & \infty \\ \infty & \infty & \infty & 0 & 2 & 1 & 1 \\ \infty & 1 & 0 & \infty & \infty & \infty & \infty \\ 1 & 0 & \infty & \infty & \infty & \infty & \infty \\ 0 & \infty & \infty & \infty & \infty & \infty & \infty \end{bmatrix} \tag{153.3}$$

ist nicht mit der vorliegenden Matrix $\underline{f}$ der direkten Abstände identisch. Nur für den speziellen Fall

$$\underline{\varphi} = \mathrm{it}\!\uparrow\!(\underline{f}), \tag{154.1}$$

$$\underline{f} = \mathrm{it}\!\downarrow\!(\mathrm{it}\!\uparrow\!(\underline{f})) \quad \text{über} \quad W = (\mathbb{R}(0,\infty);\min,+) \tag{154.2}$$

gilt

$$\underline{f}' = \underline{f} \quad . \tag{154.3}$$

Damit ergibt sich die Möglichkeit einer anschaulichen Interpretation des Begriffes metrische Struktur: im Strukturgraph einer metrischen Struktur sind alle direkten Abstände zwischen zwei Knoten zugleich auch deren kürzeste Abstände.

3.2.4.2.3. Beispiel 3 (Anwendungsfall 4)

Der Fertigungsprozeß eines Erzeugnisses werde durch nachstehenden Gozinto-Graphen Abb. 11 beschrieben [16].

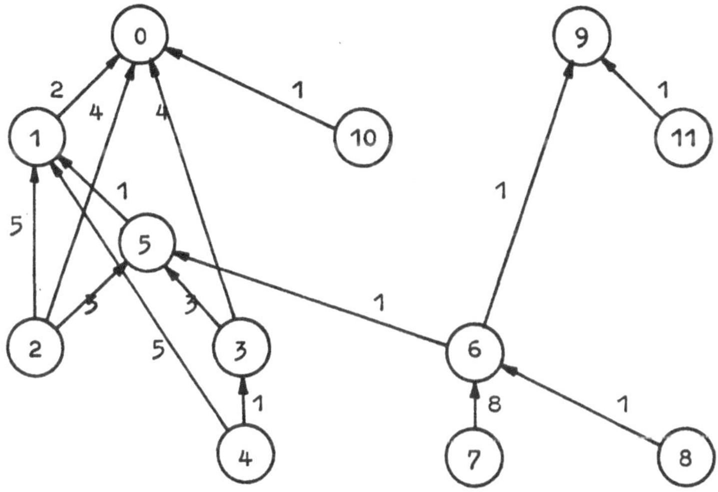

Abb. 11 Gozinto-Graph für ein Erzeugnis mit mehrstufigem Fertigungsprozeß

Graph	Fertigungsprozeß
Knoten	Operand (Bauelement, Baugruppe, Erzeugnis)
Kante	direkte Einbaubeziehung
Knotenbewertung	Bezeichnung des Operanden
Kantenbewertung	Stückzahl (direkter Einbau)

Die zugehörige Erzeugnisstrukturmatrix lautet

$$\underline{f} = \begin{pmatrix} 0&0&0&0&0&0&0&0&0&0&0&0 \\ 0&0&0&0&0&0&0&0&0&0&0&0 \\ 0&0&0&0&0&0&1&0&0&0&0&1 \\ 0&0&0&0&0&0&0&0&0&0&0&0 \\ 0&0&0&0&0&0&0&0&0&0&0&0 \\ 0&0&0&0&0&0&0&8&1&0&0&0 \\ 0&0&3&3&0&0&1&0&0&0&0&0 \\ 0&0&0&0&0&0&0&0&0&0&0&0 \\ 0&0&0&0&1&0&0&0&0&0&0&0 \\ 0&0&0&0&0&0&0&0&0&0&0&0 \\ 0&0&5&0&5&1&0&0&0&0&0&0 \\ 0&2&4&4&0&0&0&0&0&0&1&0 \end{pmatrix} . \qquad (155.1)$$

Durch Aufwärtsiteration über $V = (\mathbb{R}(-\infty,+\infty);+,\cdot) \nmid W$ erhalten wir die zugehörige kumulative Stückzahlmatrix

$$\underline{\varphi} = \mathrm{it}\uparrow(\underline{f}) = \begin{bmatrix} 0&0&0&0&0&0&0&0&0&0&0&0\\ 0&0&0&0&0&0&0&0&0&0&0&0\\ 0&0&0&0&0&0&1&8&1&0&0&1\\ 0&0&0&0&0&0&0&0&0&0&0&0\\ 0&0&0&0&0&0&0&0&0&0&0&0\\ 0&0&0&0&0&0&0&8&1&0&0&0\\ 0&0&3&3&3&0&1&8&1&0&0&0\\ 0&0&0&0&0&0&0&0&0&0&0&0\\ 0&0&0&0&1&0&0&0&0&0&0&0\\ 0&0&0&0&0&0&0&0&0&0&0&0\\ 0&0&8&3&8&1&1&8&1&0&0&0\\ 0&2&20&10&20&2&2&16&2&0&1&0 \end{bmatrix} . \qquad (155.2)$$

Aus den Gl. (155.1) und (155.2) folgt

$$\mathrm{re}(\underline{f}) = \mathrm{sym}(\underline{f}) = \mathrm{re}(\mathrm{it}\uparrow(\underline{f})) = \underline{0} \quad , \qquad (155.3)$$

die Abwärtsiteration von $\underline{\varphi}$ über $V = (\mathbb{R}(-\infty,+\infty);+,\cdot)$ liefert nach dem Umkehrungssatz Gl. (93) wieder $\underline{f}$

$$\mathrm{it}\downarrow(\underline{\varphi}) = \underline{f} \quad . \qquad (155.4)$$

3.2.5. Erosion einer nicht transitiven Struktur

3.2.5.1. Definition

Die Struktur

$$S = (M,N;f) \qquad (156.1)$$

sei nicht transitiv über W. Dann wird die Bildung der intransitiven Struktur

$$\mathbf{R} = (M,N;\psi) \quad , \quad \psi\colon M\times M \rightarrow N ,$$
$$\underline{\psi} = \mathrm{it}\downarrow(\underline{f}) \text{ über } W \qquad (156.2)$$

als Erosion (Typ 1) von S über W bezeichnet.

Dabei werden wie bei der Reduktion aus dem Strukturgraphen von S gemäß der Bildungsvorschrift von $\mathrm{it}\downarrow(\underline{f})$ schrittweise alle so entfernbaren transitiven Überbrückungen entfernt.

Ist die Struktur S bereits intransitiv, d.h., gilt

$$\mathrm{it}\downarrow(\underline{f}) = \underline{f} \quad , \qquad (157.1)$$

so wird sie durch Erosion nicht verändert, es ist dann

$$\mathbf{R} = S \quad . \qquad (157.2)$$

3.2.5.2. Beispiel

Die relationale Struktur $S = (M,\{0,1\};f)$ mit

$$M = \{m_0,m_1,m_2,..,m_5\}$$

$$\underline{f} = \begin{bmatrix} 0 & 1 & 1 & 1 & 1 & 1 \\ 0 & 0 & 1 & 0 & 1 & 1 \\ 1 & 1 & 0 & 1 & 0 & 1 \\ 1 & 0 & 1 & 0 & 1 & 1 \\ 1 & 1 & 0 & 1 & 0 & 1 \\ 1 & 1 & 1 & 1 & 0 & 0 \end{bmatrix} \neq \mathrm{it}\!\uparrow\!(\underline{f}) \text{ über } W = (\{0,1\};\vee,\wedge) \qquad (158.1)$$

besitzt den in Abb. 12.1 dargestellten Strukturgraphen.

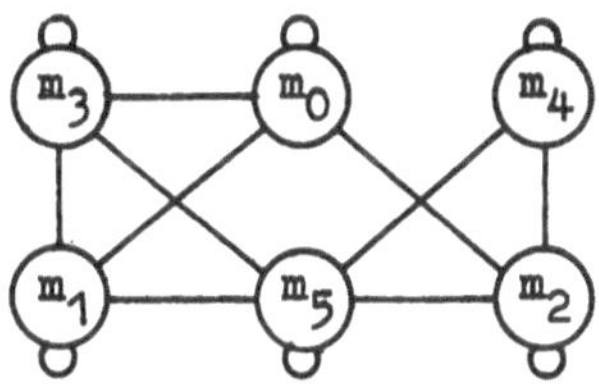

Abb. 12.1 Strukturgraph von S

Durch Abwärtsiteration von $\underline{f}$ über $W = (\{0,1\};\vee,\wedge)$ erhält man

$$\underline{\psi} = \mathrm{it}\!\downarrow\!(\underline{f}) = \begin{bmatrix} 0 & 1 & 1 & 1 & 0 & 1 \\ 0 & 0 & 1 & 0 & 1 & 0 \\ 1 & 0 & 0 & 1 & 0 & 1 \\ 1 & 0 & 1 & 0 & 1 & 1 \\ 1 & 1 & 0 & 0 & 0 & 1 \\ 1 & 1 & 1 & 1 & 0 & 0 \end{bmatrix} , \qquad (158.2)$$

dabei werden aus dem Strukturgraphen von S unter Beibehaltung von Reflexivitäts- und Symmetrieform schrittweise bis zur Erreichung der Intransitivität transitive Überbrückungen entfernt, der so gewonnene Strukturgraph von R (Abb. 12.2) ist "dreiecksfrei".

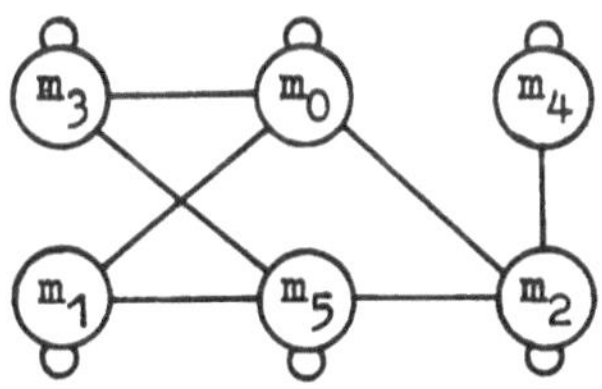

Abb. 12.2 Strukturgraph von R

3.2.6. Äquivalenzstruktur

3.2.6.1. Definition

Eine relationale Struktur $S = (M, \{0,1\}; f)$ heißt Äquivalenzstruktur, wenn für die Strukturmatrix $\underline{f}$ über $W = (\{0,1\}; \vee, \wedge)$ gilt

$$\mathrm{re}(\underline{f}) = \underline{e} \quad \text{(S ist reflexiv)}, \qquad (159.1)$$

$$\mathrm{sym}(\underline{f}) = \underline{f} \quad \text{(S ist symmetrisch)}, \qquad (159.2)$$

$$\mathrm{it}{\uparrow}(\underline{f}) = \underline{f} \quad \text{(S ist transitiv)} \qquad (159.3)$$

(vgl. Tabelle 15; Komponentendarstellung dieser Matrizengleichungen: Gl. (139)).

S ist dann mittels Gl. (2) eineindeutig eine Äquivalenzrelation R in der Menge M zugeordnet (vgl. Gl. (140)).

Grenzfälle der Äquivalenzstruktur sind:

- $\underline{f} = \underline{e}$ Gleichheitsstruktur (Gleichheitsrelation), (160.1)
- $\underline{f} = \underline{1}$ Allstruktur (Allrelation) . (160.2)

3.2.6.2. Hauptsatz über Äquivalenzstrukturen

Aus jeder Äquivalenzstruktur S wird durch Reduktion eindeutig ein Skelett T erhalten, aus T gewinnt man durch Rekonstruktion wieder S, die Rekonstruktion ist die Umkehrung der Reduktion:

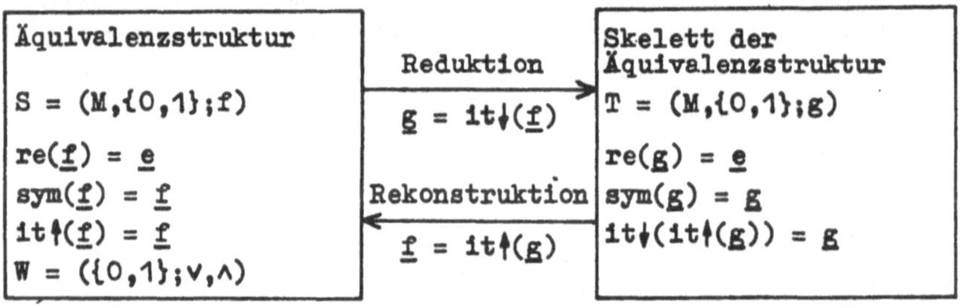

Abb. 13 Hauptsatz über Äquivalenzstrukturen

Mit der eineindeutigen Zuordnung Äquivalenzstruktur S – Äquivalenzrelation R entspricht dem Skelett T der Äquivalenzstruktur

- die Zerlegung Z von M nach R in die Äquivalenzklassen M_k

$$Z = M/R = \left\{ M_0, M_1, \ldots, M_{n-1} \;\middle|\; \begin{array}{l} 1 \leq n \leq \mathrm{card}(M) \\ \underset{k,l \in \{0,1,\ldots,n-1\}}{(\forall k)(\forall l)} \quad M_k \cap M_l \begin{cases} \neq \emptyset & \text{für } k=l \\ = \emptyset & \text{für } k \neq l \end{cases} \\ \bigcup\limits_{k=0}^{n-1} M_k = M \;, \quad \bigcup\limits_{k=0}^{n-1} M_k \times M_k = R \subseteq M \times M \end{array} \right\}$$

$$\subset P(M) \,, \tag{161}$$

$f: M\times M \rightarrow \{0,1\}$	$R \subseteq M\times M$
$f[i,j] = 1$	$m_i R m_j$
$f[i,j] = 0$	$m_i \bar{R} m_j$

$g: M\times M \rightarrow \{0,1\}$	$Z = M/R$
$g[i,j] = 1$ $i < j / j < i$	m_j/m_i ist Element der Äquivalenzklasse mit dem Repräsentanten m_i/m_j

(162)

- der zu R gehörige "Zerlegungsgraph" (= Strukturgraph von T), und man erhält aus dem Hauptsatz über Äquivalenzstrukturen den Hauptsatz über Äquivalenzrelationen:

Jede <Äquivalenzrelation R in M / Zerlegung Z von M> definiert eindeutig eine <Zerlegung Z von M / Äquivalenzrelation R in M>

Anmerkungen:

- Wir vereinbaren als Repräsentant der Äquivalenzklasse M_k das bezüglich der in M - und damit auch bei der Indizierung der Elemente von $\underline{f}$ - angenommenen Ordnung $m_0 < m_1 < m_2 < \ldots < m_{p-1}$ minimale Element von M_k. Die Elemente von M_k werden gemäß dieser Ordnung notiert, das erste Element ist stets der Repräsentant.

  Die Repräsentanten aller Äquivalenzklassen bilden die der Zerlegung Z eindeutig zugeordnete Repräsentantenmenge $M^+ \subseteq M$.
- Auslesen von M^+ und Z aus der Matrix $\underline{g}$:
  - Die der Zerlegung Z zugeordnete Repräsentantenmenge $M^+ = \{ m_i \mid i \in I^+ \}$ ist durch die Menge I^+ der Indizes aller Spalten von $\underline{g}$ gegeben, die unterhalb der Hauptdiagonalen nur Nullen enthalten (Repräsentantenspalten).
  - Jede Äquivalenzklasse ist gegeben durch die Menge der Zeilenindizes der in ihrer Repräsentantenspalte auftretenden Einsen.

3.2.6.3. Beispiel

Gegeben: Äquivalenzstruktur $S = (M,\{0,1\};f)$ mit

$M = \{m_0, m_1, m_2, .., m_9\}$,

$$\underline{f} = \begin{bmatrix} 0&1&0&0&0&1&0&1&0&1 \\ 1&0&0&1&0&0&0&0&1&0 \\ 0&1&0&0&0&1&0&1&0&1 \\ 0&0&0&0&1&0&1&0&0&0 \\ 0&1&0&0&0&1&0&1&0&1 \\ 0&0&0&0&1&0&1&0&0&0 \\ 1&0&0&1&0&0&0&0&1&0 \\ 0&0&1&0&0&0&0&0&0&0 \\ 0&1&0&0&0&1&0&1&0&1 \\ 1&0&0&1&0&0&0&0&1&0 \end{bmatrix} . \qquad (163.1)$$

Gesucht: $\underline{g}$, M^+, Z .

Lösung:

$$\underline{g} = \text{it}{\downarrow}(\underline{f}) = \begin{bmatrix} 0&1&0&0&0&0&0&0&0&1 \\ 1&0&0&0&0&0&0&0&1&0 \\ 0&1&0&0&0&0&0&1&0&0 \\ 0&0&0&0&1&0&1&0&0&0 \\ 0&1&0&0&0&1&0&0&0&0 \\ 0&0&0&0&1&0&1&0&0&0 \\ 1&0&0&1&0&0&0&0&0&0 \\ 0&0&1&0&0&0&0&0&0&0 \\ 0&1&0&0&0&1&0&1&0&1 \\ 1&0&0&1&0&0&0&0&1&0 \end{bmatrix} , \qquad (163.2)$$

↑ ↑ ↑ ↑

0 1 2 4 Repräsentantenspalten

$$M^+ = \{m_0, m_1, m_2, m_4\}, \qquad (163.3)$$

$$Z = \{\{m_0, m_3, m_8\}, \{m_1, m_5, m_7, m_9\}, \{m_2\}, \{m_4, m_6\}\} . \qquad (163.4)$$

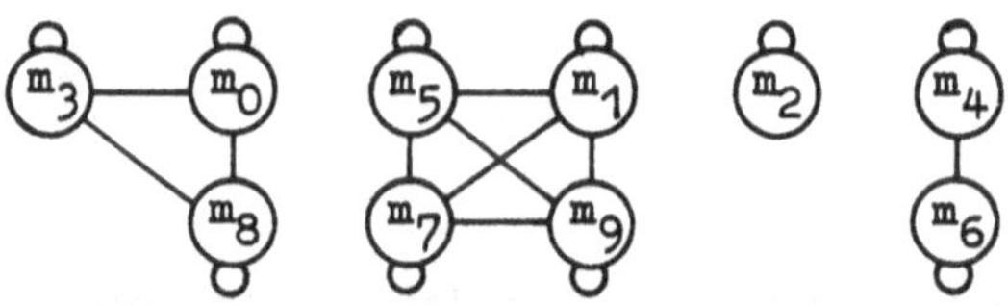

Abb. 14.1 Strukturgraph von S (Relationsgraph)

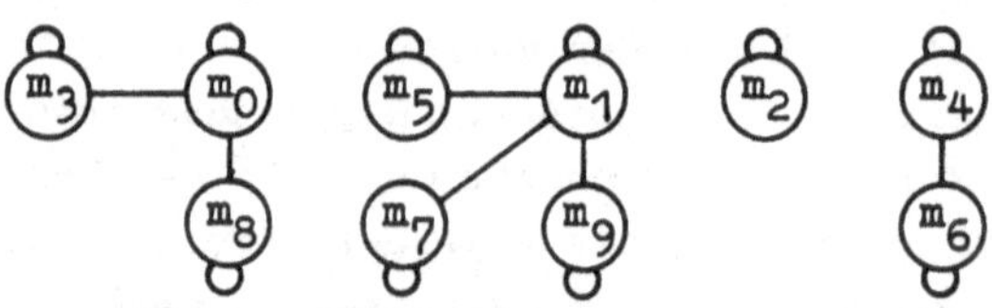

Abb. 14.2 Strukturgraph von T (Zerlegungsgraph)

3.2.7. Halbordnungsstruktur

3.2.7.1. Definition

Eine relationale Struktur $S = (M, \{0,1\}; f)$ heißt $<\begin{smallmatrix}\text{irreflexive}\\ \text{reflexive}\end{smallmatrix}$ Halbordnungsstruktur, wenn für die Strukturmatrix f über $W = (\{0,1\}; \vee, \wedge)$ gilt

$$\mathrm{re}(\underline{f}) = <\begin{smallmatrix}\underline{0}\\ \underline{e}\end{smallmatrix} \qquad (S \text{ ist } <\begin{smallmatrix}\text{irreflexiv}\\ \text{reflexiv}\end{smallmatrix}) \;, \tag{164.1}$$

$$\mathrm{sym}(\underline{f}) = \mathrm{re}(\underline{f}) \qquad (S \text{ ist antisymmetrisch}) \;, \tag{164.2}$$

$$\mathrm{it}\!\uparrow\!(\underline{f}) = \underline{f} \qquad (S \text{ ist transitiv}) \tag{164.3}$$

(vgl. Tab. 15; Komponentendarstellung dieser Matrizengleichungen: Gl. (141)).

Gilt außerdem noch

$$\underline{f} \leftrightarrow \underline{f}^T = \underline{e} \qquad (S \text{ ist antisymmetrisch-konnex}) \;, \tag{165.1}$$

in Komponentenschreibweise

$$\underset{\substack{i,j \in \{0,1,..,p-1\}\\ i \neq j}}{(\forall i)(\forall j)} \quad f[i,j] = \overline{f[j,i]} \;, \tag{165.2}$$

so wird S als $<\begin{smallmatrix}\text{irreflexive}\\ \text{reflexive}\end{smallmatrix}$ Ordnungsstruktur bezeichnet.

S ist dann mittels Gl. (2) eineindeutig eine Halbordnungsrelation bzw. Ordnungsrelation R in der Menge M zugeordnet (vgl. Gl. (142)).

3.2.7.2. Hauptsatz über Halbordnungsstrukturen

Aus jeder Halbordnungsstruktur S wird durch Reduktion eindeutig ein Skelett T erhalten, aus T gewinnt man durch Rekonstruktion wieder S, die Rekonstruktion ist die Umkehrung der Reduktion:

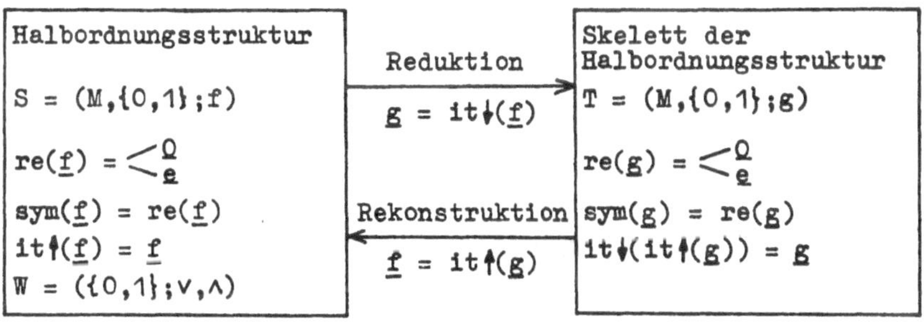

Abb. 15 Hauptsatz über Halbordnungsstrukturen

Mit der eineindeutigen Zuordnung Halbordnungsstruktur S - Halbordnungsrelation R entspricht dem Skelett T der Halbordnungsstruktur

- das zu R gehörige Hassediagramm (= Strukturgraph von T),
- die Halbordnung Y von M nach R (= Menge der kantenfremden Teilordnungsketten im Hassediagramm; vgl. Tab. 18),

$f: M \times M \to \{0,1\}$	$R \subset M \times M$
$f[i,j] = 1$	$m_i R m_j$
$f[i,j] = 0$	$m_i \bar{R} m_j$

$g: M \times M \to \{0,1\}$	Halbordnung Y von M nach R
$g[i,j] = 1$ $i \neq j$	m_i ist in der durch R definierten Halbordnung der Elemente von M unmittelbarer (direkter) Vorgänger von m_j : $m_i \prec m_j$

(166)

und man erhält aus dem Hauptsatz über Halbordnungsstrukturen den Hauptsatz über Halbordnungsrelationen:

Jede < Halbordnungsrelation R in M / Halbordnung Y von M definiert eindeutig eine < Halbordnung Y von M / Halbordnungsrelation R in M .

Anmerkungen:

- Den Anfangs- und Endknoten (Knoten, von denen nur gerichtete Kanten ausgehen bzw. Knoten, in die nur gerichtete Kanten einmünden) des Strukturgraphen von T (Hassediagramm) entsprechen die durch die Halbordnungsstruktur S (Halbordnungsrelation R in M) definierten minimalen und maximalen Elemente von M, die zu den Mengen $M_{min} \subset M$ und $M_{max} \subset M$ zusammengefaßt werden.
- Auslesen von M_{min}, M_{max} und Y aus der Matrix g:
  - M_{min} / M_{max} > ist gegeben durch die Menge der Indizes der < Zeilen / Spalten von g, die nur Nullen enthalten.
  - Der Algorithmus zum Auslesen von Y aus g ist in Tabelle 18 in AAS-Notierung dargestellt.

Regel	Bedingung	Aktion	Verbundaktion
1		$h := \underline{g}$ Ordnen der minimalen Elemente von M bezüglich der bei der Notierung von M zugrundegelegten Ordnung: $m_{min,0} \prec m_{min,1} \prec \cdot\cdot \prec m_{min,k} \prec \cdot\cdot \prec m_{min,n}$ $k:=0,\ l:=0,\ x:=m_{min,0}$	
2	In der x entsprechenden Spalte von $\underline{h}$ befindet sich mindestens eine 1	x ist Anfangselement der Teilordnungskette l. In der x entsprechenden Spalte von $\underline{h}$ (mit j=0 beginnend) erste 1 suchen und mit 0 überschreiben, das ihrem Zeilenindex entsprechende y M als nächstes Element der Teilordnungskette l notieren.	goto r6
3	$x \neq m_{min,k}$	x:= Anfangselement der Teilordnungskette l-1	goto r2
4	$k \neq n$	$x:=m_{min,k+1}$	goto r2
5		Verfahren beenden.	stop
6	In der y entsprechenden Zeile von $\underline{h}$ befindet sich mindestens eine 1	y ist Endelement der Teilordnungskette l. x:=y, l:=l+1	goto r2
7	In der y entsprechenden Spalte von $\underline{h}$ befindet sich genau eine $\overline{1}$	Diese 1 mit 0 überschreiben, das ihrem Zeilenindex entsprechende y M als nächstes Element der Teilordnungskette l notieren.	goto r6
8		y ist Endelement der Teilordnungskette l. x:=y, l:=l+1	goto r2

Tabelle 18 Auslesen von Y aus $\underline{g}$

3.2.7.3. Beispiele

3.2.7.3.1. Beispiel 1

Wir betrachten die irreflexive Ordnungsstruktur $S = (M,\{0,1\};f)$ mit

$$M = \{m_0,m_1,..,m_{p-1}\} \ ,$$

$$f[i,j] = \begin{cases} 1 \\ 0 \end{cases} \text{für} \begin{matrix} i < j, \\ i \geq j, \end{matrix} \ \text{oder anders formuliert} \ \text{für} \begin{matrix} j-i \in \{1,2,..,p-1\} \ , \\ j-i \notin \{1,2,..,p-1\} \ . \end{matrix} \tag{167.1}$$

Spezialfall $p=6$:

$$\underline{f} = \begin{bmatrix} 1 & 1 & 1 & 1 & 1 & 0 \\ 1 & 1 & 1 & 1 & 0 & 0 \\ 1 & 1 & 1 & 0 & 0 & 0 \\ 1 & 1 & 0 & 0 & 0 & 0 \\ 1 & 0 & 0 & 0 & 0 & 0 \\ 0 & 0 & 0 & 0 & 0 & 0 \end{bmatrix} \ . \tag{167.2}$$

Durch Reduktion ergibt sich für das zugehörige Skelett $T = (M,\{0,1\};g)$

$$g[i,j] = \begin{cases} 1 \\ 0 \end{cases} \text{für} \begin{matrix} j-i=1 \ , \\ j-i\neq 1 \ , \end{matrix} \tag{167.3}$$

speziell

$$\underline{g} = \begin{bmatrix} 0 & 0 & 0 & 0 & 1 & 0 \\ 0 & 0 & 0 & 1 & 0 & 0 \\ 0 & 0 & 1 & 0 & 0 & 0 \\ 0 & 1 & 0 & 0 & 0 & 0 \\ 1 & 0 & 0 & 0 & 0 & 0 \\ 0 & 0 & 0 & 0 & 0 & 0 \end{bmatrix} \ . \tag{167.4}$$

Hieraus erhält man für $p=6$ den Strukturgraph von T (Hassediagramm) Abb. 16

Abb. 16 Strukturgraph von T

sowie

$$M_{min} = \{m_0\} \qquad , \quad M_{max} = \{m_5\} \tag{167.5}$$

und die Halbordnung

$$Y = \{m_0 \prec m_1 \prec m_2 \prec m_3 \prec m_4 \prec m_5\} \qquad . \tag{167.6}$$

Der Strukturgraph des Skeletts der vorliegenden Ordnungsstruktur ist eine antisymmetrische Kette mit p Knoten, wobei jedes

Element von M als Knotenbewertung auftritt, d.h., alle Elemente von M sind "linear" geordnet, diese Ordnung ist mit der Reihenfolge identisch, in der sie in $M = \{m_0, m_1, m_2, .., m_{p-1}\}$ notiert sind.

3.2.7.3.2. Beispiel 2

Gegeben:

Reflexive Ordnungsstruktur $S = (M, \{0,1\}; f)$ mit

$M = \{m_0, m_1, m_2, .., m_5\}$,

$$\underline{f} = \begin{bmatrix} 1 & 1 & 0 & 1 & 0 & 1 \\ 1 & 1 & 0 & 1 & 1 & 1 \\ 1 & 1 & 0 & 1 & 0 & 0 \\ 1 & 1 & 1 & 1 & 1 & 1 \\ 0 & 1 & 0 & 0 & 0 & 0 \\ 1 & 1 & 0 & 0 & 0 & 0 \end{bmatrix} . \qquad (168.1)$$

Gesucht:

$\underline{g}$, Strukturgraph von T, M_{min}, M_{max}, Y .

Lösung:

$$\underline{g} = \begin{bmatrix} 0 & 0 & 0 & 1 & 0 & 1 \\ 0 & 0 & 0 & 0 & 1 & 1 \\ 1 & 0 & 0 & 1 & 0 & 0 \\ 0 & 0 & 1 & 0 & 1 & 0 \\ 0 & 1 & 0 & 0 & 0 & 0 \\ 1 & 1 & 0 & 0 & 0 & 0 \end{bmatrix} , \qquad (168.2)$$

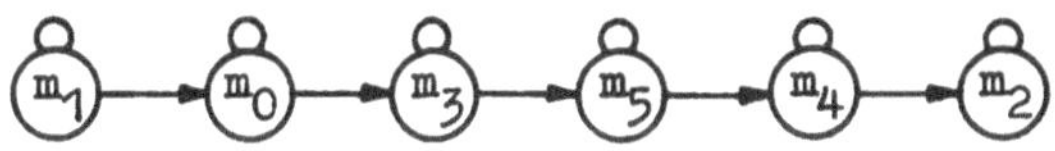

Abb. 17 Strukturgraph von T

$$M_{min} = \{m_1\} \quad , \quad M_{max} = \{m_2\} \quad , \qquad (168.3)$$

$$Y = \{m_1 \prec m_0 \prec m_3 \prec m_5 \prec m_4 \prec m_2\} . \qquad (168.4)$$

Wie bei Beispiel 1 ist auch hier der Strukturgraph des Skeletts der vorliegenden Ordnungsstruktur (Abb. 17) eine antisymmetrische Kette mit p Knoten, wobei jedes Element von M als Knotenbewertung auftritt, d.h., alle Elemente von M sind linear geordnet, diese Ordnung ist jedoch nicht mit der Reihenfolge identisch, in der sie in $M = \{m_0, m_1, m_2, .., m_{p-1}\}$ notiert sind.

Beispiel 1 und Beispiel 2 zeigen:

Eine Halbordnungsstruktur ist genau dann eine Ordnungsstruktur, wenn ihr Skelett eine zusammenhängende antisymmetrische Kettenstruktur ist (vgl. Tab. 20).

3.2.7.3.3. Beispiel 3

Gegeben:

Irrelexive Halbordnungsstruktur $S = (M,\{0,1\};f)$ mit

$$M = \{m_0, m_1, m_2, .., m_{p-1}\} ,$$

$$f[i,j] = \begin{cases} 1 \\ 0 \end{cases} \text{für} \begin{matrix} (i+1) \parallel (j+1), \\ (i+1) \nparallel (j+1), \end{matrix} \text{ oder anders formuliert für } \begin{matrix} \frac{j+1}{i+1} \in \{2,3,..,p\}, \\ \frac{j+1}{i+1} \notin \{2,3,..,p\}. \end{matrix} \quad 7) \qquad (169.1)$$

Spezialfall p=9:

$$\underline{f} = \begin{pmatrix} 1&0&1&0&0&0&0&0&0 \\ 1&1&0&1&0&0&0&0&0 \\ 1&0&0&0&0&0&0&0&0 \\ 1&1&1&0&0&0&0&0&0 \\ 1&0&0&0&0&0&0&0&0 \\ 1&1&0&0&0&0&0&0&0 \\ 1&0&0&0&0&0&0&0&0 \\ 1&0&0&0&0&0&0&0&0 \\ 0&0&0&0&0&0&0&0&0 \end{pmatrix} . \qquad (169.2)$$

Gesucht:

$\underline{g}$, Strukturgraph von T, M_{min}, M_{max}, Y .

Lösung:

$$g[i,j] = \begin{cases} 1 \\ 0 \end{cases} \text{für} \begin{matrix} \frac{j+1}{i+1} \text{ ist Primzahl} \leq p , \\ \frac{j+1}{i+1} \text{ ist keine Primzahl} \leq p . \end{matrix} \qquad (169.3)$$

Spezialfall:

$$\underline{g} = \begin{pmatrix} 0&0&1&0&0&0&0&0&0 \\ 0&0&0&1&0&0&0&0&0 \\ 1&0&0&0&0&0&0&0&0 \\ 0&1&1&0&0&0&0&0&0 \\ 1&0&0&0&0&0&0&0&0 \\ 0&1&0&0&0&0&0&0&0 \\ 1&0&0&0&0&0&0&0&0 \\ 1&0&0&0&0&0&0&0&0 \\ 0&0&0&0&0&0&0&0&0 \end{pmatrix} , \qquad (169.4)$$

$$M_{min} = \{m_0\} \quad , \quad M_{max} = \{m_4, m_5, m_6, m_7, m_8\} , \qquad (169.5)$$

$$Y = \{m_0 \prec m_1, m_1 \prec m_3 \prec m_7, m_1 \prec m_5, m_0 \prec m_2, m_2 \prec m_5, m_2 \prec m_8,$$
$$m_0 \prec m_4, m_0 \prec m_6\} . \qquad (169.6)$$

---

7) $a \parallel b$ ::= a ist echter Teiler von b

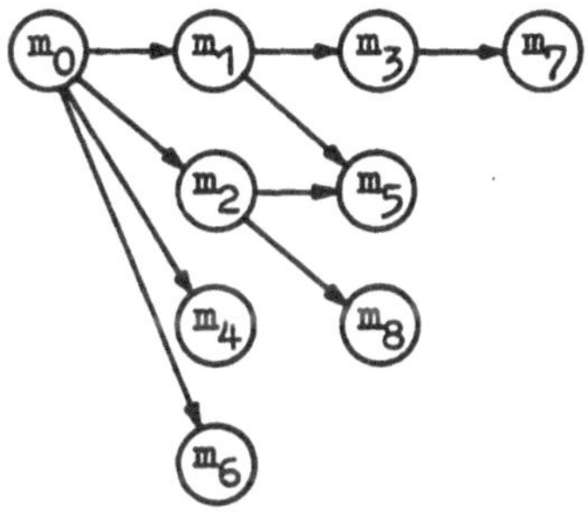

Abb. 18   Strukturgraph von T

3.2.7.3.4. Beispiel 4

Gegeben:

Reflexive Halbordnungsstruktur $S = (M,\{0,1\};f)$ mit

$$M = \{m_0, m_1, m_2, \ldots, m_{p-1} \mid p=2^k\ ,\ k \in \mathbb{N}(1,\infty)\}\ ,$$

$$\underline{f} = \begin{bmatrix} 1 & 1 \\ 1 & 0 \end{bmatrix}^{\textcircled{k}} \quad \text{über } W = (\{0,1\};\vee,\wedge)$$

oder anders formuliert

$$f[i,j] = \begin{cases} 1 & \text{für } i \sqcap j = i\ , \\ 0 & \phantom{\text{für }} i \sqcap j \neq i\ , \end{cases} \quad 8) \tag{170.1}$$

Spezialfall p=8 (k=3):

$$\underline{f} = \begin{bmatrix} 1&1&1&1&1&1&1&1 \\ 1&0&1&0&1&0&1&0 \\ 1&1&0&0&1&1&0&0 \\ 1&0&0&0&1&0&0&0 \\ 1&1&1&1&0&0&0&0 \\ 1&0&1&0&0&0&0&0 \\ 1&1&0&0&0&0&0&0 \\ 1&0&0&0&0&0&0&0 \end{bmatrix} . \tag{170.2}$$

Gesucht:

$\underline{g}$, Strukturgraph von T, M_{min}, M_{max}, Y .

Lösung:

$$g[i,j] = \begin{cases} 1 & \text{für } j-i \in \{0,2^0,2^1,2^2,\ldots,2^{k-1}\}\ , \\ 0 & \phantom{\text{für }} j-i \notin \{0,2^0,2^1,2^2,\ldots,2^{k-1}\}\ . \end{cases} \tag{170.3}$$

---

8) $a \sqcap b$ ::= bitweise Konjunktion der Dualdarstellungen der natürlichen Zahlen a und b

Spezialfall:

$$\underline{g} = \begin{pmatrix} 0&0&0&1&1&1&1&1 \\ 0&0&1&0&1&0&1&0 \\ 0&1&0&0&1&1&0&0 \\ 1&0&0&0&1&0&0&0 \\ 0&1&1&1&0&0&0&0 \\ 1&0&1&0&0&0&0&0 \\ 1&1&0&0&0&0&0&0 \\ 1&0&0&0&0&0&0&0 \end{pmatrix}, \qquad (170.4)$$

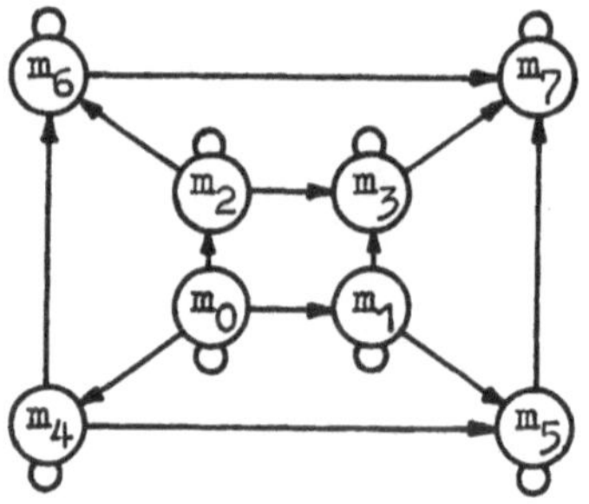

Abb. 19 Strukturgraph von T

$$M_{min} = \{m_0\} \quad , \quad M_{max} = \{m_7\} \quad , \qquad (170.5)$$

$$Y = \{m_0 \prec m_1, m_0 \prec m_2, m_0 \prec m_4, m_1 \prec m_3, m_1 \prec m_5, m_2 \prec m_3, m_2 \prec m_6, m_3 \prec m_7, m_4 \prec m_5, m_4 \prec m_6, m_5 \prec m_7, m_6 \prec m_7\} . \qquad (170.6)$$

Für S und T kann man folgende semantische Belegungen angeben:

–

M	$\{0,1\}^k = \{0..00, 0..01, 0..10, 0..11, .., 1..11\}$ m_i – Binärwort der Länge k, k-stellige Dualdarstellung der natürlichen Zahl i
f[i,j] = 1	$m_i \subseteq m_j$ – das rechtsbündige Teilwort des Wortes m_i bis zur am weitesten links stehenden 1 ist rechtsbündiges Teilwort von m_j
g[i,j] = 1 i<j	$m_i \subseteq m_j$, m_j enthält genau eine 1 mehr als m_i, d.h. $j-i \in \{2^0, 2^1, 2^2, .., 2^{k-1}\}$

(171)

- M	$P(L) = \{\emptyset, \{l_0\}, \{l_1\}, \{l_0, l_1\}, \{l_2\}, \{l_0, l_2\}, \{l_1, l_2\}, \{l_0, l_1, l_2\}, .., L\}$ $L = \{l_0, l_1, l_2, .., l_{k-1}\}$
$f[i,j] = 1$	$m_i \subseteq m_j$ - m_i ist eine Teilmenge von m_j
$g[i,j] = 1$ $i<j$	$m_i \subseteq m_j$, $m_j \setminus m_i \in \{\{l_0\}, \{l_1\}, \{l_2\}, .., \{l_{k-1}\}\}$

(172)

3.2.7.3.5. Beispiel 5

Gegeben:

Irreflexive Halbordnungsstruktur $S = (M, \{0,1\}; f)$ mit

$M = \{m_0, m_1, m_2, .., m_{10}\}$,

$$\underline{f} = \begin{pmatrix} 0&0&0&0&0&0&0&0&0&0&0 \\ 1&0&1&0&1&1&0&1&0&0&1 \\ 1&0&1&0&1&1&0&1&0&0&1 \\ 0&0&0&0&0&0&0&0&0&0&0 \\ 1&1&1&0&1&1&0&1&1&0&1 \\ 0&0&0&0&0&0&0&0&0&0&0 \\ 0&0&1&0&0&1&0&1&0&0&0 \\ 1&0&1&0&1&1&0&1&1&0&1 \\ 0&0&0&0&0&1&0&0&0&0&0 \\ 1&0&1&0&1&1&0&1&1&0&1 \\ 0&0&1&0&1&1&0&1&0&0&1 \end{pmatrix} . \qquad (173.1)$$

Gesucht:

$\underline{g}$, Strukturgraph von T, M_{min}, M_{max}, Y .

Lösung:

$$\underline{g} = \begin{pmatrix} 0&0&0&0&0&0&0&0&0&0&0 \\ 1&0&0&0&0&0&0&0&0&0&0 \\ 1&0&0&0&0&0&0&0&0&0&0 \\ 0&0&0&0&0&0&0&0&0&0&0 \\ 0&1&0&0&0&0&0&0&0&0&0 \\ 0&0&0&0&0&0&0&0&0&0&0 \\ 0&0&1&0&0&0&0&1&0&0&0 \\ 0&0&0&0&0&0&0&0&1&0&0 \\ 0&0&0&0&0&1&0&0&0&0&0 \\ 0&0&0&0&0&0&0&0&1&0&0 \\ 0&0&0&0&1&0&0&0&0&0&1 \end{pmatrix} , \qquad (173.2)$$

$M_{min} = \{m_5, m_7, m_{10}\}$, $M_{max} = \{m_3, m_6, m_9\}$, (173.3)

$Y = \{m_5 \prec m_2 \prec m_4, m_4 \prec m_0, m_0 \prec m_8, m_8 \prec m_1 \prec m_6, m_8 \prec m_3, m_0 \prec m_9,$
$m_7 \prec m_4, m_{10} \prec m_0\}$. (173.4)

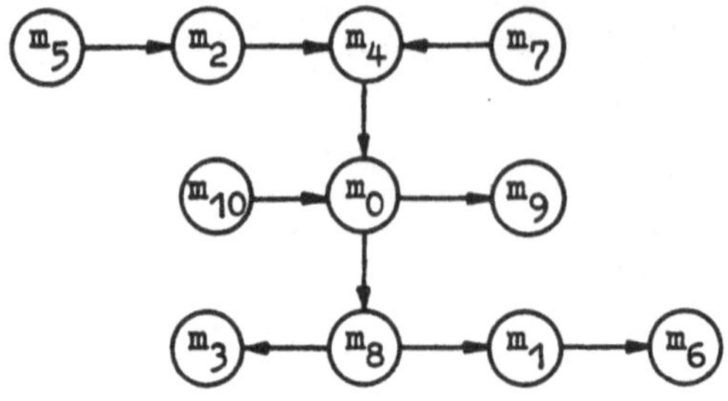

Abb. 20 Strukturgraph von T

3.2.7.3.6. Beispiel 6

Gegeben sei die relationale Struktur $S = (M,\{0,1\};f)$ mit

$$M = \{m_0,m_1,m_2,..,m_7\} \quad ,$$

$$\underline{f} = \begin{pmatrix} 0&0&0&1&0&1&1&1\\ 0&0&0&0&0&0&1&0\\ 0&0&0&0&0&1&0&0\\ 1&0&0&0&1&1&1&0\\ 0&0&0&1&0&0&0&0\\ 1&0&1&1&0&0&1&0\\ 1&1&0&1&0&1&0&0\\ 1&0&0&0&0&0&0&0 \end{pmatrix} \qquad (174.1)$$

und dem Strukturgraph Abb. 21.

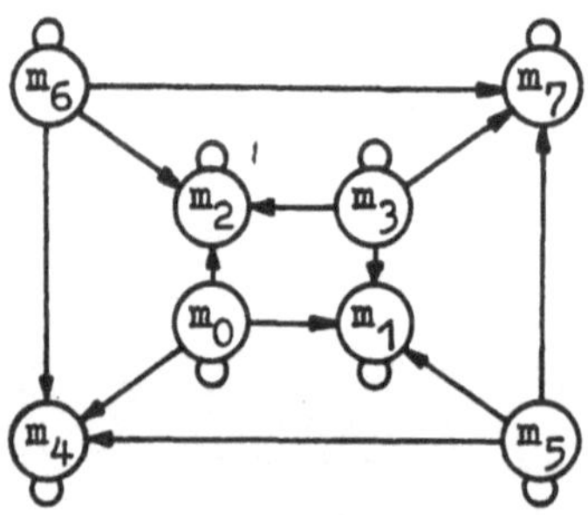

Abb. 21 Strukturgraph von S

Für die Strukturmatrix $\underline{f}$ gilt über $W = (\{0,1\};\vee,\wedge)$

$$re(\underline{f}) = \underline{e} \ , \quad sym(\underline{f}) = \underline{e} \ , \quad it\!\uparrow\!(\underline{f}) = \underline{f} \qquad , \qquad (174.2)$$

S ist also eine reflexive Halbordnungsstruktur. Für ihr Skelett $T = (M,\{0,1\};g)$ erhält man

$$\underline{g} = \mathrm{it}{\downarrow}(\underline{f}) = \underline{f} \quad , \tag{174.3}$$

d.h., S ist darüber hinaus inert ($\underline{f}$ wird weder durch Aufwärts- noch durch Abwärtsiteration Typ 1 verändert, vgl. Tab. 13).

3.2.7.3.7. Beispiel 7

Gegeben:

Reflexive Halbordnungsstruktur $S = (M,\{0,1\};f)$ mit

$$M = \{m_0, m_1, m_2, \ldots, m_{p-1} \mid p = 2k+1 \ , \ k \in \mathbb{N}(1,\infty)\} \ ,$$

$$f[i,j] = \begin{cases} 1 & \text{für} \quad |i-k| \leq |j-k| \ , \\ 0 & \phantom{\text{für}} \quad |i-k| > |j-k| \ . \end{cases} \tag{175.1}$$

Spezialfall $p=7$ $(k=3)$:

$$\underline{f} = \begin{pmatrix} 0&1&1&1&1&1&1 \\ 0&0&1&1&1&1&0 \\ 0&0&0&1&1&0&0 \\ 0&0&0&1&0&0&0 \\ 0&0&1&1&0&0&0 \\ 0&1&1&1&1&0&0 \\ 1&1&1&1&1&1&0 \end{pmatrix} . \tag{175.2}$$

Gesucht:

$\underline{g}$, Strukturgraph von T, M_{min}, M_{max}, Y.

Lösung:

$$g[i,j] = \begin{cases} 1 & \text{für} \quad |j-k| - |i-k| \in \{0,1\} \ , \\ 0 & \phantom{\text{für}} \quad |j-k| - |i-k| \notin \{0,1\} \ . \end{cases} \tag{175.3}$$

Spezialfall:

$$\underline{g} = \begin{pmatrix} 0&1&0&0&0&1&1 \\ 0&0&1&0&1&1&0 \\ 0&0&0&1&1&0&0 \\ 0&0&0&1&0&0&0 \\ 0&0&1&1&0&0&0 \\ 0&1&1&0&1&0&0 \\ 1&1&0&0&0&1&0 \end{pmatrix} , \tag{175.4}$$

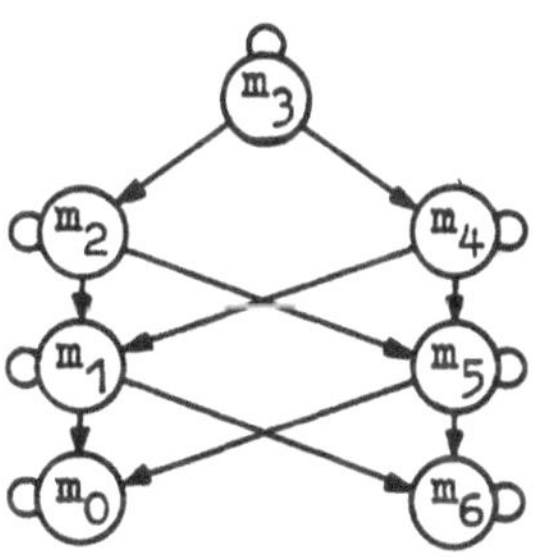

Abb. 22 Strukturgraph von T

$$M_{min} = \{m_3\} \quad , \quad M_{max} = \{m_0, m_6\} \; , \tag{175.5}$$

$$Y = \{m_3 \prec m_2, m_2 \prec m_1, m_1 \prec m_0, m_1 \prec m_6, m_2 \prec m_5, m_5 \prec m_0, m_5 \prec m_6,$$
$$m_3 \prec m_4, m_4 \prec m_1, m_4 \prec m_5\} \; . \tag{175.6}$$

3.2.7.3.8. Beispiel 8

Gegeben:

Reflexive Halbordnungsstruktur $S = (M, \{0,1\}; f)$ mit

$$M = \{m_0, m_1, m_2, .., m_{p-1} \mid p=4k \; , \; k \in \mathbb{N}(1,\infty)\} \; ,$$

$$f[i,j] = \begin{cases} 1 & \text{für} \quad i \geq j \quad \text{und} \quad i \bmod 4 \geq j \bmod 4 \, , \\ 0 & \text{sonst} \; . \end{cases} \tag{176.1}$$

Spezialfall $p=16$ $(k=4)$,

$$\underline{f} = \left(\begin{array}{c} 0000000000000001 \\ 0000000000000011 \\ 0000000000000111 \\ 0000000000001111 \\ 0000000000010001 \\ 0000000000110011 \\ 0000000001110111 \\ 0000000011111111 \\ 0000000100010001 \\ 0000001100110011 \\ 0000011101110111 \\ 0000111111111111 \\ 0001000100010001 \\ 0011001100110011 \\ 0111011101110111 \\ 1111111111111111 \end{array}\right) = \left(\begin{array}{c} 0001 \\ 0011 \\ 0111 \\ 1111 \end{array}\right)^{\textcircled{2}} \text{über } W=(\{0,1\}; \vee, \wedge) \, . \tag{176.2}$$

Gesucht:

$\underline{g}$, Strukturgraph von T, M_{min}, M_{max}, Y .

Lösung:

$$\underline{g} = \left(\begin{array}{c} 0000000000000001 \\ 0000000000000011 \\ 0000000000000110 \\ 0000000000001100 \\ 0000000000010001 \\ 0000000000110010 \\ 0000000001100100 \\ 0000000011001000 \\ 0000000100010000 \\ 0000001100100000 \\ 0000011001000000 \\ 0000110010000000 \\ 0001000100000000 \\ 0011001000000000 \\ 0110010000000000 \\ 1100100000000000 \end{array}\right) \, , \tag{176.3}$$

$$M_{min} = \{m_{15}\} \quad , \quad M_{max} = \{m_0\} \; , \tag{176.4}$$

$$Y = \{m_{15} \prec m_{11}, m_{11} \prec m_7, m_7 \prec m_3 \prec m_2, m_2 \prec m_1, m_1 \prec m_0, m_7 \prec m_6,$$
$$m_6 \prec m_2, m_6 \prec m_5, m_5 \prec m_1, m_5 \prec m_4, m_4 \prec m_0, m_{11} \prec m_{10}, m_{10} \prec m_6,$$
$$m_{10} \prec m_9, m_9 \prec m_5, m_9 \prec m_8, m_8 \prec m_4, m_{15} \prec m_{14}, m_{14} \prec m_{10},$$
$$m_{14} \prec m_{13}, m_{13} \prec m_9, m_{13} \prec m_{12} \prec m_8\} \; . \tag{176.5}$$

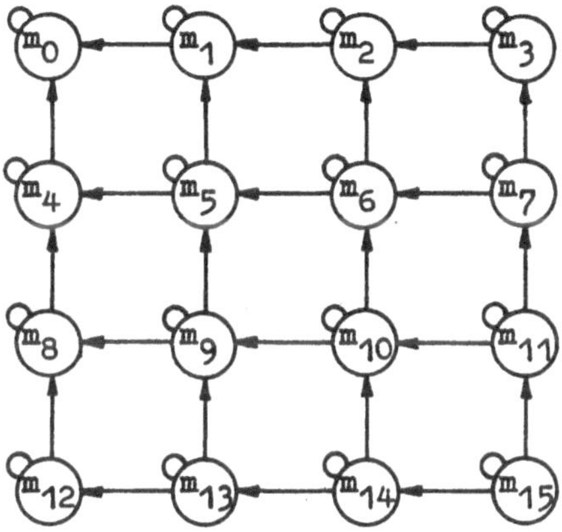

Abb. 23 Strukturgraph von T

3.2.7.3.9. Beispiel 9

Eine algebraische Struktur

$\Sigma = (M,M;\varphi)$, $\varphi: M\times M \rightarrow M$, (177.1)

deren zweistellige algebraische Operation

$\varphi(x,y) = x \circ y$ (177.2)

folgende Eigenschaften besitzt

- $\underset{x,y \in M}{(\forall x)(\forall y)}\ x \circ y = y \circ x$, (177.3)
- $\underset{x,y,z \in M}{(\forall x)(\forall y)(\forall z)}\ (x \circ y) \circ z = x \circ (y \circ z)$, (177.4)
- $\underset{x \in M}{(\forall x)}\ x \circ x = x$ (177.5)

heißt Halbverband.

Jeder Halbverband definiert eindeutig eine reflexive Halbordnungsstruktur

$S = (M,\{0,1\};f)$,

$$f(x,y) = \begin{cases} 1 \text{ , wenn } \underset{z \in M}{(\exists z)}\ x \circ z = y, \text{ oder anders formuliert für } x \circ y = y \text{ ,} \\ 0 \text{ sonst .} \end{cases} \quad (178)$$

Für das Skelett von S,

$T = (M,\{0,1\};g)$, (179.1)

gilt dann

M	$x \circ y$	M'	$x \square y$
$\mathbb{N}(0,k)$	$\max(x,y)$	$\{0,1\}$	$x+y$
$\mathbb{N}(0,k)$	$\min(x,y)$	$\{0,1\}$	$x-y$
$\mathbb{N}(1,k)$	$kgV(x,y)$	$\{1\} \cup$ Menge der Primzahlen $\leq k$	$x \cdot y$
$\mathbb{N}(1,k)$	$ggT(x,y)$	$\{1\} \cup$ Menge der Primzahlen $\leq k$	$x : y$
$\mathbb{N}(0,2^k-1)$	$x \sqcup y$ bitweise Disjunktion	$\{0\} \cup$ Menge der Zweierpotenzen $< 2^k-1$ $= \{0,2^0,2^1,..,2^{k-1}\}$	$\max(x,x \oplus y)$
$\mathbb{N}(0,2^k-1)$	$x \sqcap y$ bitweise Konjunktion	$\{0,2^0,2^1,..,2^{k-1}\}$	$\min(x,x \oplus y)$
$P(L)$ $L=\{l_0,l_1,..,l_{k-1}\}$	$x \cup y$ Vereinigung	$\{\emptyset,\{l_0\},\{l_1\},..,\{l_{k-1}\}\}$	$x \Delta y$ symmetrische Differenz

Tabelle 19 Halbverbände $(M;\circ)$

$$g(x,y) = \begin{cases} 1, & \text{wenn } (\exists z)_{z \in M'}\ x \square z = y, \\ 0 & \text{sonst}. \end{cases} \quad (179.2)$$

In Tabelle 19 sind für einige spezielle Halbverbände $(M; \circ)$ die Mengen $M' \subset M$ und die zweistelligen Operationen $x \square y$ angegeben.

3.2.8. Metrische Struktur

3.2.8.1. Definition

Eine funktionale Struktur $S = (M, \mathbb{R}(0,\infty); f)$ wird quasimetrische Struktur genannt, wenn für die Strukturmatrix $\underline{f}$ über $W = (\mathbb{R}(0,\infty); \min, +)$ gilt

$$\mathrm{re}(\underline{f}) = \underline{e} \qquad \text{(S ist reflexiv)}, \qquad (180.1)$$

$$\mathrm{sym}(\underline{f}) = \underline{f} \qquad \text{(S ist symmetrisch)}, \qquad (180.2)$$

$$\mathrm{it}\uparrow(\underline{f}) = \underline{f} \qquad \text{(S ist transitiv)} \qquad (180.3)$$

(vgl. Tab. 15; Komponentendarstellung dieser Matrizengleichungen: Gl. (143)).

Gilt außerdem noch

$$(\forall i)(\forall j)_{\substack{i,j \in \{0,1,\ldots,p-1\} \\ i \neq j}}\ f[i,j] > 0 \qquad \text{(S ist definit)}, \qquad (180.4)$$

so heißt S metrische Struktur.

Entsprechend wird die Funktion $f(x,y)$ als Quasimetrik bzw. als Metrik (Abstand) auf M bezeichnet.

3.2.8.2. Hauptsatz über metrische Strukturen

Aus jeder metrischen Struktur S wird durch Reduktion eindeutig ein Skelett T erhalten, aus T gewinnt man durch Rekonstruktion wieder S, die Rekonstruktion ist die Umkehrung der Reduktion:

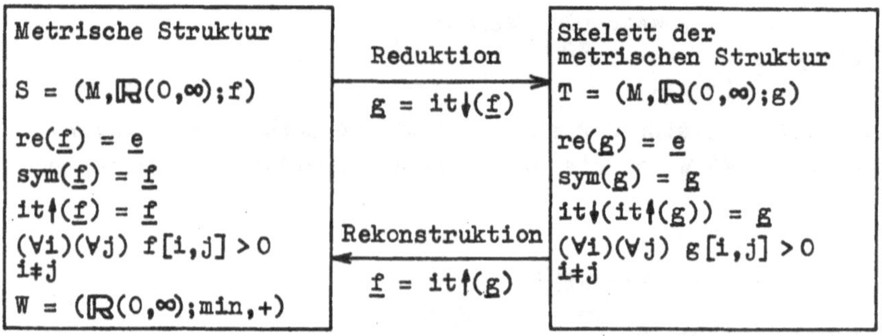

Abb. 24 Hauptsatz über metrische Strukturen

Mit der eineindeutigen Zuordnung metrische Struktur S – Metrik f(x,y) auf M entspricht dem Skelett T der metrischen Struktur

- der zu f(x,y) gehörige "Elementarabstandsgraph" (= Strukturgraph von T),
- das "Metrikskelett" X (= Menge der kantenfremden Elementarabstandsketten in diesem Graphen mit der Notierung $(m_i, g[i,j]=\text{Elementarabstand} \neq \infty, m_j, \ldots, m_k)$; Zeichenreihendarstellung des Skeletts T der metrischen Struktur). Das Auslesen von X aus $\underline{g}$ erfolgt ähnlich wie in Tab. 18 beschrieben.

3.2.8.3. Beispiele

3.2.8.3.1. Beispiel 1

Gegeben:

Metrische Struktur $S = (M, \mathbb{R}(0,\infty); f)$ mit

$M = \{m_0, m_1, m_2, \ldots, m_{p-1}\}$,

$$f[i,j] = |f[i,0] - f[0,j]|. \qquad (181.1)$$

Spezialfall p=6:

$$\underline{f} = \begin{bmatrix} 9 & 8 & 6 & 5 & 3 & 0 \\ 6 & 5 & 3 & 2 & 0 & 3 \\ 4 & 3 & 1 & 0 & 2 & 5 \\ 3 & 2 & 0 & 1 & 3 & 6 \\ 1 & 0 & 2 & 3 & 5 & 8 \\ 0 & 1 & 3 & 4 & 6 & 9 \end{bmatrix}. \qquad (181.2)$$

Gesucht:

$\underline{g}$, Strukturgraph von T, X .

Lösung:

$$g[i,j] = \begin{cases} f[i,j] & \text{für } |i-j| \in \{0,1\}, \\ \infty & \phantom{\text{für }} |i-j| \notin \{0,1\}. \end{cases} \qquad (181.3)$$

Spezialfall:

$$\underline{g} = \begin{pmatrix} \infty & \infty & \infty & \infty & 3 & 0 \\ \infty & \infty & \infty & 2 & 0 & 3 \\ \infty & \infty & 1 & 0 & 2 & \infty \\ \infty & 2 & 0 & 1 & \infty & \infty \\ 1 & 0 & 2 & \infty & \infty & \infty \\ 0 & 1 & \infty & \infty & \infty & \infty \end{pmatrix}, \qquad (181.4)$$

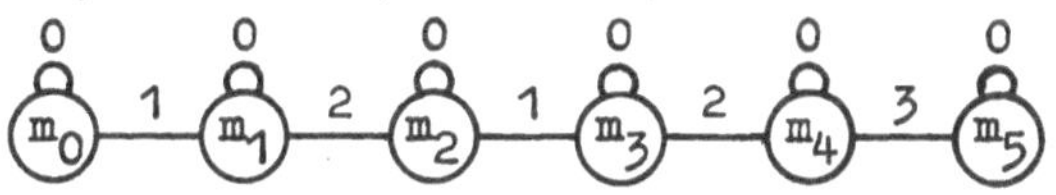

Abb. 24 Strukturgraph von T

$$X = \{(m_0,1,m_1,2,m_2,1,m_3,2,m_4,3,m_5)\}. \qquad (181.5)$$

Der Strukturgraph des Skeletts der vorliegenden metrischen Struktur ist eine ungerichtete Kette mit p Knoten, wobei jedes Element von M als Knotenbewertung auftritt, ihre Reihenfolge ist mit der Notierungsreihenfolge in $M = \{m_0, m_1, m_2, \ldots, m_{p-1}\}$ identisch. Diese metrische Struktur kann wie folgt interpretiert werden:

Jeder "Abstand" $f[i,j]$ zwischen zwei Elementen m_i und m_j von M – wegen $f[i,j] = f[j,i]$ können wir die Betrachtung auf den Fall $i < j$ einschränken –

- ist entweder ein in der Elementarabstandskette $(m_0, f[0,1], m_1, \ldots, m_{p-1})$ enthaltener (gespeicherter) Elementarabstand $f[i,i+1]$,
- oder er ist als Summe aufeinanderfolgender Elementarabstände $f[i,i+1] + f[i+1,i+2] + \ldots + f[j-1,j]$ auf der Elementarabstandskette abgreifbar, die man sich hierzu als Gerade, auf der die Elementarabstände hintereinander abgetragen sind, vorstellt (Abb. 25).

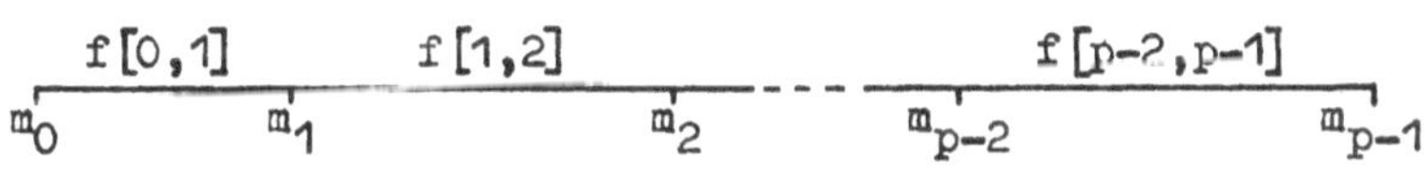

Abb. 25 Elementarabstandskette

Das ist aber genau das Prinzip des Messens mit einem (materiellen oder gedanklichen) geraden Meßstab ($\hat{=}$ Elementarabstandskette), das der klassischen Naturwissenschaft und Technik (Längenmessung, Zeitmessung,..) zugrundeliegt. Hierbei ist

$$\underset{i\in\{0,1,..,p-2\}}{(\forall i)} \quad f[i,i+1] = f[0,1] = a \text{ (Einheit)} \,, \qquad (182)$$

und der Meßstab hat die in Abb. 26 dargestellte Form.

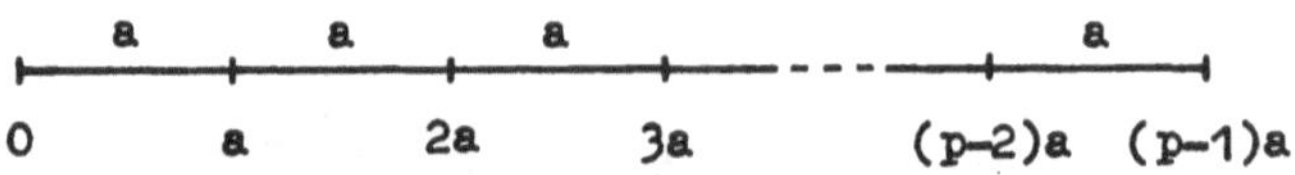

Abb. 26 Meßstab

3.2.8.3.2. Beispiel 2

Gegeben:

Metrische Struktur $S = (M,\mathbb{R}(0,\infty);f)$ mit

$$M = \{m_0,m_1,m_2,..,m_{p-1} \mid p=2^k \,,\ k\in\mathbb{N}(1,\infty)\} \,,$$

$$\underline{f} = \begin{pmatrix} 2^{k-1} & 0 \\ 0 & 2^{k-1} \end{pmatrix} \otimes \ldots \otimes \begin{pmatrix} 2^2 & 0 \\ 0 & 2^2 \end{pmatrix} \otimes \begin{pmatrix} 2^1 & 0 \\ 0 & 2^1 \end{pmatrix} \otimes \begin{pmatrix} 2^0 & 0 \\ 0 & 2^0 \end{pmatrix} \qquad (183.1)$$

über $W = (\mathbb{R}(0,\infty);\min,+)$.

Spezialfall $p=8$ $(k=3)$:

$$\underline{f} = \begin{pmatrix} 4 & 0 \\ 0 & 4 \end{pmatrix} \otimes \begin{pmatrix} 2 & 0 \\ 0 & 2 \end{pmatrix} \otimes \begin{pmatrix} 1 & 0 \\ 0 & 1 \end{pmatrix} = \begin{pmatrix} 7&6&5&4&3&2&1&0 \\ 6&7&4&5&2&3&0&1 \\ 5&4&7&6&1&0&3&2 \\ 4&5&6&7&0&1&2&3 \\ 3&2&1&0&7&6&5&4 \\ 2&3&0&1&6&7&4&5 \\ 1&0&3&2&5&4&7&6 \\ 0&1&2&3&4&5&6&7 \end{pmatrix} . \qquad (183.2)$$

Gesucht:

$\underline{g}$, Strukturgraph von T, X .

Lösung:

$$g[i,j] = \begin{cases} i\oplus j & \text{für } i\oplus j \in \{0,2^0,2^1,2^2,..,2^{k-1}\} \,, \\ \infty & \phantom{\text{für }} i\oplus j \notin \{0,2^0,2^1,2^2,..,2^{k-1}\} \,. \end{cases} \qquad (183.3)$$

Spezialfall:

$$\mathbf{g} = \begin{pmatrix} \infty & \infty & \infty & 4 & \infty & 2 & 1 & 0 \\ \infty & \infty & 4 & \infty & 2 & \infty & 0 & 1 \\ \infty & 4 & \infty & \infty & 1 & 0 & \infty & 2 \\ 4 & \infty & \infty & \infty & 0 & 1 & 2 & \infty \\ \infty & 2 & 1 & 0 & \infty & \infty & \infty & 4 \\ 2 & \infty & 0 & 1 & \infty & \infty & 4 & \infty \\ 1 & 0 & \infty & 2 & \infty & 4 & \infty & \infty \\ 0 & 1 & 2 & \infty & 4 & \infty & \infty & \infty \end{pmatrix}, \tag{183.4}$$

$$X = \{(m_0,1,m_1),(m_1,2,m_3),(m_3,1,m_2),(m_2,2,m_0),(m_0,4,m_4), (m_4,1,m_5),(m_5,4,m_1),(m_2,4,m_6),(m_6,2,m_4),(m_3,4,m_7), (m_7,2,m_5),(m_6,1,m_7)\} . \tag{183.5}$$

Die vorliegende metrische Struktur läßt sich besonders einfach interpretieren, wenn man den Strukturgraph von T räumlich darstellt (Abb. 27):

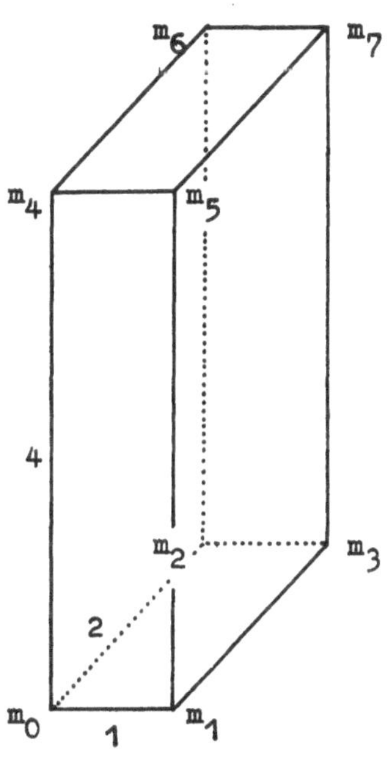

Abb. 27 Strukturgraph von T

Jeder Abstand $f[i,j]$ zwischen zwei Elementen m_i und m_j von M (wegen der Symmetrie der Metrik genügt es, die Betrachtung auf den Fall $i < j$ einzuschränken)

- ist entweder ein als Kantenlänge des "Meßquaders" gespeicherter Elementarabstand $f[i,i+2^l] = 2^l$, $l \in \{0,1,2\}$,
- oder er wird erhalten, indem man den Meßquader, den kürzesten Weg von Ecke m_i nach Ecke m_j nehmend, Kante für Kante auf einer Geraden abrollt.

Die vorliegende metrische Struktur ist ein Spezialfall der metrischen Struktur $S = (M, \mathbb{R}(0,\infty); f)$ mit

$$M = \{m_0, m_1, m_2, .., m_{p-1} \mid p=2^k,\ k \in \mathbb{N}(1,\infty)\},$$

$$\underline{f} = \begin{pmatrix} f[2^{k-1},0] & 0 \\ 0 & f[2^{k-1},0] \end{pmatrix} \otimes \ldots \otimes \begin{pmatrix} f[2^2,0] & 0 \\ 0 & f[2^2,0] \end{pmatrix} \otimes$$

$$\begin{pmatrix} f[2^1,0] & 0 \\ 0 & f[2^1,0] \end{pmatrix} \otimes \begin{pmatrix} f[2^0,0] & 0 \\ 0 & f[2^0,0] \end{pmatrix} \qquad (184.1)$$

über $W = (\mathbb{R}(0,\infty); \min, +)$,

$$g[i,j] = \begin{cases} f[i \oplus j, 0] & \text{für } i \oplus j \in \{0, 2^0, 2^1, 2^2, .., 2^{k-1}\}, \\ \infty & \phantom{\text{für }} i \oplus j \notin \{0, 2^0, 2^1, 2^2, .., 2^{k-1}\}. \end{cases} \qquad (184.2)$$

3.2.8.3.3. Beispiel 3

Gegeben:

Metrische Struktur $S = (M, \mathbb{R}(0,\infty); f)$ mit

$$M = \{m_0, m_1, m_2, .., m_7\},$$

$$\underline{f} = \begin{pmatrix} 23 & 20 & 19 & 18 & 14 & 11 & 12 & 0 \\ 11 & 8 & 7 & 8 & 2 & 1 & 0 & 12 \\ 12 & 9 & 8 & 7 & 3 & 0 & 1 & 11 \\ 9 & 6 & 5 & 8 & 0 & 3 & 2 & 14 \\ 5 & 2 & 3 & 0 & 8 & 7 & 8 & 18 \\ 4 & 1 & 0 & 3 & 5 & 8 & 7 & 19 \\ 3 & 0 & 1 & 2 & 6 & 9 & 8 & 20 \\ 0 & 3 & 4 & 5 & 9 & 12 & 11 & 23 \end{pmatrix}. \qquad (185.1)$$

Gesucht:

$\underline{g}$, Strukturgraph von T, X.

Lösung:

$$\underline{g} = \begin{bmatrix} \infty & \infty & \infty & \infty & \infty & 11 & \infty & 0 \\ \infty & \infty & \infty & \infty & 2 & 1 & 0 & \infty \\ \infty & \infty & \infty & 7 & \infty & 0 & 1 & 11 \\ \infty & \infty & 5 & \infty & 0 & \infty & 2 & \infty \\ \infty & 2 & \infty & 0 & \infty & 7 & \infty & \infty \\ \infty & 1 & 0 & \infty & 5 & \infty & \infty & \infty \\ 3 & 0 & 1 & 2 & \infty & \infty & \infty & \infty \\ 0 & 3 & \infty & \infty & \infty & \infty & \infty & \infty \end{bmatrix}, \qquad (185.2)$$

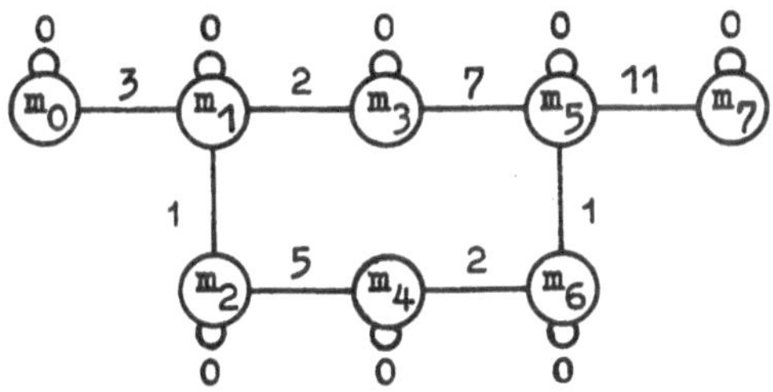

Abb. 28 Strukturgraph von T

$$X = \{(m_0,3,m_1),(m_1,1,m_2,5,m_4,2,m_6,1,m_5),(m_5,7,m_3,2,m_1),\\ (m_5,11,m_7)\}. \qquad (185.3)$$

3.2.8.3.4. Beispiel 4

Für die metrische Struktur

$$S = (\mathbb{R}(0,\infty);f),$$

$$M = \{m_0,m_1,m_2,..,m_{p-1}\},$$

$$f[i,j] = \sqrt{|i-j|} \qquad (186.1)$$

gilt

$$\underline{g} = \underline{f} \quad , \qquad (186.2)$$

S ist also eine inerte metrische Struktur (vgl. Tab. 13).

3.2.9. Symmetrische Teilbarkeitsstruktur

3.2.9.1. Definition

Eine funktionale Struktur $S = (M,\mathbb{N}(1,\infty);f)$ heißt symmetrische Teilbarkeitsstruktur, wenn für die Strukturmatrix $\underline{f}$ über $W = (\mathbb{N}(1,\infty);ggT,\cdot)$ gilt

$$re(\underline{f}) = \underline{e} \qquad \text{(S ist reflexiv)}, \qquad (187.1)$$

$$sym(\underline{f}) = \underline{f} \qquad \text{(S ist symmetrisch)}, \qquad (187.2)$$

$$\underset{\substack{i,j\in\{0,1,..,p-1\}\\ i\neq j}}{(\forall i)(\forall j)} f[i,j] > 1 \qquad \text{(S ist definit)}, \qquad (187.3)$$

$it\uparrow(\underline{f}) = \underline{f}$ (S ist transitiv) (187.4)
(vgl. Tab. 15; Komponentendarstellung dieser Matrizengleichungen: Gl. (144)).
Die Funktion f(x,y) wird dann als symmetrische Teilbarkeitsfunktion auf M bezeichnet.

3.2.9.2. Hauptsatz über symmetrische Teilbarkeitsstrukturen

Aus jeder symmetrischen Teilbarkeitsstruktur S wird durch Reduktion eindeutig ein Skelett T erhalten, aus T gewinnt man durch Rekonstruktion wieder S, die Rekonstruktion ist die Umkehrung der Reduktion:

Symmetrische Teilbarkeitsstruktur		Skelett der symmetrischen Teilbarkeitsstruktur
$S = (M, \mathbb{N}(1,\infty); f)$	Reduktion → $\underline{g} = it\downarrow(\underline{f})$	$T = (M, \mathbb{N}(1,\infty); g)$
$re(\underline{f}) = \underline{e}$		$re(\underline{g}) = \underline{e}$
$sym(\underline{f}) = \underline{f}$		$sym(\underline{g}) = \underline{g}$
$(\forall i)(\forall j)\ f[i,j] > 1$, $i \neq j$	← Rekonstruktion $\underline{f} = it\uparrow(\underline{g})$	$(\forall i)(\forall j)\ g[i,j] > 1$, $i \neq j$
$it\uparrow(\underline{f}) = \underline{f}$		$it\downarrow(it\uparrow(\underline{g})) = \underline{g}$
$W = (\mathbb{N}(1,\infty); ggT, \cdot)$		

Abb. 29 Hauptsatz über symmetrische Teilbarkeitsstrukturen

Mit der eineindeutigen Zuordnung Teilbarkeitsstruktur S – Teilbarkeitsfunktion f(x,y) auf M entspricht dem Skelett T der Teilbarkeitsstruktur

- der zu f(x,y) gehörige "Elementarbewertungsgraph" (= Strukturturgraph von T),
- das "Bewertungsskelett U (= Menge der kantenfremden Elementarbewertungsketten in diesem Graphen mit der Notierung $(m_i, g[i,j] = \text{Elementarbewertung} \neq \infty, m_j, \ldots, m_k)$; Zeichenreihendarstellung des Skeletts T der Teilbarkeitsstruktur). Das Auslesen von U aus $\underline{g}$ erfolgt wie bei der metrischen Struktur.

3.2.9.3. Beispiele

3.2.9.3.1. Beispiel 1

Gegeben:

Teilbarkeitsstruktur $S = (M, \mathbb{N}(1,\infty); f)$ mit

$M = \{m_0, m_1, m_2, \ldots, m_{p-1}\}$,

$f[i,j] = (i+1) \vdots (j+1)$, [9] (188.1)

Spezialfall $p=9$:

$$\underline{f} = \begin{pmatrix} 9 & 18 & 3 & 36 & 45 & 6 & 63 & 72 & 1 \\ 8 & 4 & 24 & 2 & 40 & 12 & 56 & 1 & 72 \\ 7 & 14 & 21 & 28 & 35 & 42 & 1 & 56 & 63 \\ 6 & 3 & 2 & 6 & 30 & 1 & 42 & 12 & 6 \\ 5 & 10 & 15 & 20 & 1 & 30 & 35 & 40 & 45 \\ 4 & 2 & 12 & 1 & 20 & 6 & 28 & 2 & 36 \\ 3 & 6 & 1 & 12 & 15 & 2 & 21 & 24 & 3 \\ 2 & 1 & 6 & 2 & 10 & 3 & 14 & 4 & 18 \\ 1 & 2 & 3 & 4 & 5 & 6 & 7 & 8 & 9 \end{pmatrix} . \tag{188.2}$$

Gesucht:

$\underline{g}$, Strukturgraph von T, U.

Lösung:

$$g[i,j] = \begin{cases} f[i,j] & \text{für } (i+1) \vdots (j+1) \in \{1\} \cup \text{Menge der Primzahlen} \leq p, \\ \infty & \phantom{\text{für }} (i+1) \vdots (j+1) \in \{1\} \cup \text{Menge der Primzahlen} \leq p, \end{cases} \tag{188.3}$$

Spezialfall:

$$\underline{g} = \begin{pmatrix} \infty & \infty & 3 & \infty & \infty & \infty & \infty & \infty & 1 \\ \infty & \infty & \infty & 2 & \infty & \infty & \infty & 1 & \infty \\ 7 & \infty & \infty & \infty & \infty & \infty & 1 & \infty & \infty \\ \infty & 3 & 2 & \infty & \infty & 1 & \infty & \infty & \infty \\ 5 & \infty & \infty & \infty & 1 & \infty & \infty & \infty & \infty \\ \infty & 2 & \infty & 1 & \infty & \infty & \infty & 2 & \infty \\ 3 & \infty & 1 & \infty & \infty & 2 & \infty & \infty & 3 \\ 2 & 1 & \infty & 2 & \infty & 3 & \infty & \infty & \infty \\ 1 & 2 & 3 & \infty & 5 & \infty & 7 & \infty & \infty \end{pmatrix} , \tag{188.4}$$

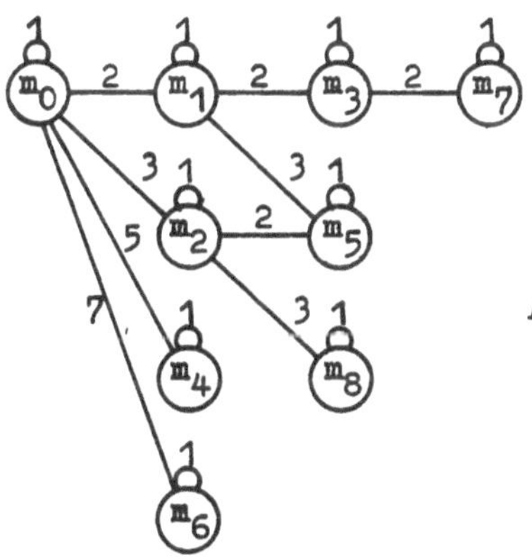

Abb. 30 Strukturgraph von T

$$U = \{(m_4,5,m_0),(m_0,2,m_1),(m_1,2,m_3,2,m_7),(m_1,3,m_5,2,m_2),$$
$$(m_2,3,m_0),(m_0,7,m_6),(m_2,3,m_8)\}\,. \qquad (188.5)$$

3.2.9.3.2. Beispiel 2

Gegeben:

Teilbarkeitsstruktur $S = (M,\mathbb{N}(1,\infty);f)$ mit

$$M = \{m_0,m_1,m_2,\ldots,m_{p-1}\}\,,$$

$$f[i,j] = 2^{|i-j|}\,. \qquad (189.1)$$

Spezialfall p=6:

$$\underline{f} = \begin{pmatrix} 32 & 16 & 8 & 4 & 2 & 1 \\ 16 & 8 & 4 & 2 & 1 & 2 \\ 8 & 4 & 2 & 1 & 2 & 4 \\ 4 & 2 & 1 & 2 & 4 & 8 \\ 2 & 1 & 2 & 4 & 8 & 16 \\ 1 & 2 & 4 & 8 & 16 & 32 \end{pmatrix}\,. \qquad (189.2)$$

Gesucht:

$\underline{g}$, Strukturgraph von T, U .

Lösung:

$$g[i,j] = \begin{cases} f[i,j] & \text{für } |i-j| \in \{0,1\}\,, \\ \infty & \phantom{\text{für }} |i-j| \notin \{0,1\}\,. \end{cases} \qquad (189.3)$$

Spezialfall:

$$\underline{g} = \begin{pmatrix} \infty & \infty & \infty & \infty & 2 & 1 \\ \infty & \infty & \infty & 2 & 1 & 2 \\ \infty & \infty & 2 & 1 & 2 & \infty \\ \infty & 2 & 1 & 2 & \infty & \infty \\ 2 & 1 & 2 & \infty & \infty & \infty \\ 1 & 2 & \infty & \infty & \infty & \infty \end{pmatrix}\,, \qquad (189.4)$$

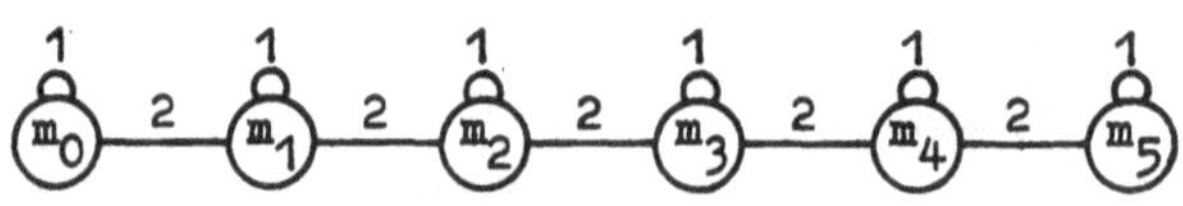

Abb. 31 Strukturgraph von T

$$U = \{(m_0,2,m_1,2,m_2,2,m_3,2,m_4,2,m_5)\}\,. \qquad (189.5)$$

---

9) $a \,\dot{:}\, b ::= \dfrac{a \cdot b}{(ggT(a,b))^2}$

3.3. Die antisymmetrische relationale Struktur

3.3.1. Definition

Eine Struktur S = (M,{0,1};f) heißt antisymmetrisch relational, wenn die Strukturmatrix $\underline{f}$ über W = ({0,1};∨,∧) der Bedingung

$$\mathrm{sym}(\underline{f}) = \mathrm{re}(\underline{f}) \qquad (190)$$

genügt.

3.3.2. Spezielle antisymmetrische relationale Strukturen, Überblick

In Tabelle 20 sind unter Benutzung der Matrizenoperationen re($\underline{f}$), sym($\underline{f}$), it↑($\underline{f}$), it↓($\underline{f}$), it→($\underline{f}$) und it⊓($\underline{f}_1$,$\underline{f}_2$) einheitlich aufgebaute Matrizenkriterien für das Vorliegen praktisch wichtiger spezieller antisymmetrischer relationaler Strukturen S angegeben.

Hierbei bedeutet die Belegung des Feldes (B,S) :	Bedingung B
$\boxplus$	muß erfüllt sein
$\boxminus$	darf nicht erfüllt sein
$\square$	ist nicht zu testen
(+)	ist nicht zu testen; liegt die Struktur S vor, so ist zugleich auch B erfüllt.

3.3.3. Abspaltung einer Halbordnungsstruktur

3.3.3.1. Abspaltungssatz

S = (M,{0,1};f) sei eine irreflexive/reflexive antisymmetrische kreisfreie relationale Struktur.

Dann ist

$$\Sigma = (M,\{0,1\};\varphi) \qquad (191.1)$$

mit

$$\varphi = \mathrm{itm}{\downarrow}(\underline{f}) \qquad (191.2)$$

eine größte in S enthaltene irreflexive/reflexive Halbordnungsstruktur. Aus dem Bildungsgesetz von itm↓($\underline{f}$) (Abschn. 2.9.7.1.) folgt: Σ enthält den Teil der bei der Erosion von S (Abschn.

Lfd. Nr.	Lfd. Nr. → / Bedingung ↓ Struktur →	1	2
	Struktur / **Bedingung**	Halbordnungsstruktur	Skelett einer Halbordnungsstruktur
1	sym($\underline{f}$) = re($\underline{f}$) = $<$ $\underline{0}$ / $\underline{e}$	+	+
2	it↑($\underline{f}$) = $\underline{f}$	+	
3	it↓($\underline{f}$) = $\underline{f}$		(+)
4	it↓(it↑($\underline{f}$)) = $\underline{f}$		+
5	sym(it↑($\underline{f}$)) = re($\underline{f}$) ≡ re(it↑($\underline{\dot{f}}$)) = $\underline{0}$	(+)	(+)
6	sym(it↑($\underline{f}$)) = it↑($\underline{f}$)		
7	it→($\underline{\dot{f}}$) = $\underline{\dot{f}}$		
8	it→($\underline{\dot{f}}^{T}$) = $\underline{\dot{f}}^{T}$		
9	itп(itп($\underline{\dot{f}}$,$\underline{\dot{f}}^{T}$),$\underline{\dot{f}}$) = $\underline{\dot{f}}$		
Beschreibung des Strukturgraphen	Der Strukturgraph der $<$ irreflexiven / reflexiven antisymmetrischen relationalen Struktur ist ein zusammenhängender oder zerfallender antisymmetrischer gerichteter Graph $<$ ohne / mit Schlingen. it↑($\underline{\dot{f}} \vee \underline{\dot{f}}^{T}$) $<$ = 1 / ≠ 1 : Strukturgraph ist $<$ zusammenhängend / zerfallend.	Der SG ist ein zusammenhängender oder zerfallender antisymmetrischer gerichteter Graph $<$ ohne / mit Schlingen, in dem jedes Paar aufeinanderfolgender gleichgerichteter Kanten durch eine dritte Kante gleichsinnig (transitiv) überbrückt wird. (Der SG ist kreisfrei.) Beispiel: Abb. 32 (vgl. Abschn. 3.2.7.3.3.)	Der SG ist ein Hassediagramm. (Im SG ist kein Paar aufeinanderfolgender gleichgerichteter Kanten durch eine dritte Kante gleichsinnig überbrückt. Der SG ist kreisfrei.) Beispiel: Abb. 33

Tabelle 20 Spezielle antisymmetrische relationale Strukturen

S \ B	3	4	5
	irr./r. antisymmetrische intransitive relationale Struktur	irr./r. antisymmetrische inerte relationale Struktur	irr./r. antisymmetrische kreisfreie relationale Struktur
1	+	+	+
2		+	
3	+	+	
4		(+)	
5		(+)	+
6			
7			
8			
9			
Beschreibung des Strukturgraphen	Der SG ist ein zusammenhängender oder zerfallender antisymmetrischer gerichteter Graph ohne / mit Schlingen, in dem kein Paar aufeinanderfolgender gleichgerichteter Kanten durch eine dritte gleichsinnig überbrückt wird. Beispiel: 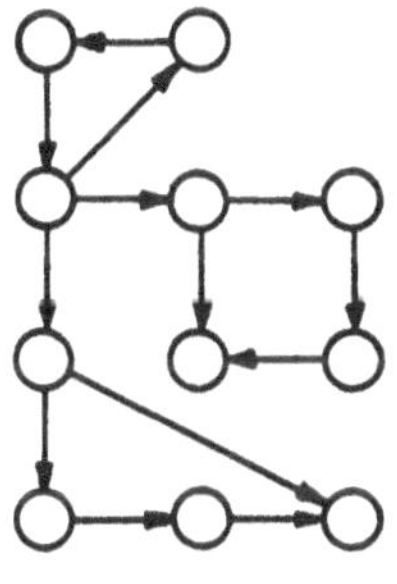	Der SG ist ein zusammenhängender oder zerfallender antisymmetrischer gerichteter Graph ohne / mit Schlingen, der kein Paar aufeinanderfolgender gleichgerichteter Kanten enthält. (Der SG ist kreisfrei.) Beispiel: 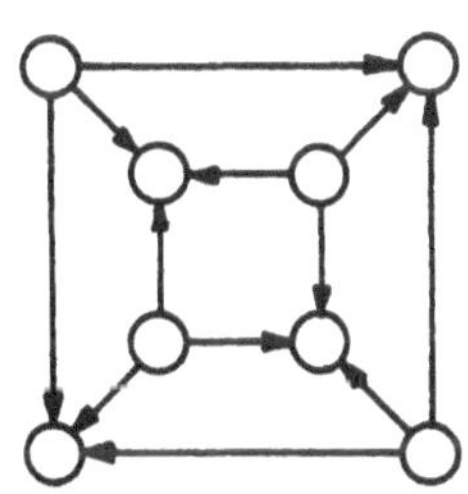 (vgl. Abschn. 3.2.7.3.6.)	Der SG ist ein kreisfreier zusammenhängender oder zerfallender antisymmetrischer gerichteter Graph ohne / mit Schlingen. Kreis: geschlossene Knoten-Kanten-Folge mit gleichgerichteten Kanten. Zyklus: geschlossene Knoten-Kanten-Folge mit beliebig gerichteten Kanten. Ein Kreis bzw. Zyklus heißt elementar, wenn kein Knoten mehrfach durchlaufen wird. 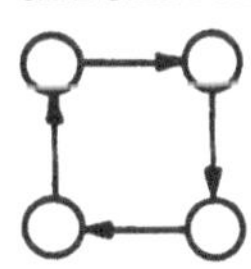 Kreis 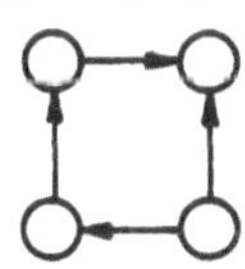 Zyklus

Tabelle 20 Fortsetzung

S \ B	6	7	8
	irr./r. antisymmetrische relationale Struktur mit Kreisen	irr./r. antisymmetrische relationale Kreisstruktur mit Überbrückungen	irr./r. antisymmetrische relationale Kreisstruktur
1	+	+	+
2			
3			+
4			
5	-		
6		+	+
7			+
8			+
9			(+)
Beschreibung des Strukturgraphen	Der SG ist ein zusammenhängender oder zerfallender antisymmetrischer gerichteter Graph, der einen oder mehrere Kreise enthält. Beispiel: 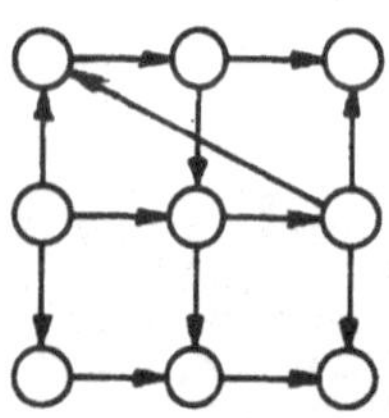	Der SG ist ein überbrückter Kreis (SG zusammenhängend) oder besteht aus mehreren überbrückten Kreisen (SG zerfallend). Ein überbrückter Kreis ist ein zusammenhängender antisymmetrischer gerichteter Graph, dessen sämtliche Knoten zu einem Kreis gehören, außerdem aber noch durch weitere Kanten verbunden sind. Beispiel: 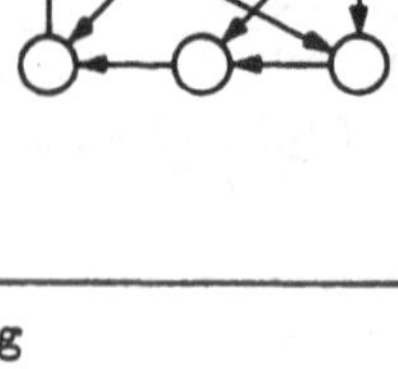	Der SG ist ein nichtüberbrückter Kreis (SG zusammenhängend) oder besteht aus mehreren nichtüberbrückten Kreisen (SG zerfallend).

Tabelle 20 Fortsetzung

S / B	9	10	11
	irr./r. antisymmetrische relationale Kettenstruktur	irr./r. relationale Quellbüschelstruktur	irr./r. relationale Senkbüschelstruktur
1	+	+	+
2			
3	+	+	+
4			
5	+	+	+
6			
7	+	+	–
8	+	–	+
9	(+)	(+)	(+)
Beschreibung des Strukturgraphen	Der SG ist eine Kette (SG zusammenhängend) oder besteht aus mehreren Ketten (SG zerfallend). Kette: offene Knoten-Kanten-Folge mit gleichgerichteten Kanten. Beispiel: 	Der SG ist ein Quellbüschel (SG zusammenhängend) oder besteht aus mehreren Quellbüscheln (SG zerfallend). Quellbüschel: zusammenhängender antisymmetrischer intransitiver kreis- und zyklusfreier gerichteter Graph mit genau einem Anfangsknoten (Quelle, Wurzel), dessen Kanten gleichgerichtet aufeinanderfolgen. Beispiel: Abb. 34	Der SG ist ein Senkbüschel (SG zusammenhängend) oder besteht aus mehreren Senkbüscheln (SG zerfallend). Senkbüschel: zusammenhängender antisymmetrischer intransitiver kreis- und zyklusfreier gerichteter Graph mit genau einem Endknoten (Senke), dessen Kanten gleichgerichtet aufeinanderfolgen. Beispiel: Abb. 35

Tabelle 20 Fortsetzung

S / B	12	13	14
	irr./r. relationale Quellbüschel-Kreis-Struktur	irr./r. relationale Senkbüschel-Kreis-Struktur	irr./r. relationale Kaskadenstruktur
1	+	+	+
2			
3	+	+	+
4			
5	-	-	
6	-	-	
7	+	-	
8	-	+	
9			+
Beschreibung des Strukturgraphen	Der SG ist ein nichtüberbrückter Kreis, auf dessen Knoten (=Quellen) Quellbüschel ausgehen (SG zusammenhängend) oder besteht aus mehreren nichtüberbrückten Kreisen, von deren Knoten Quellbüschel ausgehen (SG zerfallend). Beispiel: 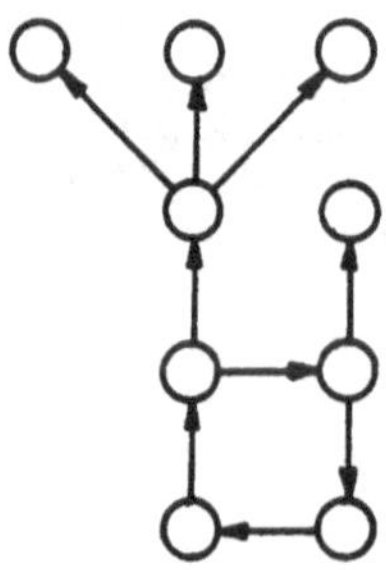	Der SG ist ein nichtüberbrückter Kreis, in dessen Knoten (=Senken) Senkbüschel einmünden (SG zusammenhängend) oder besteht aus mehreren nichtüberbrückten Kreisen, in deren Knoten Senkbüschel einmünden (SG zerfallend). Beispiel: 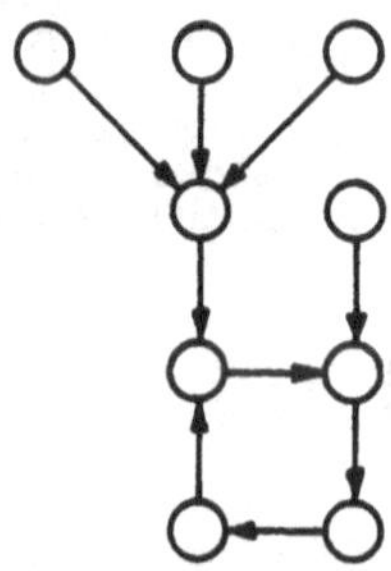	Der SG ist ein zusammenhängender oder zerfallender antisymmetrischer intransitiver gerichteter Graph, dessen Grundelement, die Kaskade, nachstehende Form besitzt: 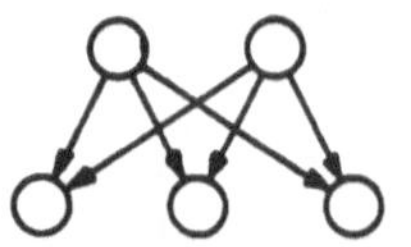 a b Von allen m Knoten der Schicht a führen gerichtete Kanten zu allen n Knoten der Schicht b $m,n \geq 1$, $m \leqq n$). Beispiele: Abb. 36 Die Strukturen 8,9, 10,11 sind Spezialfälle der relationalen Kaskadenstruktur.

Tabelle 20 Fortsetzung

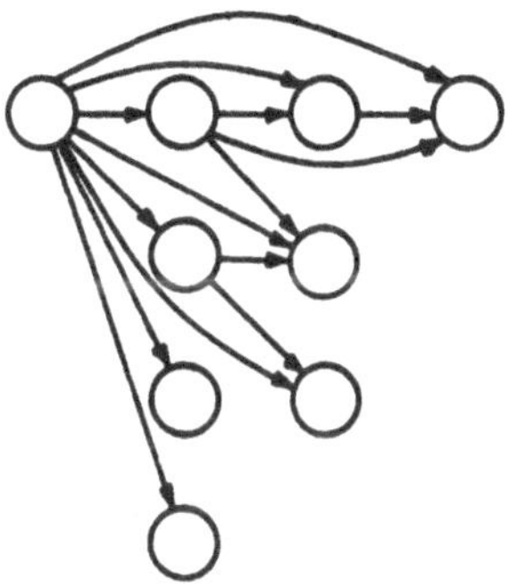

Abb. 32
Halbordnungsstruktur

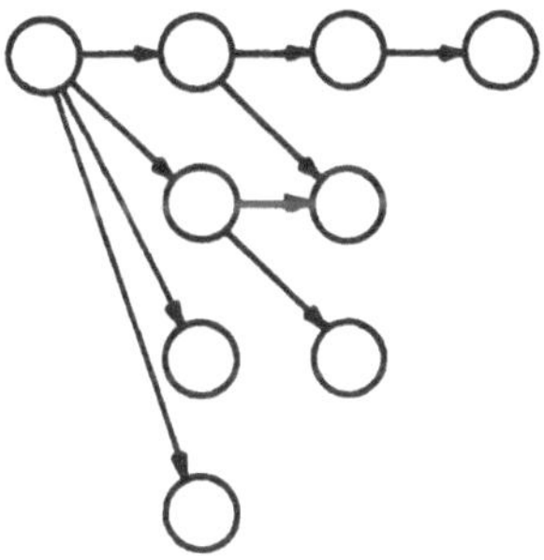

Abb. 33
Skelett einer Halbordnungsstruktur (Abb. 32)

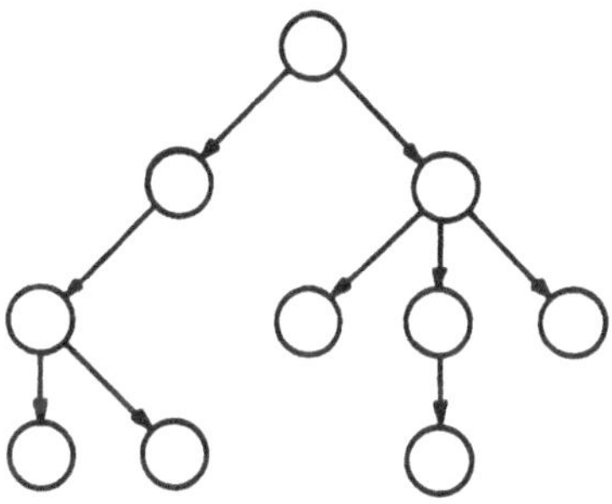

Abb. 34
Quellbüschelstruktur

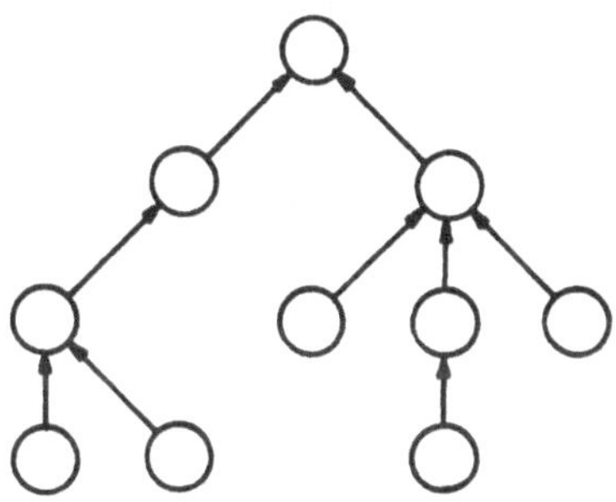

Abb. 35
Senkbüschelstruktur

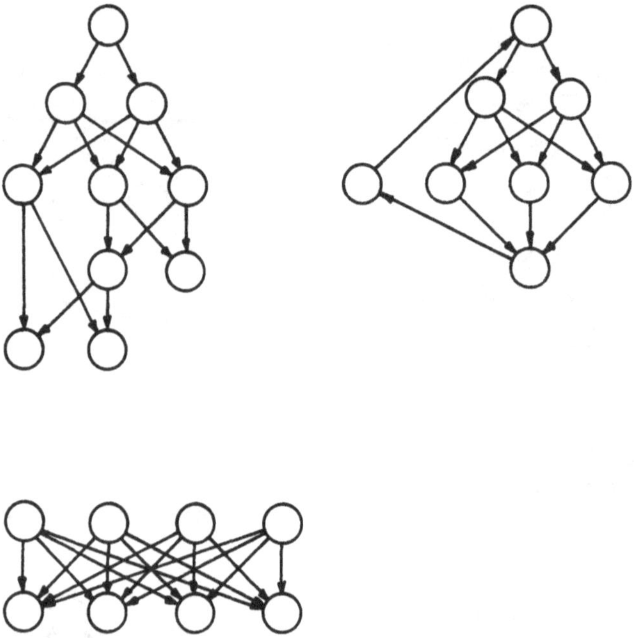

Abb. 36 Kaskadenstruktur

3.2.5.) verbleibenden Reststruktur

$$\mathbf{R}^{-} = (M,\{0,1\};\psi^{-}) \,, \tag{191.3}$$

$$\underline{\psi}^{-} = \underline{f} \oplus it\!\downarrow\!(\underline{f}) \quad ; \; W = (\{0,1\};\vee,\wedge) \quad , \tag{191.4}$$

der mit der Transitivität von Σ vereinbar ist.

3.3.3.2. Verallgemeinerter Abspaltungssatz

S = (M,{0,1};f) sei eine irreflexive/reflexive antisymmetrische kreisfreie relationale Struktur.

Dann ist

$$\Sigma = (M,\{0,1\};\varphi) \tag{192.1}$$

mit

$$\underline{\varphi} = itm\!\downarrow\!(\underline{f},\underline{f}_{st}) \tag{192.2}$$

eine größte in S enthaltene Halbordnungsstruktur, für die gilt

- $re(\underline{\varphi}) = re(\underline{f})$, (192.3)
- $\sum$ enthält den Teil einer gegebenen "Steuerstruktur"

  $S_{st} = (M,\{0,1\};f_{st})$, (192.4)

  $re(\underline{f}_{st}) = \underline{0}$, (192.5)

  der mit der Transitivität von $\sum$ vereinbar ist.

3.3.3.3. Beispiele

3.3.3.3.1. Beispiel 1

Gegeben:

Reflexive antisymmetrische kreisfreie relationale Struktur $S = (M,\{0,1\};f)$ mit

$$\underline{f} = \begin{bmatrix} 0 & 0 & 0 & 1 & 1 \\ 0 & 1 & 0 & 1 & 0 \\ 1 & 0 & 1 & 0 & 1 \\ 0 & 1 & 0 & 0 & 0 \\ 1 & 1 & 0 & 1 & 0 \end{bmatrix} . \quad (193.1)$$

Gesucht:

Halbordnungsstruktur $\sum = (M,\{0,1\};\varphi)$ gemäß Abschn. 3.3.3.1.

Lösung:

$$it\downarrow(\underline{f}) = \begin{bmatrix} 0 & 0 & 0 & 1 & 1 \\ 0 & 1 & 0 & 1 & 0 \\ 1 & 0 & 1 & 0 & 1 \\ 0 & 1 & 0 & 0 & 0 \\ 1 & 0 & 0 & 1 & 0 \end{bmatrix} , \quad (193.2)$$

$$\underline{\Psi}^{-} = \underline{f} \oplus it\downarrow(\underline{f}) = \begin{bmatrix} 0 & 0 & 0 & 0 & 0 \\ 0 & 0 & 0 & 0 & 0 \\ 0 & 0 & 0 & 0 & 0 \\ 0 & 0 & 0 & 0 & 0 \\ 0 & 1 & 0 & 0 & 0 \end{bmatrix} , \quad (193.3)$$

$$\underline{h}_{e1} = \begin{bmatrix} 0 & 0 & 0 & 1 & 0 \\ 0 & 1 & 0 & 0 & 0 \\ 0 & 0 & 0 & 0 & 1 \\ 0 & 0 & 0 & 0 & 0 \\ 0 & 1 & 0 & 1 & 0 \end{bmatrix} , \quad (193.4)$$

$$\vec{h}_{st} = (0\ 3\ 0\ 2\ 1) , \quad (193.5)$$

$$\underline{\varphi} = itm\downarrow(\underline{f}) = \begin{bmatrix} 0 & 0 & 0 & 0 & 1 \\ 0 & 1 & 0 & 1 & 0 \\ 0 & 0 & 1 & 0 & 1 \\ 0 & 1 & 0 & 0 & 0 \\ 1 & 1 & 0 & 1 & 0 \end{bmatrix} . \quad (193.6)$$

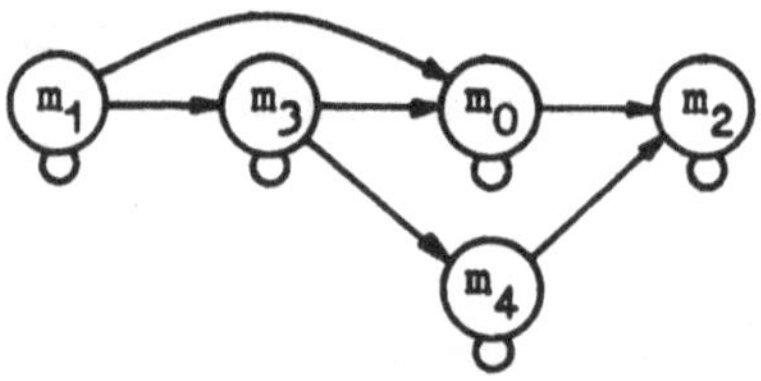

Abb. 37.1
Strukturgraph von S

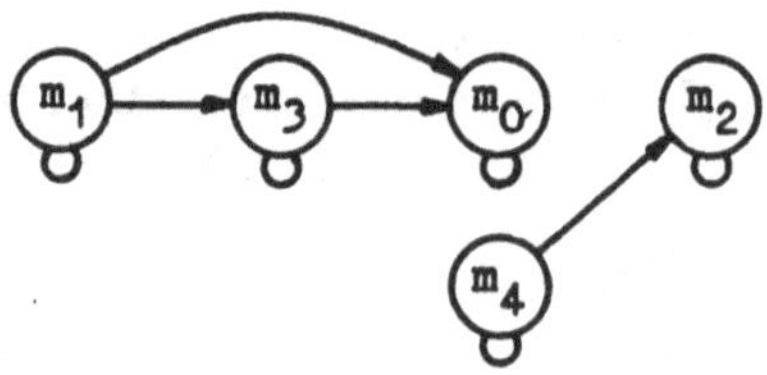

Abb. 37.2
Strukturgraph von Σ

3.3.3.3.2. Beispiel 2

Gegeben:

Reflexive antisymmetrische kreisfreie relationale Struktur
$S = (M, \{0,1\}; f)$ mit

$$\underline{f} = \begin{bmatrix} 0 & 0 & 1 & 0 & 0 & 0 & 1 \\ 0 & 0 & 0 & 0 & 0 & 1 & 0 \\ 0 & 0 & 0 & 0 & 1 & 0 & 1 \\ 1 & 1 & 1 & 1 & 1 & 1 & 1 \\ 1 & 0 & 1 & 0 & 0 & 0 & 0 \\ 0 & 1 & 0 & 0 & 1 & 0 & 0 \\ 1 & 0 & 0 & 0 & 0 & 1 & 0 \end{bmatrix} . \qquad (194.1)$$

Gesucht:

Halbordnungsstruktur $\Sigma = (M, \{0,1\}; \varphi)$ gemäß Abschn. 3.3.3.1.

Lösung:

$$\underline{\varphi} = \mathrm{itm}\!\downarrow\!(\underline{f}) = \begin{bmatrix} 0 & 0 & 1 & 0 & 0 & 0 & 1 \\ 0 & 0 & 0 & 0 & 0 & 1 & 0 \\ 0 & 0 & 0 & 0 & 1 & 0 & 0 \\ 1 & 1 & 1 & 1 & 1 & 1 & 1 \\ 0 & 0 & 1 & 0 & 0 & 0 & 0 \\ 0 & 1 & 0 & 0 & 1 & 0 & 0 \\ 1 & 0 & 0 & 0 & 0 & 1 & 0 \end{bmatrix} . \qquad (194.2)$$

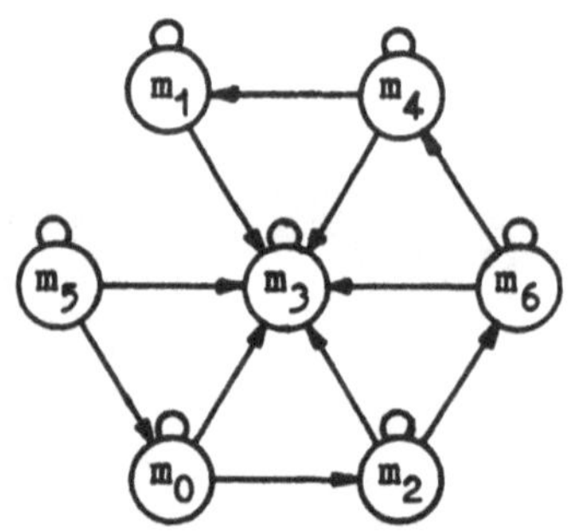

Abb. 38.1
Strukturgraph von S

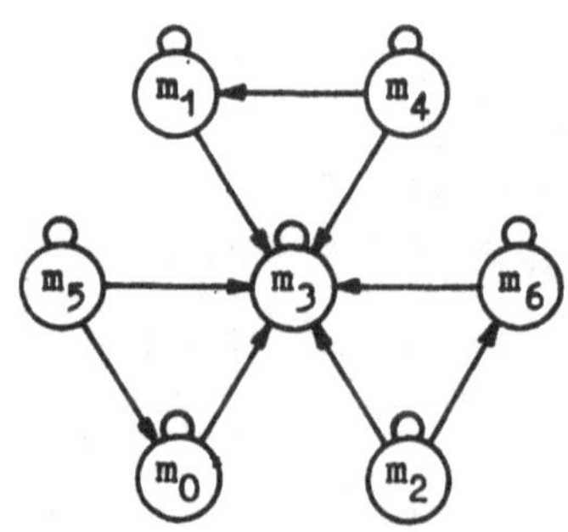

Abb. 38.2
Strukturgraph von Σ

3.3.3.3.3. Beispiel 3

Gegeben:

Irreflexive antisymmetrische kreisfreie relationale Struktur
$S = (M,\{0,1\};f)$ mit

$$\underline{f} = \begin{bmatrix} 0&0&0&1&0&1&0&0&0 \\ 1&0&0&0&1&0&0&0&0 \\ 0&1&1&0&0&0&0&0&1 \\ 1&0&1&0&0&0&0&0&0 \\ 1&1&0&0&0&0&0&0&0 \\ 0&0&0&0&0&1&0&1&0 \\ 1&0&0&0&0&0&0&0&0 \\ 0&0&1&0&0&0&0&0&0 \\ 0&0&0&0&0&0&0&0&0 \end{bmatrix} . \tag{195.1}$$

Gesucht:

Halbordnungsstruktur $\Sigma = (M,\{0,1\};\varphi)$ gemäß Abschn. 3.3.3.1.

Lösung (vgl. Abschn. 2.8.7.3.):

$$\underline{\varphi} = \mathrm{itm}{\downarrow}(\underline{f}) = \begin{bmatrix} 0&0&0&0&0&0&0&0&0 \\ 1&0&0&0&1&0&0&0&0 \\ 0&1&1&0&0&0&0&0&1 \\ 1&0&1&0&0&0&0&0&0 \\ 1&0&0&0&0&0&0&0&0 \\ 0&0&0&0&0&0&0&0&0 \\ 0&0&0&0&0&0&0&0&0 \\ 0&0&1&0&0&0&0&0&0 \\ 0&0&0&0&0&0&0&0&0 \end{bmatrix} . \tag{195.2}$$

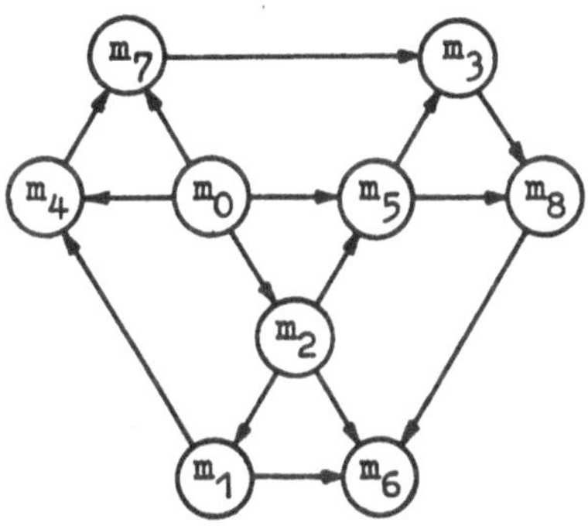

Abb. 39.1
Strukturgraph von S

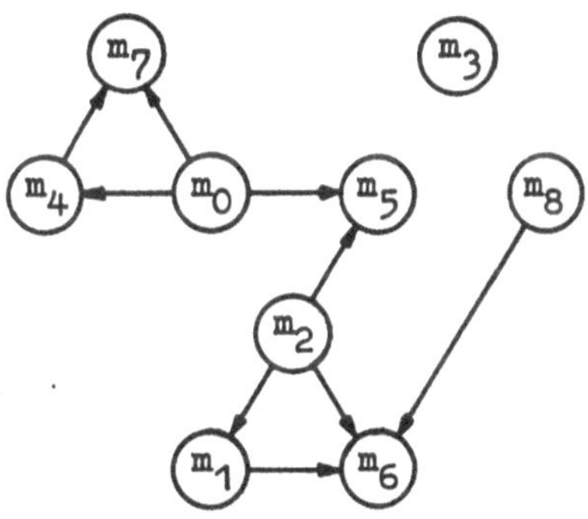

Abb. 39.2
Strukturgraph von Σ

3.3.3.3.4. Beispiel 4

Gegeben:

Irreflexive antisymmetrische kreisfreie relationale Struktur $S = (M,\{0,1\};f)$ mit

$$\underline{f} = \begin{pmatrix} 1 & 1 & 0 & 0 & 1 & 0 & 0 & 0 & 0 \\ 0 & 0 & 0 & 1 & 1 & 0 & 0 & 0 & 0 \\ 0 & 0 & 0 & 0 & 1 & 0 & 0 & 1 & 0 \\ 0 & 0 & 0 & 1 & 1 & 0 & 0 & 0 & 0 \\ 0 & 1 & 1 & 0 & 0 & 0 & 0 & 0 & 0 \\ 0 & 1 & 1 & 0 & 1 & 0 & 0 & 0 & 0 \\ 0 & 0 & 0 & 0 & 0 & 0 & 0 & 0 & 0 \\ 0 & 0 & 0 & 0 & 0 & 0 & 0 & 0 & 0 \\ 0 & 1 & 1 & 1 & 0 & 1 & 0 & 1 & 0 \end{pmatrix} . \tag{196.1}$$

Gesucht:

Halbordnungsstruktur $\Sigma = (M,\{0,1\};\varphi)$ gemäß Abschn. 3.3.3.1.

Lösung:

$$\underline{\varphi} = \mathrm{itm}\!\downarrow\!(\underline{f}) = \begin{pmatrix} 0 & 1 & 0 & 0 & 1 & 0 & 0 & 0 & 0 \\ 0 & 0 & 0 & 0 & 1 & 0 & 0 & 0 & 0 \\ 0 & 0 & 0 & 0 & 1 & 0 & 0 & 1 & 0 \\ 0 & 0 & 0 & 0 & 1 & 0 & 0 & 0 & 0 \\ 0 & 0 & 0 & 0 & 0 & 0 & 0 & 0 & 0 \\ 0 & 1 & 1 & 0 & 0 & 0 & 0 & 0 & 0 \\ 0 & 0 & 0 & 0 & 0 & 0 & 0 & 0 & 0 \\ 0 & 0 & 0 & 0 & 0 & 0 & 0 & 0 & 0 \\ 0 & 1 & 1 & 1 & 0 & 0 & 0 & 0 & 0 \end{pmatrix} . \tag{196.2}$$

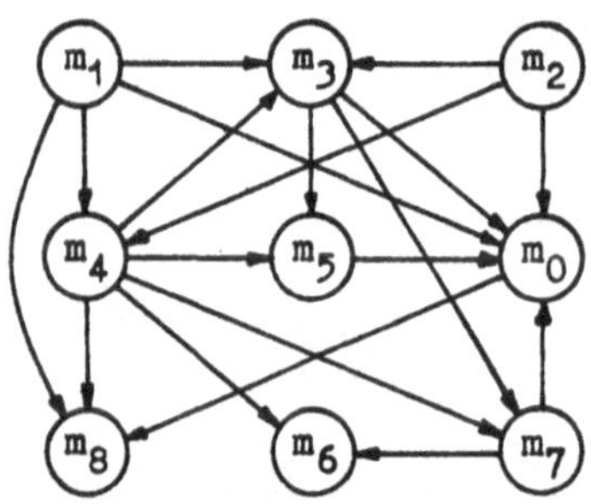

Abb. 40.1
Strukturgraph von S

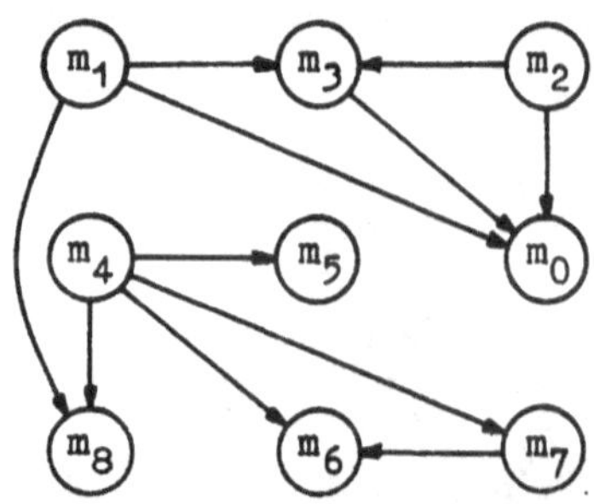

Abb. 40.2
Strukturgraph von Σ

3.3.3.3.5. Beispiel 5

Gegeben:

Irreflexive antisymmetrische kreisfreie relationale Struktur $S = (M,\{0,1\};f)$ mit

$$\underline{f} = \begin{pmatrix} 0&0&0&1&0&0&1&0&0&0 \\ 0&0&0&1&0&0&1&0&0&0 \\ 0&0&1&0&1&1&0&0&0&0 \\ 0&0&0&0&1&1&0&0&0&0 \\ 0&1&1&0&0&0&0&0&0&0 \\ 0&1&1&0&0&0&0&0&0&0 \\ 0&1&1&0&0&0&0&0&0&0 \\ 1&0&0&0&0&0&0&0&0&0 \\ 1&0&0&0&0&0&0&0&0&0 \\ 0&0&0&0&0&0&0&0&0&0 \end{pmatrix} . \qquad (197.1)$$

Gesucht:
Halbordnungsstruktur $\Sigma = (M,\{0,1\};\varphi)$ gemäß Abschn. 3.3.3.1.
Lösung:

$$\underline{\varphi} = \text{itm}\!\downarrow\!(\underline{f}) = \begin{pmatrix} 0&0&0&1&0&0&1&0&0&0 \\ 0&0&0&1&0&0&1&0&0&0 \\ 0&0&1&0&1&1&0&0&0&0 \\ 0&0&0&0&0&0&0&0&0&0 \\ 0&0&1&0&0&0&0&0&0&0 \\ 0&0&1&0&0&0&0&0&0&0 \\ 0&0&0&0&0&0&0&0&0&0 \\ 0&0&0&0&0&0&0&0&0&0 \\ 1&0&0&0&0&0&0&0&0&0 \\ 0&0&0&0&0&0&0&0&0&0 \end{pmatrix} . \qquad (197.2)$$

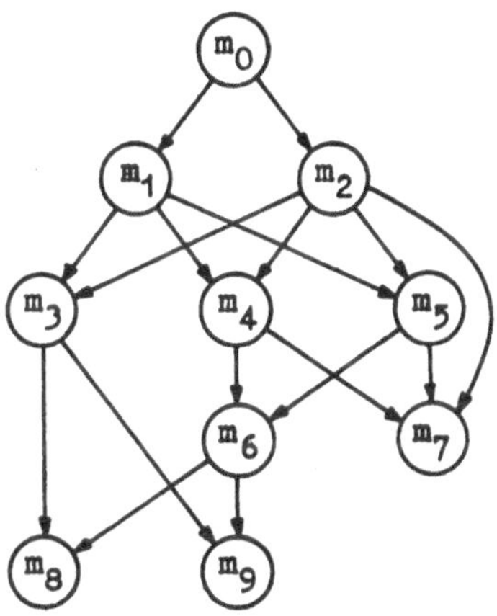

Abb. 41.1
Strukturgraph von S

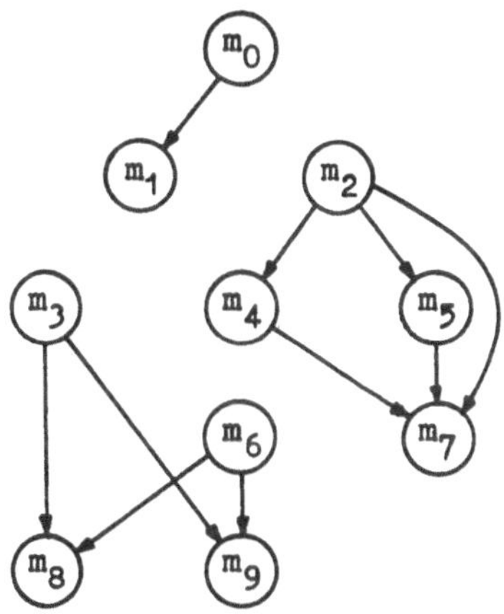

Abb. 41.2
Strukturgraph von Σ

3.3.3.3.6. Beispiel 6

Gegeben:

Irreflexive antisymmetrische kreisfreie relationale Struktur $S = (M,\{0,1\};f)$ wie in Abschn. 3.3.3.3.5.

Gesucht:

Halbordnungsstrukturen $\Sigma_{1;2} = (M,\{0,1\};\varphi_{1;2})$ gemäß Abschn. 3.3.3.2. bei gegebenen Steuerstrukturen $S_{st1;2} = (M,\{0,1\};f_{st1;2})$ mit

$$\underline{f}_{st1} = \begin{pmatrix} 0&0&0&0&0&0&0&0&0&0 \\ 0&0&0&0&0&0&0&0&0&0 \\ 0&0&0&0&0&0&0&0&0&0 \\ 1&1&1&1&1&1&0&1&1&1 \\ 0&0&0&0&0&0&0&0&0&0 \\ 0&0&0&0&0&0&0&0&0&0 \\ 0&0&0&0&0&0&0&0&0&0 \\ 0&0&0&0&0&0&0&0&0&0 \\ 0&0&0&0&0&0&0&0&0&0 \\ 0&0&0&0&0&0&0&0&0&0 \end{pmatrix} \quad \text{(im Strukturgraph von } \Sigma_1 \text{ soll } m_6 \text{ Endknoten sein)}\,, \tag{198.1}$$

$$\underline{f}_{st2} = \begin{pmatrix} 0&0&0&0&0&0&0&0&0&0 \\ 0&0&0&0&0&0&0&0&0&0 \\ 0&0&0&0&0&0&0&0&0&0 \\ 0&0&0&0&0&0&0&0&0&0 \\ 0&0&0&0&0&0&0&0&0&0 \\ 0&1&0&0&0&0&0&0&0&0 \\ 0&0&0&0&0&0&0&0&0&0 \\ 0&0&0&0&0&0&0&0&0&0 \\ 0&0&0&0&0&0&0&0&0&0 \\ 0&0&0&0&0&0&0&0&0&0 \end{pmatrix} \quad \text{(im Strukturgraph von } \Sigma_2 \text{ soll die gerichtete Kante } \overrightarrow{m_1 m_4} \text{ enthalten sein)} \tag{198.2}$$

Lösung:

$$\underline{\varphi}_1 = \mathrm{itm}{\downarrow}(\underline{f},\underline{f}_{st1}) = \begin{pmatrix} 0&0&0&1&0&0&0&0&0&0 \\ 0&0&0&1&0&0&0&0&0&0 \\ 0&0&1&0&1&1&0&0&0&0 \\ 0&0&0&0&1&1&0&0&0&0 \\ 0&0&0&0&0&0&0&0&0&0 \\ 0&0&0&0&0&0&0&0&0&0 \\ 0&0&0&0&0&0&0&0&0&0 \\ 0&0&0&0&0&0&0&0&0&0 \\ 0&0&0&0&0&0&0&0&0&0 \\ 0&0&0&0&0&0&0&0&0&0 \end{pmatrix}, \tag{198.3}$$

$$\underline{\varphi}_2 = \mathrm{itm}{\downarrow}(\underline{f},\underline{f}_{st2}) = \begin{pmatrix} 0&0&0&1&0&0&1&0&0&0 \\ 0&0&0&1&0&0&1&0&0&0 \\ 0&0&1&0&0&1&0&0&0&0 \\ 0&0&0&0&0&0&0&0&0&0 \\ 0&0&1&0&0&0&0&0&0&0 \\ 0&1&1&0&0&0&0&0&0&0 \\ 0&0&0&0&0&0&0&0&0&0 \\ 0&0&0&0&0&0&0&0&0&0 \\ 0&0&0&0&0&0&0&0&0&0 \\ 0&0&0&0&0&0&0&0&0&0 \end{pmatrix}. \tag{198.4}$$

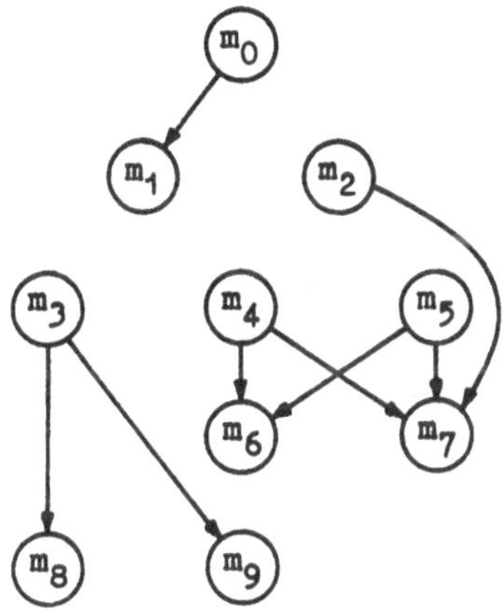

Abb. 42.1
Strukturgraph von $\sum_1$

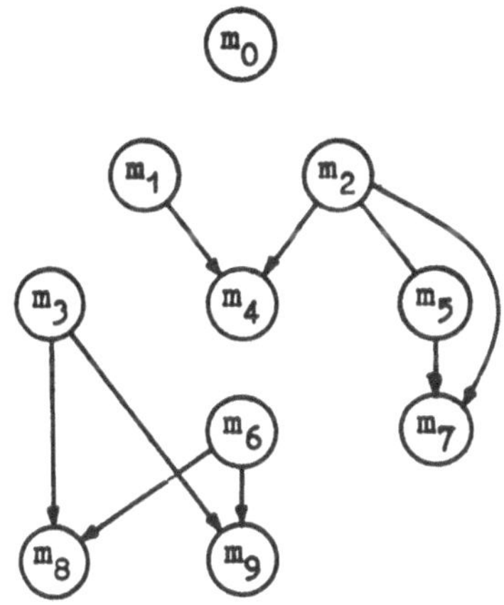

Abb. 42.2
Strukturgraph von $\sum_2$

3.3.3.3.7. Beispiel 7

Gegeben:
Irreflexive antisymmetrische kreisfreie relationale Struktur
S = (M,{0,1};f) mit

$$\underline{f} = \begin{pmatrix} 0&0&0&0&0&0&0&0&1&0&0&0&0&0&0&0 \\ \multicolumn{16}{c}{\text{[illegible]}} \\ 0&0&0&0&0&1&0&0&0&0&0&0&0&0&0&0 \end{pmatrix} . \qquad (199.1)$$

Gesucht:
- Halbordnungsstruktur $\sum = (M,\{0,1\};\varphi)$ gemäß Abschn. 3.3.3.1.
- Halbordnungsstrukturen $\sum_{1;2} = (M,\{0,1\};\varphi_{1;2})$ gemäß Abschn. 3.3.3.2. bei gegebenen Steuerstrukturen $S_{st1;2} = (M,\{0,1\};f_{st1;2})$ mit

$\underline{f}_{st1}$ = 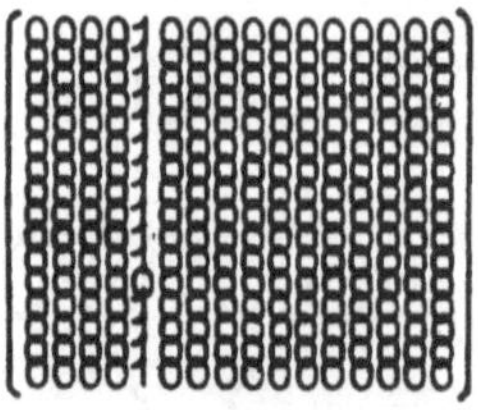 (im Strukturgraph von $\sum_1$ soll m_4 Anfangsknoten sein), (199.2)

$\underline{f}_{st2}$ = 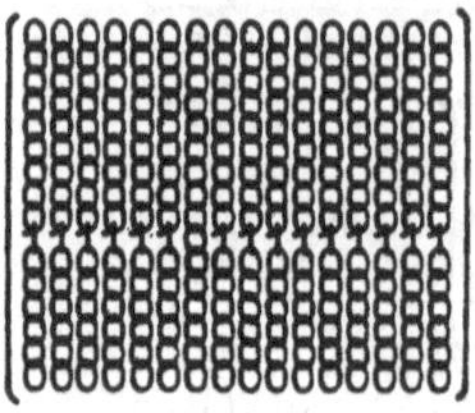 (im Strukturgraph von $\sum_2$ soll m_6 Endknoten sein). (199.3)

Lösung:

–

$\underline{\varphi}$ = itm↓($\underline{f}$) = 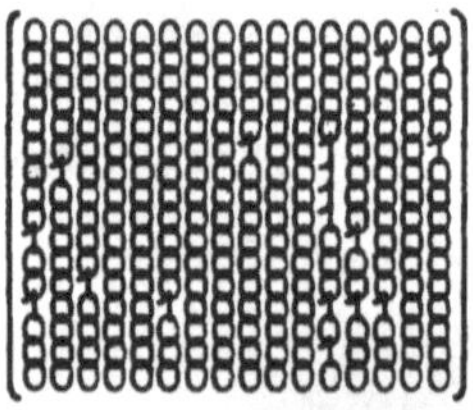 , (199.4)

–

$\underline{\varphi}_1$ = itm↓($\underline{f}$,$\underline{f}_{st1}$) = 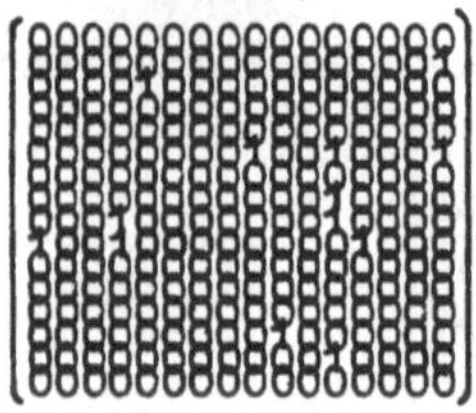 , (199.5)

$\underline{\varphi}_2$ = itm↓($\underline{f}$,$\underline{f}_{st2}$) = 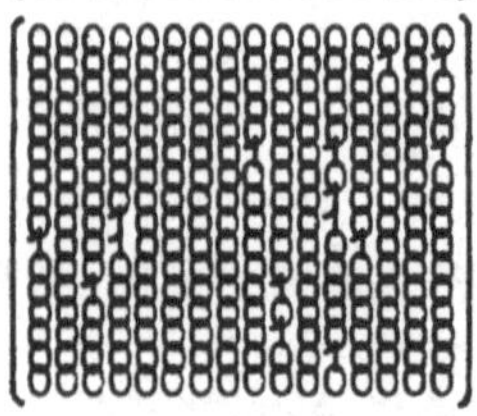 . (199.6)

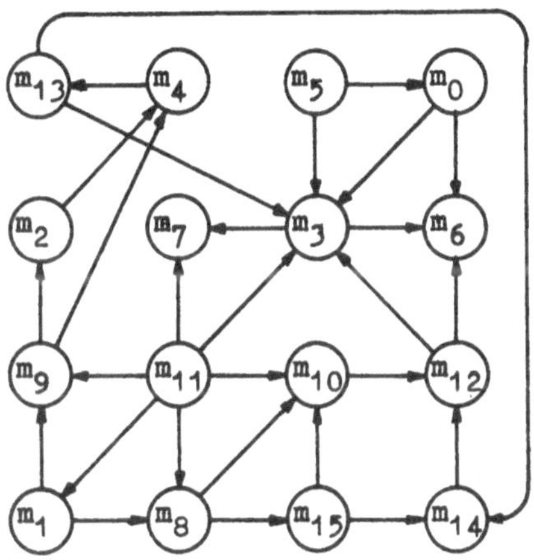

Abb. 43.1
Strukturgraph von S

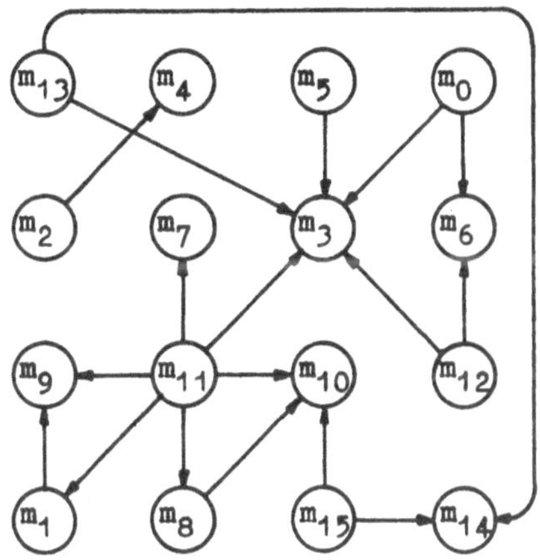

Abb. 43.2
Strukturgraph von Σ

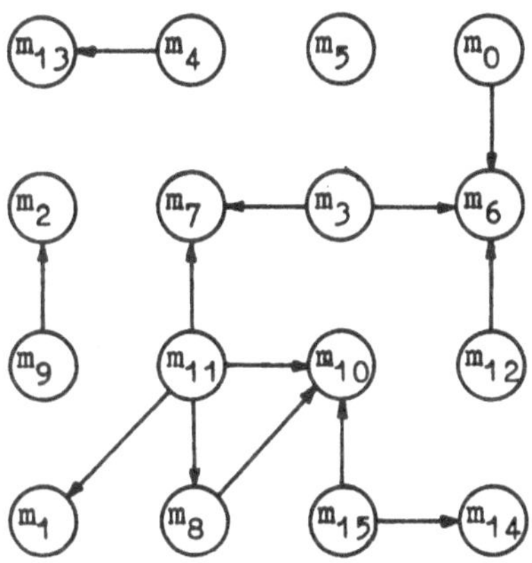

Abb. 43.3
Strukturgraph von Σ_1

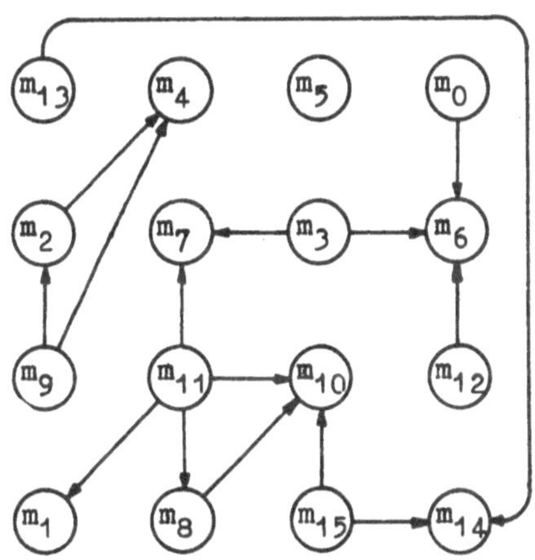

Abb. 43.4
Strukturgraph von Σ_2

3.3.3.3.8. Beispiel 8

Gegeben:

Irreflexive antisymmetrische kreisfreie relationale Struktur $S = (M,\{0,1\};f)$ wie in Abschn. 3.3.3.3.3.

Gesucht:

Halbordnungsstruktur $\Sigma = (M,\{0,1\};\varphi)$ gemäß Abschn. 3.3.3.2. bei gegebener Steuerstruktur $S_{st} = (M,\{0,1\};f_{st})$ mit

$$\underline{f}_{st} = \begin{bmatrix} 0&0&0&1&0&1&0&0&0 \\ 0&0&0&0&0&0&0&0&0 \\ 0&0&0&0&0&0&0&0&0 \\ 0&0&0&0&0&0&0&0&0 \\ 0&0&0&0&0&0&0&0&0 \\ 0&0&0&0&0&1&0&0&0 \\ 0&0&0&0&0&0&0&0&0 \\ 0&0&0&0&0&0&0&0&0 \\ 0&0&0&0&0&0&0&0&0 \end{bmatrix} \qquad (200.1)$$

(im Strukturgraph von Σ sollen die gerichteten Kanten $\overrightarrow{m_3m_8}$, $\overrightarrow{m_5m_3}$ und $\overrightarrow{m_5m_8}$ enthalten sein).

Lösung:

$$\underline{\varphi} = \mathrm{itm}\downarrow(\underline{f},\underline{f}_{st}) = \begin{bmatrix} 0&0&0&1&0&1&0&0&0 \\ 1&0&0&0&1&0&0&0&0 \\ 0&1&1&0&0&0&0&0&0 \\ 0&0&0&0&0&0&0&0&0 \\ 1&0&0&0&0&0&0&0&0 \\ 0&0&0&0&0&1&0&0&0 \\ 0&0&0&0&0&0&0&0&0 \\ 0&0&1&0&0&0&0&0&0 \\ 0&0&0&0&0&0&0&0&0 \end{bmatrix} . \qquad (200.2)$$

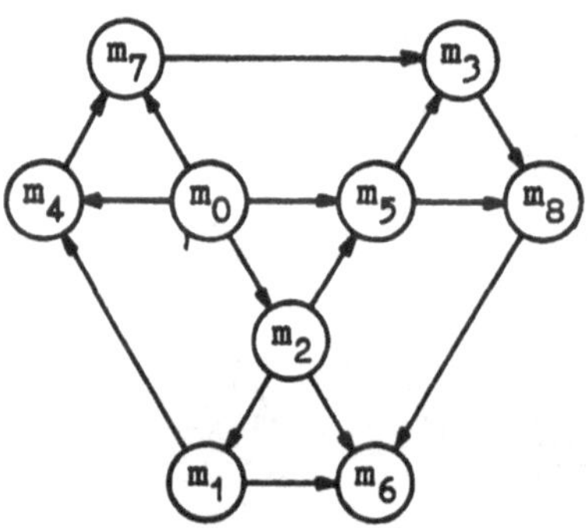

Abb. 44.1
Strukturgraph von S

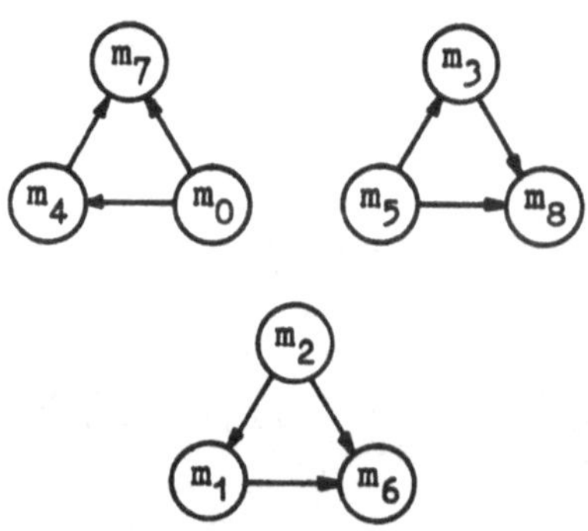

Abb. 44.2
Strukturgraph von Σ

3.3.4. Entwicklung in eine Halbordnungsstrukturreihe

3.3.4.1. Halbordnungsstrukturreihe einer antisymmetrischen relationalen Struktur

Aus dem Abspaltungssatz (Abschn. 3.3.3.1.) ergibt sich unmittelbar:
Jede irreflexive/reflexive antisymmetrische kreisfreie relationale Struktur $S = (M,\{0,1\};f)$ läßt sich wie folgt in eine Reihe disjunkter Halbordnungsstrukturen $\Sigma_k = (M,\{0,1\};\varphi_k)$; $k = 0,1,..,n$ zerlegen:

$$\underline{f} = \bigvee_{k=0}^{n} \underline{\varphi}_k \; ; \quad \underline{\varphi}_k = \mathrm{itm}{\downarrow}(\underline{f}_k) \; ; \quad \underline{f}_0 = \underline{f} \, ,$$
$$\underline{f}_k = \underline{f}_{k-1} \oplus \underline{\varphi}_{k-1} \; ; \; k = 1,..,n \, ,$$
$$\underline{\varphi}_n = \underline{f}_n \, .$$
$$\underset{\substack{k,l \in \{0,1,..,n\} \\ k \neq l}}{(\forall k)(\forall l)} \underline{\varphi}_k \wedge \underline{\varphi}_l = \underline{0} \qquad (201.1)$$

Dabei ist

- $\mathrm{re}(\underline{\varphi}_0) = \mathrm{re}(\underline{f})$,
  $\mathrm{re}(\underline{\varphi}_k) = \underline{0}$; $k = 1,..,n$, (201.2)
- $\underline{\varphi}_k$ der gemäß Abschn. 3.3.3.1. gebildete größte Halbordnungsanteil von $\underline{f}_k$.

3.3.4.2. Beispiel

Gegeben:
Reflexive antisymmetrische relationale Struktur $S = (M,\{0,1\};f)$ mit

$$\underline{f} = \begin{bmatrix} 0&0&0&1&0&1&0&0&1 \\ 1&0&0&0&1&0&0&1&0 \\ 0&1&1&0&0&0&1&0&1 \\ 1&0&1&0&0&1&0&0&0 \\ 1&1&0&0&1&0&0&0&0 \\ 0&0&0&1&0&1&0&1&0 \\ 1&0&1&0&0&0&0&0&0 \\ 0&1&1&0&0&0&0&0&0 \\ 1&0&0&0&0&0&0&0&0 \end{bmatrix} . \qquad (202.1)$$

Gesucht:
Halbordnungsstrukturreihenentwicklung von S

Lösung:

$$\underline{f} = \underline{\varphi}_0 \vee \underline{\varphi}_1 \vee \underline{\varphi}_2 \,, \tag{202.2}$$

$$\underline{\varphi}_0 = \begin{pmatrix} 0&0&0&0&0&0&0&0&1\\ 1&0&0&0&1&0&0&1&0\\ 0&1&1&0&0&0&1&0&1\\ 1&0&1&0&0&1&0&0&0\\ 1&0&0&0&1&0&0&0&0\\ 0&0&0&1&0&0&0&0&0\\ 0&0&1&0&0&0&0&0&0\\ 0&1&1&0&0&0&0&0&0\\ 1&0&0&0&0&0&0&0&0 \end{pmatrix}, \tag{202.3}$$

$$\underline{\varphi}_1 = \begin{pmatrix} 0&0&0&1&0&1&0&0&0\\ 0&0&0&0&0&0&0&0&0\\ 0&0&0&0&0&0&0&0&0\\ 0&0&0&0&0&0&0&0&0\\ 0&1&0&0&0&0&0&0&0\\ 0&0&0&0&0&1&0&0&0\\ 1&0&0&0&0&0&0&0&0\\ 0&0&0&0&0&0&0&0&0\\ 0&0&0&0&0&0&0&0&0 \end{pmatrix}, \tag{202.4}$$

$$\underline{\varphi}_2 = \begin{pmatrix} 0&0&0&0&0&0&0&0&0\\ 0&0&0&0&0&0&0&0&0\\ 0&0&0&0&0&0&0&0&0\\ 0&0&0&0&0&0&0&0&0\\ 0&0&0&0&0&0&0&0&0\\ 0&0&0&0&0&0&0&1&0\\ 0&0&0&0&0&0&0&0&0\\ 0&0&0&0&0&0&0&0&0\\ 0&0&0&0&0&0&0&0&0 \end{pmatrix}. \tag{202.5}$$

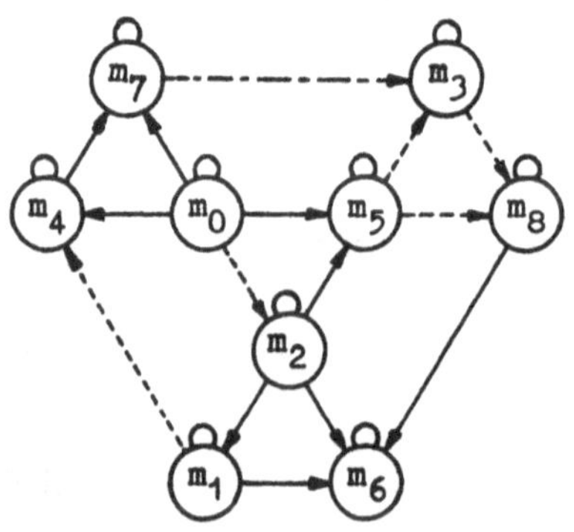

Abb. 45
Halbordnungsstrukturreihe von S
——▸ : Strukturgraph von Σ_0
----▸ : Strukturgraph von Σ_1
—·—▸ : Strukturgraph von Σ_2

3.3.5. Abspaltung einer Büschelstruktur

3.3.5.1. Abspaltungssatz

$S = (M,\{0,1\};f)$ sei eine irreflexive/reflexive antisymmetrische kreisfreie relationale Struktur.

Dann ist

$$\begin{matrix} \diagup \Sigma_q = (M,\{0,1\};\varphi_q) \\ \diagdown \Sigma_s = (M,\{0,1\};\varphi_s) \end{matrix} \qquad (203.1)$$

mit

$$\begin{matrix} \diagup \underline{\varphi}_q = \mathrm{itm}\leftarrow(\underline{f}) \\ \diagdown \underline{\varphi}_s = (\mathrm{itm}\leftarrow(\underline{f}^T))^T \end{matrix} \qquad (203.2)$$

eine größte in S enthaltene irreflexive/reflexive relationale $\begin{matrix}\diagup \text{Quellbüschelstruktur} \\ \diagdown \text{Senkbüschelstruktur}\end{matrix}$. Aus dem Bildungsgesetz von $\mathrm{itm}\leftarrow(\underline{f})$ (Abschn. 2.9.8.1.) folgt: $\begin{matrix}\diagup \Sigma_q \\ \diagdown \Sigma_s\end{matrix}$ enthält den Teil der bei der Erosion (Typ 2) von S verbleibenden Reststruktur

$$\begin{matrix} & \mathrm{R}_q^- = (M,\{0,1\};\psi_q^-) & \\ \diagup & \underline{\psi}_q^- = \underline{f} \oplus \mathrm{it}\leftarrow(\underline{f}) & ; \quad W = (\{0,1\};\vee,\wedge) \\ \diagdown & \mathrm{R}_s^- = (M,\{0,1\};\psi_s^-) & \\ & \underline{\psi}_s^- = \underline{f} \oplus (\mathrm{it}\leftarrow(\underline{f}^T))^T & ; \quad W = (\{0,1\};\vee,\wedge) \end{matrix} \qquad (203.3)$$

,

der mit den Eigenschaften von $\begin{matrix}\diagup \Sigma_q \\ \diagdown \Sigma_s\end{matrix}$ (vgl. Tab. 20) vereinbar ist.

3.3.5.2. Verallgemeinerter Abspaltungssatz

$S = (M,\{0,1\};f)$ sei eine irreflexive/reflexive antisymmetrische kreisfreie relationale Struktur.

Dann ist

$$\Sigma_{q;s} = (M,\{0,1\};\varphi_{q;s}) \qquad (204.1)$$

mit

$$\begin{matrix} \diagup \underline{\varphi}_q = \mathrm{itm}\leftarrow(\underline{f},\underline{f}_{st}) \\ \diagdown \underline{\varphi}_s = (\mathrm{itm}\leftarrow(\underline{f}^T,\underline{f}_{st}^T))^T \end{matrix} \qquad (204.2)$$

eine größte in S enthaltene relationale $\begin{matrix}\diagup \text{Quellbüschelstruktur} \\ \diagdown \text{Senkbüschelstruktur}\end{matrix}$, für die gilt:

- $re(\varphi_{q;s}) = re(\underline{f})$, (204.3)

- $\Sigma_{q;s}$ enthält den Teil einer gegebenen Steuerstruktur
  $S_{st} = (M,\{0,1\};f_{st})$, $re(\underline{f}_{st}) = \underline{0}$, (204.4)
  der mit den Eigenschaften von $\Sigma_{q;s}$ vereinbar ist.

3.3.5.3. Beispiele

3.3.5.3.1. Beispiel 1

Gegeben:
Irreflexive Halbordnungsstruktur $S = (M,\{0,1\};f)$ mit

$$\underline{f} = \begin{pmatrix} 1&0&1&0&0&0&0&0&0\\ 1&1&0&1&0&0&0&0&0\\ 1&0&0&0&0&0&0&0&0\\ 1&1&1&0&0&0&0&0&0\\ 1&0&0&0&0&0&0&0&0\\ 1&1&0&0&0&0&0&0&0\\ 1&0&0&0&0&0&0&0&0\\ 1&0&0&0&0&0&0&0&0\\ 0&0&0&0&0&0&0&0&0 \end{pmatrix} . \qquad (205.1)$$

Gesucht:
Irreflexive relationale Quellbüschelstruktur $\Sigma_q = (M,\{0,1\};\varphi_q)$ gemäß Abschn. 3.3.5.1.
Lösung:

$$\underline{\varphi}_q = \text{itm}\!\leftarrow\!(\underline{f}) = \begin{pmatrix} 1&0&0&0&0&0&0&0&0\\ 1&0&0&0&0&0&0&0&0\\ 1&0&0&0&0&0&0&0&0\\ 1&0&0&0&0&0&0&0&0\\ 1&0&0&0&0&0&0&0&0\\ 0&1&0&0&0&0&0&0&0\\ 1&0&0&0&0&0&0&0&0\\ 1&0&0&0&0&0&0&0&0\\ 0&0&0&0&0&0&0&0&0 \end{pmatrix} . \qquad (205.2)$$

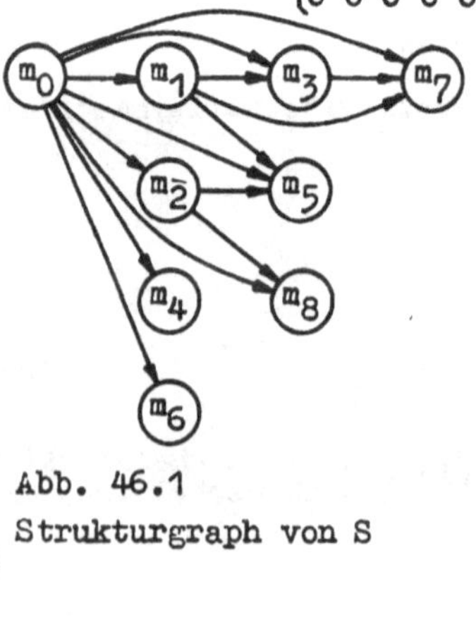

Abb. 46.1
Strukturgraph von S

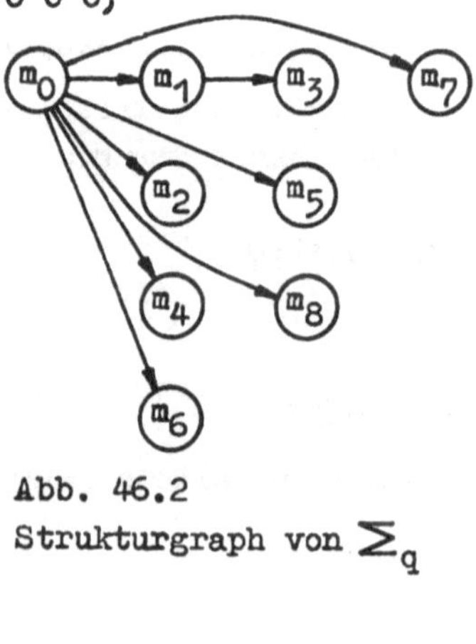

Abb. 46.2
Strukturgraph von Σ_q

3.3.5.3.2. Beispiel 2

Gegeben:

Reflexive Halbordnungsstruktur S = (M,{0,1};f) mit

$$\underline{f} = \begin{bmatrix} 0 & 1 & 1 & 1 & 1 & 1 & 1 \\ 0 & 0 & 1 & 1 & 1 & 1 & 0 \\ 0 & 0 & 0 & 1 & 1 & 0 & 0 \\ 0 & 0 & 0 & 1 & 0 & 0 & 0 \\ 0 & 0 & 1 & 1 & 0 & 0 & 0 \\ 0 & 1 & 1 & 1 & 1 & 0 & 0 \\ 1 & 1 & 1 & 1 & 1 & 1 & 0 \end{bmatrix} . \tag{206.1}$$

Gesucht:

Reflexive relationale Quellbüschelstruktur Σ_q = (M, {0,1} ; φ_q) gemäß Abschn. 3.3.5.1.

Lösung:

$$\varphi_q = \text{itm}\leftarrow(\underline{f}) = \begin{bmatrix} 0 & 0 & 0 & 0 & 0 & 1 & 1 \\ 0 & 0 & 1 & 0 & 0 & 1 & 0 \\ 0 & 0 & 0 & 1 & 1 & 0 & 0 \\ 0 & 0 & 0 & 1 & 0 & 0 & 0 \\ 0 & 0 & 1 & 1 & 0 & 0 & 0 \\ 0 & 1 & 1 & 0 & 0 & 0 & 0 \\ 1 & 0 & 0 & 0 & 0 & 1 & 0 \end{bmatrix} . \tag{206.2}$$

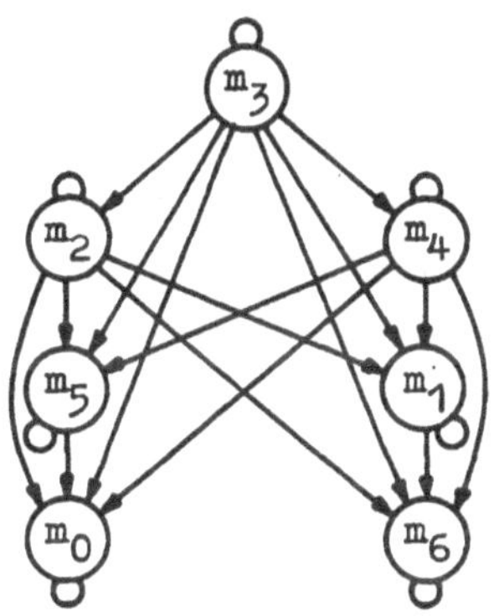

Abb. 47.1
Strukturgraph von S

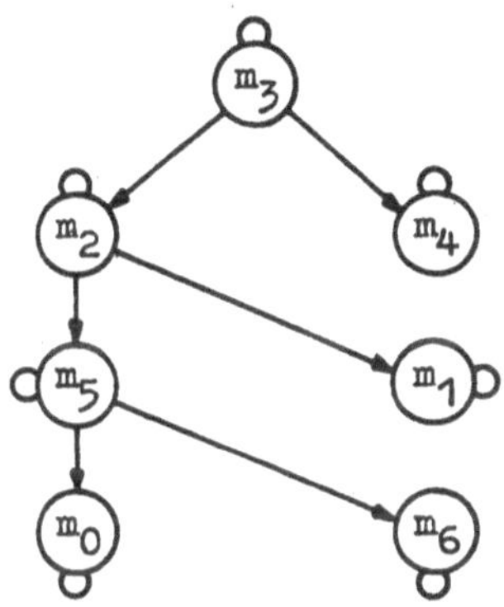

Abb. 47.2
Strukturgraph von Σ_q

3.3.5.3.3. Beispiel 3

Gegeben:

Irreflexive relationale Kaskadenstruktur S = (M,{0,1};f) mit

$$\underline{f} = \begin{bmatrix} 0&0&0&1&0&0&1&0&0&0 \\ 0&0&0&1&0&0&1&0&0&0 \\ 0&0&0&0&1&1&0&0&0&0 \\ 0&0&0&0&1&1&0&0&0&0 \\ 0&1&1&0&0&0&0&0&0&0 \\ 0&1&1&0&0&0&0&0&0&0 \\ 0&1&1&0&0&0&0&0&0&0 \\ 1&0&0&0&0&0&0&0&0&0 \\ 1&0&0&0&0&0&0&0&0&0 \\ 0&0&0&0&0&0&0&0&0&0 \end{bmatrix} . \qquad (207.1)$$

Gesucht:

Irreflexive relationale Quellbüschelstruktur $\Sigma_q = (M, \{0,1\}; \varphi_q)$ gemäß Abschn. 3.3.5.1.

Lösung:

$$\underline{\varphi}_q = \mathrm{itm}\leftarrow(\underline{f}) = \begin{bmatrix} 0&0&0&1&0&0&0&0&0&0 \\ 0&0&0&1&0&0&0&0&0&0 \\ 0&0&0&0&1&0&0&0&0&0 \\ 0&0&0&0&1&0&0&0&0&0 \\ 0&1&0&0&0&0&0&0&0&0 \\ 0&1&0&0&0&0&0&0&0&0 \\ 0&1&0&0&0&0&0&0&0&0 \\ 0&0&0&0&0&0&0&0&0&0 \\ 0&0&0&0&0&0&0&0&0&0 \\ 0&0&0&0&0&0&0&0&0&0 \end{bmatrix} . \qquad (207.2)$$

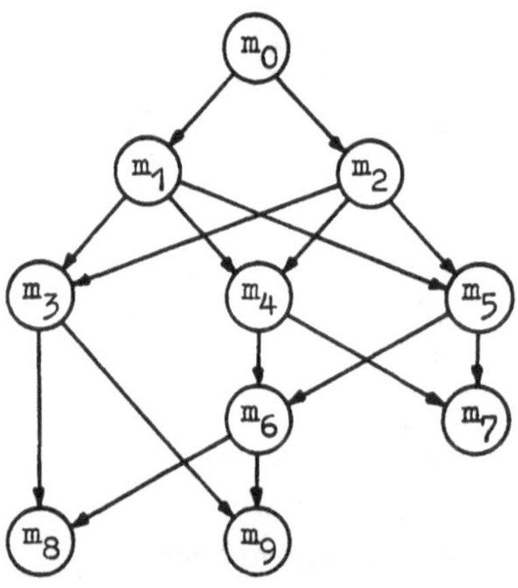

Abb. 48.1
Strukturgraph von S

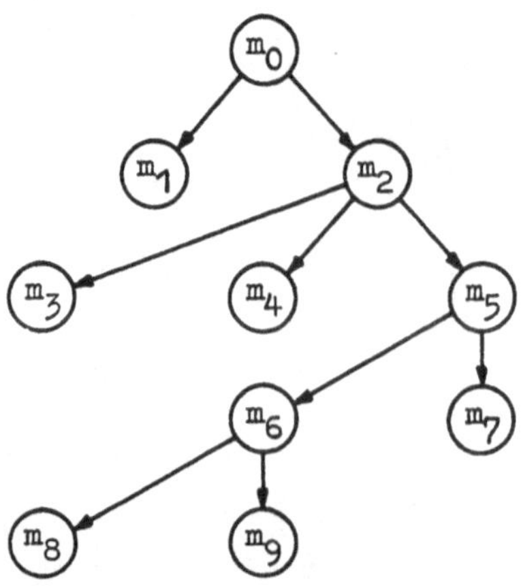

Abb. 48.2
Strukturgraph von Σ_q

3.3.5.3.4. Beispiel 4

Gegeben:

Irreflexive relationale Kaskadenstruktur $S = (M,\{0,1\};f)$ wie in Abschn. 3.3.5.3.3.

Gesucht:

Irreflexive relationale Quellbüschelstrukturen $\Sigma_{q1;2} = (M,\{0,1\};\varphi_{q1;2})$ gemäß Abschn. 3.3.5.2. bei gegebenen Steuerstrukturen $S_{st1;2} = (M,\{0,1\};f_{st1;2})$ mit

$$\underline{f}_{st1} = \begin{bmatrix} 0&0&0&0&0&1&0&0&0&0\\ 0&0&0&0&0&1&0&0&0&0\\ 0&0&0&0&0&1&0&0&0&0\\ 0&0&0&0&0&1&0&0&0&0\\ 0&0&0&0&0&0&0&0&0&0\\ 0&0&0&0&0&1&0&0&0&0\\ 0&0&0&0&0&1&0&0&0&0\\ 0&0&0&0&0&1&0&0&0&0\\ 0&0&0&0&0&1&0&0&0&0\\ 0&0&0&0&0&1&0&0&0&0 \end{bmatrix} \quad \text{(im Strukturgraph von } \Sigma_{q1} \text{ soll } m_5 \text{ Anfangsknoten sein)}, \tag{208.1}$$

$$\underline{f}_{st2} = \begin{bmatrix} 0&0&0&0&0&0&0&0&0&0\\ 0&0&0&1&0&0&0&0&0&0\\ 0&0&0&0&0&0&0&0&0&0\\ 0&0&0&0&0&0&0&0&0&0\\ 0&0&0&0&0&0&0&0&0&0\\ 0&0&0&0&0&0&0&0&0&0\\ 0&0&0&0&0&0&0&0&0&0\\ 0&0&0&0&0&0&0&0&0&0\\ 0&0&0&0&0&0&0&0&0&0\\ 0&0&0&0&0&0&0&0&0&0 \end{bmatrix} \quad \text{(im Strukturgraph von } \Sigma_{q2} \text{ soll die gerichtete Kante } \overrightarrow{m_3m_8} \text{ enthalten sein)}. \tag{208.2}$$

Lösung:

$$\underline{\varphi}_{q1} = \text{itm}\leftarrow(\underline{f},\underline{f}_{st1}) = \begin{bmatrix} 0&0&0&0&0&0&1&0&0&0\\ 0&0&0&0&0&0&1&0&0&0\\ 0&0&0&0&0&1&0&0&0&0\\ 0&0&0&0&0&1&0&0&0&0\\ 0&0&0&0&0&0&0&0&0&0\\ 0&0&1&0&0&0&0&0&0&0\\ 0&0&1&0&0&0&0&0&0&0\\ 1&0&0&0&0&0&0&0&0&0\\ 1&0&0&0&0&0&0&0&0&0\\ 0&0&0&0&0&0&0&0&0&0 \end{bmatrix}, \tag{208.3}$$

$$\underline{\varphi}_{q2} = \text{itm}\leftarrow(\underline{f},\underline{f}_{st2}) = \begin{bmatrix} 0&0&0&0&0&0&1&0&0&0\\ 0&0&0&1&0&0&0&0&0&0\\ 0&0&0&0&0&1&0&0&0&0\\ 0&0&0&0&0&1&0&0&0&0\\ 0&0&1&0&0&0&0&0&0&0\\ 0&0&1&0&0&0&0&0&0&0\\ 0&0&1&0&0&0&0&0&0&0\\ 1&0&0&0&0&0&0&0&0&0\\ 1&0&0&0&0&0&0&0&0&0\\ 0&0&0&0&0&0&0&0&0&0 \end{bmatrix}. \tag{208.4}$$

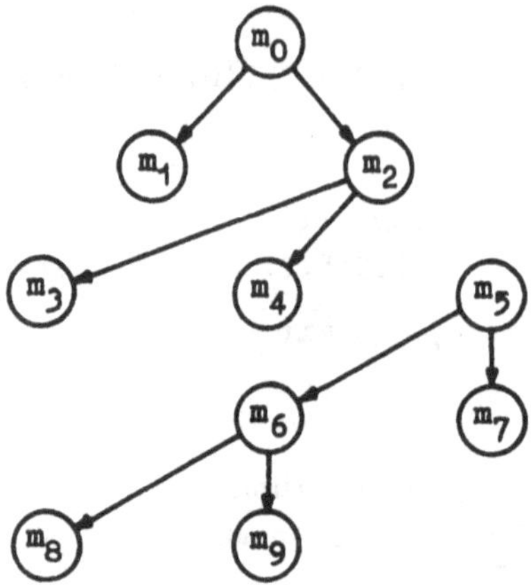

Abb. 49.1
Strukturgraph von Σ_{q1}

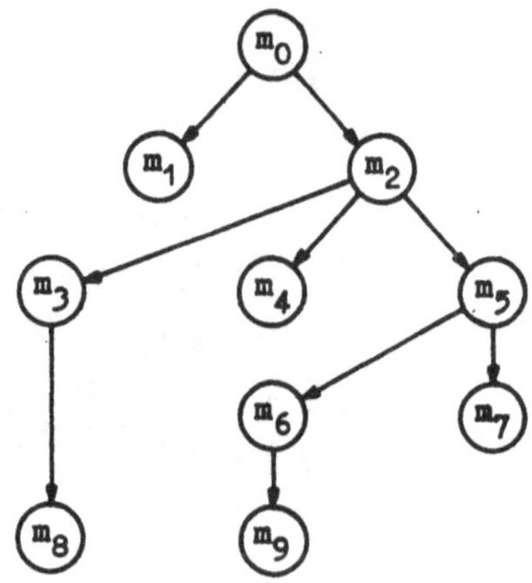

Abb. 49.2
Strukturgraph von Σ_{q2}

3.3.6. Aufspaltung einer Büschel-Kreis-Struktur

3.3.6.1. Aufspaltungssatz

Jede irreflexive/reflexive relationale Quellbüschel-/Senkbüschel-Kreis-Struktur $S = (M,\{0,1\};f)$ kann eindeutig in eine irreflexive/reflexive relationale Quellbüschelstruktur/Senkbüschelstruktur $\Sigma_{q;s} = (M,\{0,1\};\varphi_{q;s})$ und in eine irreflexive antisymmetrische relationale Kreisstruktur $\Sigma_k = (M,\{0,1\};\varphi_k)$ zerlegt werden:

$$\underline{f} = \underline{\varphi}_{q;s} \vee \underline{\varphi}_k \quad ; \quad \underline{\varphi}_k = \underline{f} \wedge \mathrm{sym}(\mathrm{it}\dagger(\underline{f})) \quad \text{über } W = (\{0,1\};\vee,\wedge)$$

$$\underline{\varphi}_{q;s} = \underline{f} \oplus \underline{\varphi}_k \ ,$$

$$\underline{\varphi}_{q;s} \wedge \underline{\varphi}_k = \underline{0} \ . \qquad (209)$$

3.3.6.2. Beispiel

Gegeben:

Reflexive relationale Quellbüschel-Kreis-Struktur $S = (M,\{0,1\};f)$ mit

$$\underline{f} = \begin{pmatrix} 0&0&0&1&0&0&0&0&1 \\ 0&0&0&0&0&1&0&1&0 \\ 1&0&0&0&0&0&1&0&0 \\ 0&0&0&0&0&1&0&0&1 \\ 1&0&0&0&1&0&0&0&0 \\ 0&1&0&1&0&0&0&0&0 \\ 1&0&1&0&0&0&0&0&0 \\ 0&1&0&0&0&1&0&0&0 \\ 1&0&0&0&0&0&0&0&1 \end{pmatrix} . \qquad (210.1)$$

Gesucht:

Aufspaltung gemäß Abschn. 3.3.6.1.

Lösung:

$$\underline{\varphi}_k = \underline{f} \wedge \mathrm{sym}(\mathrm{it}{\uparrow}(\underline{f})) = \begin{pmatrix} 0&0&0&1&0&0&0&0&0 \\ 0&0&0&0&0&0&0&0&0 \\ 0&0&0&0&0&0&0&0&0 \\ 0&0&0&0&0&0&0&0&1 \\ 0&0&0&0&0&0&0&0&0 \\ 0&1&0&0&0&0&0&0&0 \\ 0&0&0&0&0&0&0&0&0 \\ 0&0&0&0&0&1&0&0&0 \\ 0&0&0&0&0&0&0&0&0 \end{pmatrix} , \qquad (210.2)$$

$$\underline{\varphi}_q = \underline{f} \oplus \underline{\varphi}_k = \begin{pmatrix} 0&0&0&0&0&0&0&0&1 \\ 0&0&0&0&0&1&0&1&0 \\ 1&0&0&0&0&0&1&0&0 \\ 0&0&0&0&0&1&0&0&0 \\ 1&0&0&0&1&0&0&0&0 \\ 0&0&0&1&0&0&0&0&0 \\ 1&0&1&0&0&0&0&0&0 \\ 0&1&0&0&0&0&0&0&0 \\ 1&0&0&0&0&0&0&0&1 \end{pmatrix} . \qquad (210.3)$$

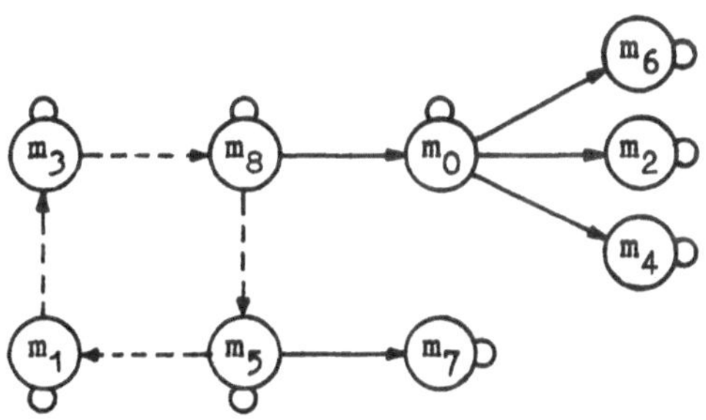

Abb. 50

Aufspaltung einer relationalen Quellbüschel-Kreis-Struktur

——▶ : Strukturgraph von $\sum_q$

- - -▶ : Strukturgraph von $\sum_k$

3.3.7. Abspaltung einer Dreiecksstruktur

3.3.7.1. Abspaltungssatz

S = (M,{0,1};f) sei eine irreflexive/reflexive antisymmetrische kreisfreie relationale Struktur.

Dann ist

$$\Sigma = (M,\{0,1\};\varphi) \tag{211.1}$$

mit

$$\underline{\varphi} = \underline{f} \wedge \mathrm{it}\sqcap(\underset{\cdot}{\underline{f}} \vee \underset{\cdot}{\underline{f}}^{T}, \underset{\cdot}{\underline{f}} \vee \underset{\cdot}{\underline{f}}^{T}) \quad \text{über } W = (\{0,1\};\vee,\wedge) \tag{211.2}$$

die größte in S enthaltene irreflexive/reflexive antisymmetrische relationale "Dreiecksstruktur". Aus dem Bildungsgesetz von $\underline{\varphi}$ folgt: Im Strukturgraph von S werden unter Beibehaltung vorhandener Schlingen alle diejenigen gerichteten Kanten entfernt, die nicht Seiten in mindestens einem "transitiven Dreieck" sind. Der verbleibende Rest bildet den Strukturgraphen von Σ.

3.3.7.2. Beispiel

Gegeben:

Irreflexive antisymmetrische kreisfreie relationale Struktur S = (M,{0,1};f) mit

$\underline{f}$ = 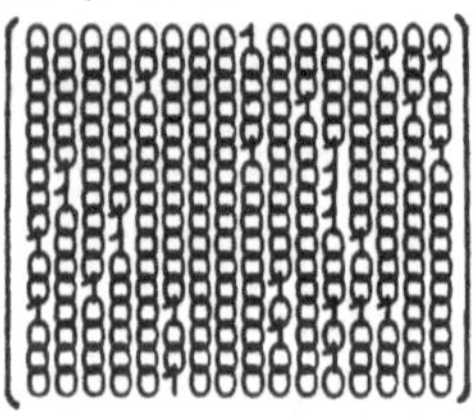 (212.1)

(vgl. Abschn. 3.3.3.3.7.).

Gesucht:

Irreflexive antisymmetrische relationale Dreiecksstruktur Σ = (M,{0,1};φ) gemäß Abschn. 3.3.7.1.

Lösung:

$\underline{\varphi} = \underline{f} \wedge \mathrm{it}\sqcap(\underset{\cdot}{\underline{f}} \vee \underset{\cdot}{\underline{f}}^{T}, \underset{\cdot}{\underline{f}} \vee \underset{\cdot}{\underline{f}}^{T})$ = 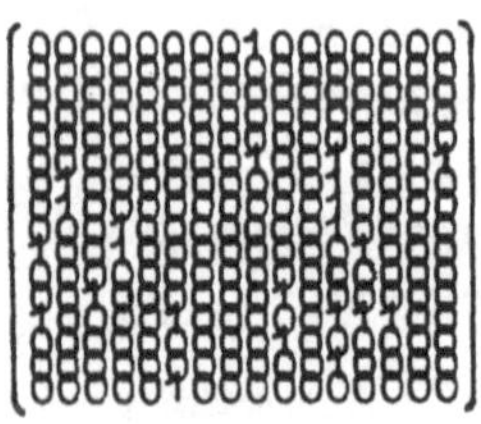 . (212.2)

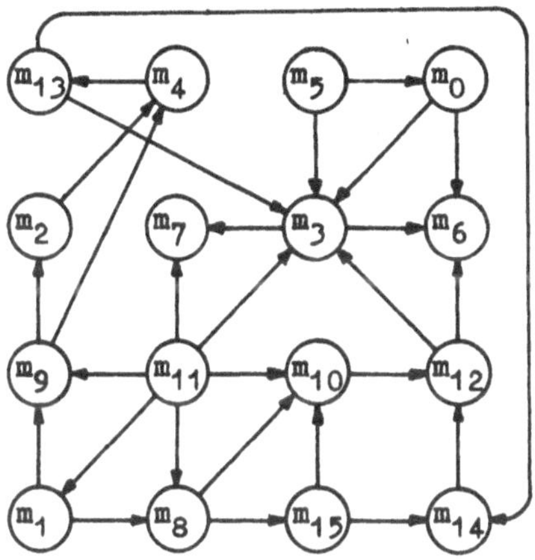

Abb. 51.1
Strukturgraph von S

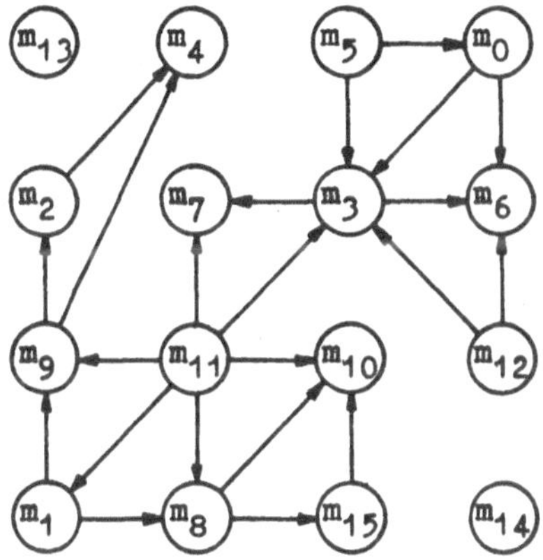

Abb. 51.2
Strukturgraph von Σ

3.3.8. Büschel-Kreis-Transformation, Äquivalenztransformation, Kondensation

3.3.8.1. Produkttransformation einer Struktur

S = (M,N;f) und T = (M,N;h) seien zwei Strukturen mit gleichen Trägermengen M und gleichen Abbildungsmengen N. Dann heißt die Bildung der Struktur

$$\Sigma = (M,N;\varphi) \tag{213.1}$$

mit

$$\underline{\varphi} = \underline{h}'\,\underline{f}\,\underline{h} \quad \text{über } V = (M;\text{✚},\bullet)$$

$$\underline{h}' = \underline{h},\underline{h}^T,\underline{h}^D,.. \tag{213.2}$$

Produkttransformation, die Struktur Σ selbst Produkttransformierte von S nach T über V. Unter Benutzung der Produktiteration erhält man für Gl. (213.2) die rechentechnisch orientierte Notierung

$$\underline{\varphi} = \text{it}\sqcap(\text{it}\sqcap(\underline{h}',\underline{f}),\underline{h}) \quad \text{über } V \quad . \tag{213.3}$$

Die Produkttransformation von S nach T über V wird

{umkehrbar / nicht umkehrbar} genannt, wenn S aus Σ durch eine Rücktransformation

$$\underline{f} = \underline{h}\,\underline{\varphi}\,\underline{h}' \quad \text{über } V \tag{213.4}$$

$<$zurückgewonnen / nicht zurückgewonnen werden kann. Ist $\underline{h}$ nach einer bestimmten Vorschrift aus $\underline{f}$ abgeleitet, so wollen wir von eigengesteuerter, andernfalls von fremdgesteuerter Produkttransformation sprechen. Die nachfolgend betrachtete Büschel-Kreis-Transformation einer relationalen Struktur ist i.a. nicht umkehrbar. Mit der orthogonalen Transformation von S nach T

$$\Sigma = (M,N;\varphi),$$
$$\underline{\varphi} = \underline{h}' \, \underline{f} \, \underline{h} \quad \text{über } V_3,$$
$$\underline{h} \text{ ist orthogonal} \qquad (214)$$

wird in Abschn. 3.4. eine umkehrbare Transformation behandelt.

3.3.8.2. Büschel-Kreis-Transformation

Die Produkttransformation einer relationalen Struktur $S = (M,\{0,1\};f)$ nach einer relationalen $<$Senkbüschel- / Quellbüschel-Kreis-Struktur $T = (M,\{0,1\};h)$ (Tabelle 20) über $W = (\{0,1\};\vee,\wedge)$ soll als $<$Senkbüschel- / Quellbüschel-Kreis-Transformation bezeichnet werden. Eine solche Transformation bewirkt i.a. eine $<$Verringerung / Vergrößerung der Anzahl der Einsen in der Strukturmatrix $\underline{\varphi}$ gegenüber der Strukturmatrix $\underline{f}$, d.h. eine $<$Verringerung / Vergrößerung der Anzahl der gerichteten Kanten im Strukturgraph von Σ gegenüber dem Strukturgraph von S, wir wollen dann von $<$Zusammenfassung / Erweiterung der Struktur S nach der Struktur T sprechen.

3.3.8.3. Äquivalenztransformation, Kondensation

$T = (M,\{0,1\};h)$ sei eine spezielle relationale Senkbüschelstruktur, deren Strukturmatrix $\underline{h}$ aus der Strukturmatrix $\underline{ä}$ einer Äquivalenzstruktur $Ä = (M,\{0,1\};ä)$ durch Überschreiben aller Nichtrepräsentantenzeilen (vgl. Abschn. 3.2.6.2.) mit Null hervorgeht.

Dann heißt die Senkbüschel-Kreis-Transformation der relationalen Struktur $S = (M,\{0,1\};f)$ nach T mit

$$\underline{\varphi} = \underline{h}^T \, \underline{f} \, \underline{h} \quad \text{über } W = (\{0,1\};\vee,\wedge) \qquad (215)$$

Äquivalenztransformation. Sie bewirkt eine spezielle Form der Zusammenfassung von S: Alle Spalten und Zeilen der Strukturmatrix $\underline{\varphi}$, die nicht Elementen der Repräsentantenmenge $M^+ \subseteq M$ der Äquivalenzstruktur $\ddot{A} = (M,\{0,1\};\underline{\ddot{a}})$ entsprechen, sind mit Null belegt (sie brauchen also überhaupt nicht berechnet zu werden!), d.h., Knoten des Strukturgraphen von Σ mit $m_i \notin M^+$ sind singulär (von ihnen gehen keine gerichteten Kanten aus, in sie münden keine gerichteten Kanten ein, und sie tragen keine Schlingen). Man kann sie daher entfernen und anstelle $\Sigma = (M,\{0,1\};\underline{\varphi})$ die Struktur

$$\Sigma^+ = (M^+,\{0,1\};\underline{\varphi}^+) \tag{216.1}$$

mit

$\underline{\varphi}^+$ - card(M^+)-card(M^+)-Matrix, die aus $\underline{\varphi}$ gebildet wird, indem man alle nicht Elementen von M^+ entsprechenden Spalten und Zeilen streicht und den Rest wieder zu einer Matrix zusammenschiebt (dadurch werden aus $\underline{\varphi}$ nur Nullen entfernt) (216.2)

betrachten. Die so beschriebene Bildung von Σ^+ aus S nach T soll als Kondensation von S nach T (bzw. Ä) bezeichnet werden.

Ist die Transformationsmatrix $\underline{h}$ der Äquivalenztransformation nach einer bestimmten Vorschrift aus $\underline{f}$ abgeleitet, so heißt die Kondensation von S nach T eigengesteuert, andernfalls fremdgesteuert.

3.3.8.4. Kondensation einer irreflexiven antisymmetrischen relationalen Struktur

Im vorliegenden Abschnitt soll einschränkend nur die Kondensation einer irreflexiven antisymmetrischen relationalen Struktur S nach einer Struktur T (bzw. Ä) gemäß Abschn. 3.3.8.3. betrachtet werden. Anhand des Strukturgraphen kann man sich die Kondensation dieser Struktur wie folgt veranschaulichen:

- Alle Knoten, deren Bewertungen Elemente einer nicht einelementigen Äquivalenzklasse der durch Ä definierten Zerlegung von M sind, werden unter Beibehaltung aller gerichteten Kanten "übereinandergelegt" und mit dem Repräsentanten dieser Äquivalenzklasse bewertet; gegebenenfalls erfolgt Kennzeichnung dieses resultierenden Knotens durch eine Schlinge ("echte Kondensation").

- Alle auf diese Weise übereinandergelegten gleichgerichteten Kanten werden durch eine resultierende Kante ersetzt.

Abb. 52 zeigt hierfür ein Beispiel.

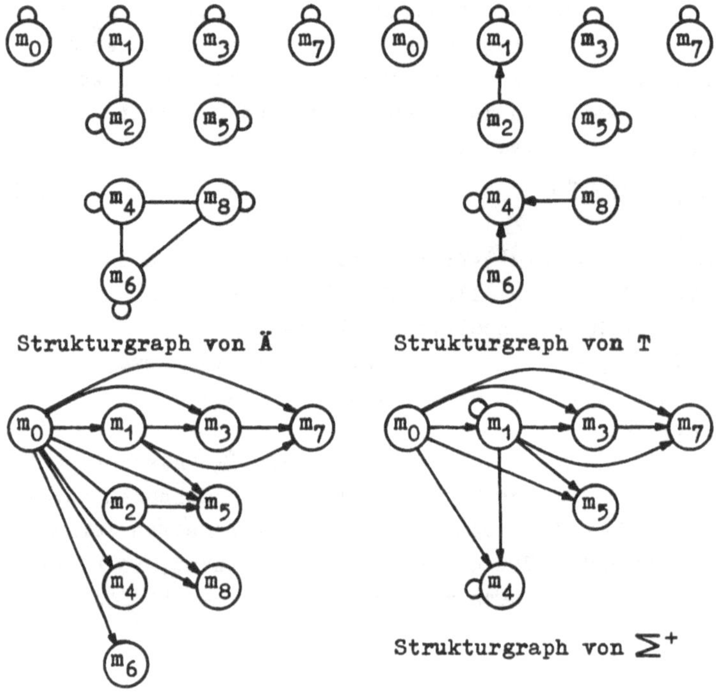

Strukturgraph von S

Abb. 52 Kondensation einer irreflexiven antisymmetrischen relationalen Struktur S = (M,{0,1};f) nach einer Struktur T = (M,{0,1};h) gemäß Abschn. 3.3.8.3.

Von besonderem Interesse für praktische Anwendungen ist die eigengesteuerte Kondensation einer irreflexiven antisymmetrischen relationalen Struktur S. In Tabelle 21 sind einige spezielle Kondensationsvorschriften zusammengestellt und die zugehörigen Bildungsgesetze für die Matrix $\underline{ä}$ aus der Strukturmatrix $\underline{f}$ von S angegeben.

$S = (M,\{0,1\};f)$ mit	Kondensationsvorschrift, veranschaulicht am Strukturgraph von S	Bildung von $\underline{\ddot{a}}$ aus $\underline{f}$
$sym(\underline{f}) = re(\underline{f}) = \underline{0}$	Kondensation des Strukturgraphen von S durch Übereinanderlegen der Knoten jedes Kreises, bei Vorhandensein nicht knotenfremder elementarer Kreise: jedes größten Kreises. Mit anderen Worten: jeder derartige Kreis wird zu einem Knoten kondensiert. Dieser resultierende Knoten ist durch eine Schlinge gekennzeichnet. Ist S kreisfrei (vgl. Tab. 20), so hat man $\underline{\ddot{a}} = \underline{h} = \underline{e}\ ,\quad \underline{\varphi}^{+} = \underline{f}$ (keine Kondensation)	$\underline{\ddot{a}} = sym(it\uparrow(\dot{\underline{f}}))$
$sym(\underline{f}) = re(\underline{f}) = \underline{0}$	Mischtyp. $\ddot{A}' = (M,\{0,1\};\ddot{a}')$ sei eine gegebene Äquivalenzstruktur; sie definiert eine Zerlegung Z' von M in k Äquivalenzklassen. Durch Entfernen aller gerichteten Kanten zwischen nicht-$\ddot{A}'$-äquivalenten Knoten des Strukturgraphen von S entsteht ein in mindestens k zusammenhängende Teilgraphen zerfallender Graph. Die Kondensation des Strukturgraphen von S erfolgt durch Übereinanderlegen der Knoten jedes derartigen Teilgraphen; jeder derartige Teilgraph wird zu einem Knoten kondensiert. Dieser resultierende Knoten ist durch eine Schlinge gekennzeichnet.	$\underline{\ddot{a}} = it\uparrow((\dot{\underline{f}} \vee \dot{\underline{f}}^{T}) \wedge \underline{\ddot{a}}')$

Tabelle 21 Eigengesteuerte Kondensation irreflexiver antisymmetrischer relationaler Strukturen
$W = (\{0,1\};\vee,\wedge)$

S = (M,{0,1};f) mit	Kondensationsvorschrift, veranschaulicht am Strukturgraph von S	Bildung von $\underline{ä}$ aus $\underline{f}$
$sym(\underline{f}) = re(\underline{f}) = \underline{0}$	Kondensation des Strukturgraphen von S durch Übereinanderlegen der Knoten, die einen gemeinsamen Nachfolgerknoten besitzen. Ist S eine Quellbüschelstruktur, so hat man $\underline{ä} = \underline{h} = \underline{e}$, $\underline{\varphi}^+ = \underline{f}$ (keine Kondensation)	$\underline{ä} = it\uparrow(\underline{f} \cdot \underline{f}^T) \vee \underline{e}$
$sym(\underline{f}) = re(\underline{f}) = \underline{0}$	Kondensation des Strukturgraphen von S durch Übereinanderlegen der Knoten, die einen gemeinsamen Vorgängerknoten besitzen. Ist S eine Senkbüschelstruktur, so hat man $\underline{ä} = \underline{h} = \underline{e}$, $\underline{\varphi}^+ = \underline{f}$ (keine Kondensation)	$\underline{ä} = it\uparrow(\underline{f}^T \cdot \underline{f}) \vee \underline{e}$

Tabelle 21 Fortsetzung

3.3.8.5. Beispiele

Im folgenden sollen einige Beispiele zur eigengesteuerten Kondensation irreflexiver antisymmetrischer relationaler Strukturen S betrachtet werden.

3.3.8.5.1. Beispiel 1

Gegeben:
Irreflexive antisymmetrische relationale Struktur
$S = (M,\{0,1\};f)$ mit

$$M = \{m_0, m_1, m_2, \ldots, m_9\}, \tag{217.1}$$

$$\underline{f} = \begin{pmatrix} 0&0&0&0&0&0&0&0&1&0 \\ 0&0&0&0&0&0&1&1&0&0 \\ 0&0&0&0&1&1&0&0&0&0 \\ 0&0&1&1&0&0&0&0&0&0 \\ 0&0&1&0&0&0&0&0&0&0 \\ 0&1&0&0&0&0&0&0&0&0 \\ 1&0&0&0&0&0&0&0&0&0 \\ 1&0&0&0&1&0&0&0&0&0 \\ 1&0&0&0&0&1&0&0&0&0 \\ 0&0&0&0&0&0&0&0&0&0 \end{pmatrix}. \tag{217.2}$$

Gesucht:
$\Sigma^+ = (M^+,\{0,1\};\varphi^+)$, eigengesteuerte Kondensation gemäß Tab. 21, Fall 1.
Lösung:

$$\underline{\ddot{a}} = \mathrm{sym}(\mathrm{it}\,\dagger(\underline{\dot{f}})) = \begin{pmatrix} 0&0&0&0&0&0&0&0&0&1 \\ 0&0&0&0&0&0&0&0&1&0 \\ 0&0&0&0&0&0&0&1&0&0 \\ 0&0&0&0&0&0&1&0&0&0 \\ 0&1&1&0&1&1&0&0&0&0 \\ 0&1&1&0&1&1&0&0&0&0 \\ 0&0&0&1&0&0&0&0&0&0 \\ 0&1&1&0&1&1&0&0&0&0 \\ 0&1&1&0&1&1&0&0&0&0 \\ 1&0&0&0&0&0&0&0&0&0 \end{pmatrix}, \tag{217.3}$$

$$M^+ = \{m_0, m_1, m_3, m_6, m_7, m_8, m_9\}, \tag{217.4}$$

$$\underline{h} = \begin{pmatrix} 0&0&0&0&0&0&0&0&0&1 \\ 0&0&0&0&0&0&0&0&1&0 \\ 0&0&0&0&0&0&0&1&0&0 \\ 0&0&0&0&0&0&1&0&0&0 \\ 0&0&0&0&0&0&0&0&0&0 \\ 0&0&0&0&0&0&0&0&0&0 \\ 0&0&0&1&0&0&0&0&0&0 \\ 0&0&0&0&0&0&0&0&0&0 \\ 0&1&1&0&1&1&0&0&0&0 \\ 1&0&0&0&0&0&0&0&0&0 \end{pmatrix}, \tag{217.5}$$

$$\underline{\Psi}^{+} = \begin{bmatrix} 0&0&0&0&0&1&0\\ 0&0&0&1&1&0&0\\ 0&1&0&0&0&0&0\\ 0&1&1&0&0&0&0\\ 1&0&0&0&0&0&0\\ 1&1&0&0&0&0&0\\ 0&0&0&0&0&0&0 \end{bmatrix} . \qquad (217.6)$$

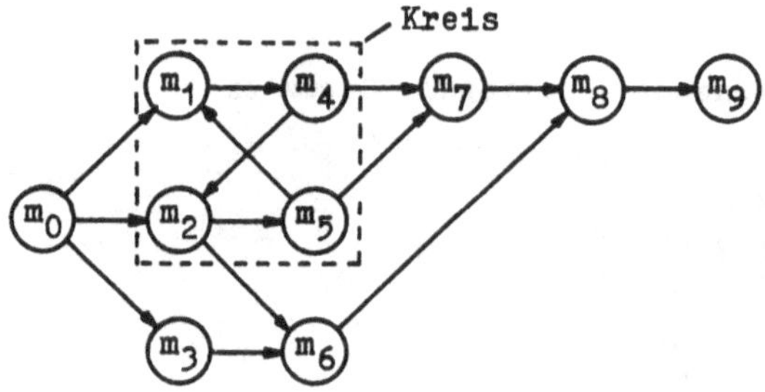

Abb. 53.1 Strukturgraph von S

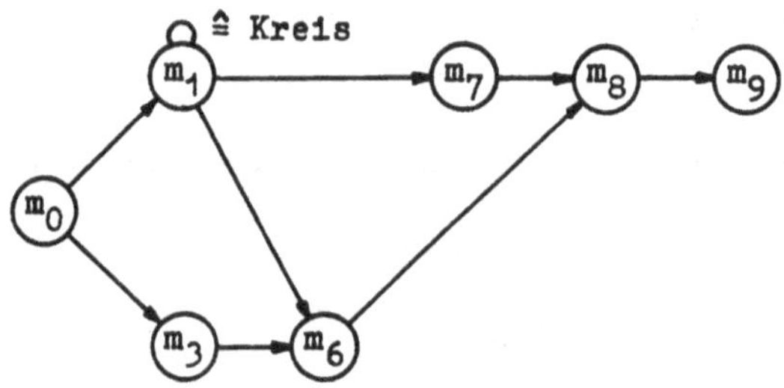

Abb. 53.2 Strukturgraph von Σ^{+}

3.3.8.5.2. Beispiel 2

Gegeben:

Irreflexive antisymmetrische relationale Struktur

$S = (M,\{0,1\};f)$ - Fertigungsprozeßstruktur,

mit

$M = \{m_0, m_1, m_2, .., m_9\}$ - Menge der Fertigungsoperationen ,

$$\underline{f} = \begin{bmatrix} 0&0&0&0&0&1&0&1&1&0\\ 0&1&0&0&0&0&1&0&0&0\\ 0&0&0&0&1&0&0&0&0&0\\ 0&0&1&1&0&0&0&0&0&0\\ 1&1&0&0&0&0&0&0&0&0\\ 1&1&0&0&0&0&0&0&0&0\\ 0&0&0&0&0&0&0&0&0&0\\ 0&0&0&0&0&0&0&0&0&0\\ 0&0&0&0&0&0&0&0&0&0\\ 0&0&0&0&0&0&0&0&0&0 \end{bmatrix} , \qquad (218.1)$$

$$f[i,j] = \begin{cases} 1 \\ 0 \end{cases} \text{ - Operation } m_i \text{ wird } \begin{cases} \text{unmittelbar vor} \\ \text{nicht unmittelbar vor} \end{cases}$$

Operation m_j ausgeführt.

Die Fertigung erfolgt in verschiedenen Abteilungen (Kostenstellen) des Betriebes, dieser Sachverhalt wird durch die Äquivalenzstruktur $\ddot{A}' = (M,\{0,1\};\ddot{a}')$ mit

$$\underline{\ddot{a}}' = \begin{pmatrix} 0&0&0&0&0&0&0&0&0&1 \\ 1&0&0&0&1&1&1&1&1&0 \\ 1&0&0&0&1&1&1&1&1&0 \\ 1&0&0&0&1&1&1&1&1&0 \\ 1&0&0&0&1&1&1&1&1&0 \\ 1&0&0&0&1&1&1&1&1&0 \\ 0&1&1&1&0&0&0&0&0&0 \\ 0&1&1&1&0&0&0&0&0&0 \\ 0&1&1&1&0&0&0&0&0&0 \\ 1&0&0&0&1&1&1&1&1&0 \end{pmatrix}, \tag{218.2}$$

$$\ddot{a}'[i,j] = \begin{cases} 1 \\ 0 \end{cases} \text{ - die Operationen } m_i \text{ und } m_j \begin{cases} \text{werden} \\ \text{werden nicht} \end{cases}$$

in der gleichen Abteilung (Kostenstelle) ausgeführt

beschrieben. Für die durch $\ddot{A}'$ definierte Zerlegung Z' von M hat man dann

$$Z' = \{\{m_0,m_4,m_5,m_6,m_7,m_8\},\{m_1,m_2,m_3\},\{m_9\}\} , \tag{218.3}$$

d.h., die Operationen ..	werden in der Abteilung .. ausgeführt.
m_0,m_4,m_5,m_6,m_7,m_8	0
m_1,m_2,m_3	1
m_9	9

Gesucht:

$\Sigma^+ = (M^+,\{0,1\};\varphi^+)$, eigengesteuerte Kondensation gemäß Tab. 21, Fall 2 - Kondensation jeweils in einer Abteilung realisierter zusammenhängender Fertigungsteilprozesse.

Lösung:

$$\underline{\ddot{a}} = \text{it}\uparrow((\underline{\dot{f}} \vee \underline{\dot{f}}^T) \wedge \underline{\ddot{a}}') = \begin{pmatrix} 0&0&0&0&0&0&0&0&0&1 \\ 0&0&0&0&0&0&1&0&1&0 \\ 1&0&0&0&1&1&0&1&0&0 \\ 0&0&0&0&0&0&1&0&1&0 \\ 1&0&0&0&1&1&0&1&0&0 \\ 1&0&0&0&1&1&0&1&0&0 \\ 0&0&0&1&0&0&0&0&0&0 \\ 0&0&1&0&0&0&0&0&0&0 \\ 0&1&0&0&0&0&0&0&0&0 \\ 1&0&0&0&1&1&0&1&0&0 \end{pmatrix}, \tag{218.4}$$

$$M^+ = \{m_0, m_1, m_2, m_3, m_6, m_9\}, \tag{218.5}$$

$$\underline{h} = \begin{pmatrix} 0&0&0&0&0&0&0&0&0&1\\ 0&0&0&0&0&0&0&0&0&0\\ 0&0&0&0&0&0&0&0&0&0\\ 0&0&0&0&0&0&1&0&1&0\\ 0&0&0&0&0&0&0&0&0&0\\ 0&0&0&0&0&0&0&0&0&0\\ 0&0&0&1&0&0&0&0&0&0\\ 0&0&1&0&0&0&0&0&0&0\\ 0&1&0&0&0&0&0&0&0&0\\ 1&0&0&0&1&1&0&1&0&0 \end{pmatrix}, \tag{218.6}$$

$$\underline{\psi}^+ = \begin{pmatrix} 1&0&0&0&1&0\\ 0&1&1&1&1&0\\ 0&0&0&0&0&0\\ 0&0&0&0&0&0\\ 0&0&0&0&0&0\\ 1&1&0&0&0&0 \end{pmatrix}. \tag{218.7}$$

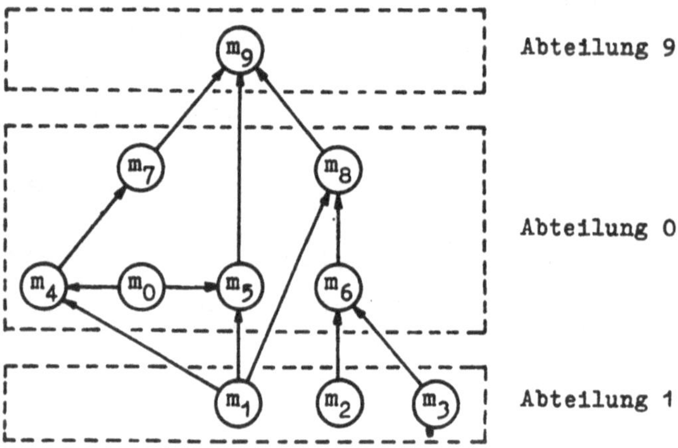

Abb. 54.1 Strukturgraph von S

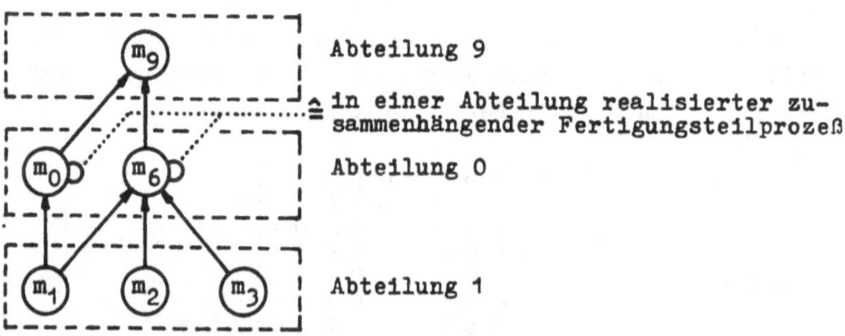

Abb. 54.2 Strukturgraph von Σ^+

3.3.8.6. Kompaktform des Kondensationsalgorithmus für einen Spezialfall von Abschn. 3.3.8.4.

Tabelle 21 zeigt: Gl. (215) und (216) bilden die Grundlage für eine systematische Erfassung und Beschreibung der unterschiedlichsten Spezialfälle der eigengesteuerten Kondensation einer irreflexiven antisymmetrischen relationalen Struktur unter Benutzung des verallgemeinerten Matrizenkalküls. Damit ist jedoch nicht unmittelbar auch eine rechentechnisch effektive Bestimmung von $\underline{\varphi}^+$ aus $\underline{f}$ gegeben, wie man z.B. an dem entsprechenden Berechnungsgang für Fall 2 der Tab. 21 (vgl. Abschn. 3.3.8.5.2.)

$$\underline{f},\underline{\ddot{a}}' \longrightarrow \underline{\ddot{a}} = \mathrm{it}\uparrow((\underline{\dot{f}} \vee \underline{\dot{f}}^T) \wedge \underline{\ddot{a}}') \longrightarrow \underline{h} \longrightarrow \underline{\varphi} = \underline{h}^T \; \underline{f} \; \underline{h} \longrightarrow \underline{\varphi}^+ \qquad (219)$$

erkennt, hierfür ist vielmehr noch eine "algorithmische Kompression" von Gl. (215) und der Gleichung zur Bestimmung von $\underline{\ddot{a}}$ aus $\underline{f}$ erforderlich. Im folgenden ist das Ergebnis einer solchen Kompression für den genannten Fall 2 (Gl. (219)) angegeben.

Die Bildung von $\underline{\varphi}^+$ aus $\underline{f}$ und $\underline{\ddot{a}}'$ erfolgt in dem Tabellenschema Abb. 7.1. Das geschieht in Form von zwei nacheinander ausgeführten identischen Halbläufen.

1. Halblauf:

- Vor dem Taktzeitpunkt t = 0 des 1. Halblaufes sind die Felder [i,j] der Tabelle mit den Elementen $h_{a1}[i,j]$ der Anfangsmatrix $\underline{h}_{a1}$ belegt. Hierbei ist

  $$h_{a1}[i,j] = (f[j,i], f[i,j], \ddot{a}'[i,j]) \quad , \qquad (220.1)$$

  in Matrizennotation

  $$\underline{h}_{a1} = (\underline{f}^T, \underline{f}, \underline{\ddot{a}}') \quad . \qquad (220.2)$$

- Im 1. Halblauf werden nur die unterhalb der Hauptdiagonale der Tabelle liegenden Felder je einmal zwangsgesteuert in der in Abb. 55 angegebenen Reihenfolge angelaufen. Auf diese Weise sei zum Taktzeitpunkt t das Feld [l,m] erreicht (Abb. 7.1), die Felder [i,j] der Tabelle seien mit den Elementen

  $$h[i,j] = (h_1[i,j], h_2[i,j], h_3[i,j]) \qquad (221.1)$$

  der Matrix

  $$\underline{h} = (\underline{h}_1, \underline{h}_2, \underline{h}_3) \qquad (221.2)$$

  belegt. Für

  $$(h_1[l,m] \vee h_2[l,m]) \wedge h_3[l,m] = 1 \qquad (222.1)$$

  wird dann

- In allen Feldern $[m,k]$ der Spalte m der alte Feldinhalt $h[m,k] = (h_1[m,k], h_2[m,k], h_3[m,k])$ mit

$$h'[m,k] = (h_1[m,k] \vee h_1[l,k], h_2[m,k] \vee h_2[l,k], h_3[m,k] \vee h_3[l,k]), \tag{222.2}$$

- danach im Hauptdiagonalfeld $[l,l]$ der alte Feldinhalt $h_3[l,l]$ mit

$$h_3'[l,l] = 0 \tag{222.3}$$

überschrieben, andernfalls nicht verändert.

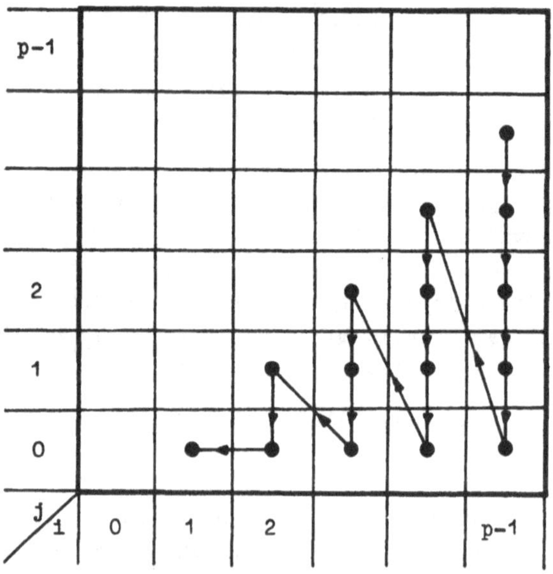

Abb. 55 1. Halblauf

- Zum Taktzeitpunkt $t = \frac{p(p-1)}{2} - 1$ ist die Tabelle mit der Endmatrix $\underline{h}_{e1}$ des 1. Halblaufes belegt. Aus ihr wird die Anfangsmatrix des anschließenden 2. Halblaufes,

$$\underline{h}_{a2} = \underline{h}_{e1}^T = (\underline{h}_{e11}^T, \underline{h}_{e12}^T, \underline{h}_{e13}^T), \tag{223}$$

gebildet.

Regel	Bedingung	Aktion	Verbundaktion
1		l:=p-1, m:=p-2, d:=1, $\underline{h}:=(\underline{f}^T,\underline{f},\underline{ä}')$	
2	l=0, d=1	l:=p-1, m:=p-2, d:=2, $\underline{h}:=(\underline{h}_1^T,\underline{h}_2^T,\underline{h}_3^T)$	
3	l=0, d=2	$\underline{\varphi}^+$ ergibt sich aus $\underline{h}_1$, indem man alle sich in den Hauptdiagonalfeldern, die in $\underline{h}_3$ mit Nullen belegt sind, kreuzenden Spalten und Zeilen streicht und den Rest wieder zu einer Matrix zusammenschiebt.	stop
4	$(h_1[l,m] \vee h_2[l,m]) \wedge$ $\wedge h_3[l,m]=1$	- In allen Feldern [m,k] der Spalte m alten Feldinhalt h[m,k] mit $h[m,k]:=(h_1[m,k] \vee h_1[l,k], h_2[m,k] \vee h_2[l,k],$ $h_3[m,k] \vee h_3[l,k])$ - und danach im Hauptdiagonalfeld [l,l] alten Feldinhalt $h_3[l,l]=1$ mit $h_3[l,l]:=0$ überschreiben.	
5		l:=l-entier$(\frac{l-m}{l})$, m:=m-1 modl	goto r2

Tabelle 22 Bildung von $\underline{\varphi}^+$ aus $\underline{f}$ und $\underline{ä}'$ (Kompaktform)

2. Halblauf:

Der 2. Halblauf ist mit dem 1. identisch, aus seiner Endmatrix

$$\underline{\underline{h}}_{e2} = (\underline{\underline{h}}_{e21}, \underline{\underline{h}}_{e22}, \underline{\underline{h}}_{e23}) \tag{224}$$

erhält man $\underline{\varphi}^+$, indem man in der Matrix $\underline{\underline{h}}_{e21}$ alle sich in den Hauptdiagonalfeldern kreuzenden Spalten und Zeilen streicht, die in der Matrix $\underline{\underline{h}}_{e23}$ mit Null belegt sind, und den Rest wieder zu einer Matrix zusammenschiebt.

In Tabelle 22 ist die AAS-Notierung des Bildungsgesetzes von $\underline{\varphi}^+$ aus $\underline{f}$ und $\underline{\ddot{a}}'$ angegeben.

3.4. Die orthogonale Struktur

3.4.1. Definition

Eine Struktur S = (M,N;f) heißt orthogonal [10], wenn ihre Strukturmatrix $\underline{f}$ (p-p-Matrix) über einem Körper $V = V_3$ der Bedingung genügt

$$\underline{f}\,\underline{f}' = \underline{e} \quad . \tag{225.1}$$

Hierbei ist $\underline{f}'$ ebenfalls eine p-p-Matrix mit $f'[i,j] \in N$,

- im einfachsten Falle

$$\underline{f}' = \underline{f}, \overline{\underline{f}}, \ldots \;^{11)} \quad , \tag{225.2}$$

- oder $\underline{f}'$ wird aus $\underline{f}$ unter Benutzung der Matrizenoperationen Transponieren, Drehung usw. gebildet

$$\underline{f}' = \underline{f}^T, \underline{f}^+, \underline{f}^D, \ldots \;^{12)} \quad . \tag{225.3}$$

3.4.2. Konstruktion orthogonaler Strukturen aus einer gegebenen orthogonalen Struktur

3.4.2.1. Hadamardprinzip

Es sei S = (M,N;f) eine orthogonale Struktur, beschrieben durch die Strukturmatrix (p-p-Matrix) $\underline{f}$ mit

$$\underline{f}\,\underline{f}' = \underline{e}_p \text{ über } V_3 \; ; \quad \underline{f}' = \underline{f}, \overline{\underline{f}}, \underline{f}^T, \underline{f}^+, \underline{f}^D \quad . \tag{226}$$

---

10) Der Orthogonalitätsbegriff wird hier aus praktischen Erwägungen gegenüber der Literatur ($\underline{f}\,\underline{f}^T = \underline{e}$ über V_3) etwas weiter gefaßt.

11) $\overline{\underline{f}}$ - zu $\underline{f}$ konjugiert komplexe Matrix

12) $\underline{f}^+ = (\overline{\underline{f}})^T$

Dann ist die Struktur

$$\Sigma = (M^n, N; \varphi) \tag{227.1}$$

mit der Strukturmatrix (p^n-p^n-Matrix, vgl. Abschn. 2.8.4.)

$$\underline{\varphi} = \underline{f}^{ⓝ} \text{ über } V_3 \; ; \; n \in \mathbb{N}(2,\infty), \tag{227.2}$$

ebenfalls orthogonal:

$$\underline{\varphi}\,\underline{\varphi}' = \underline{e}_{p^n} \text{ über } V_3 \; ; \quad \underline{\varphi}' = \underline{\varphi}, \overline{\underline{\varphi}}, \underline{\varphi}^T, \underline{\varphi}^+, \underline{\varphi}^D \quad . \tag{227.3}$$

Prototyp des vorliegenden Konstruktionsprinzips ist das Bildungsgesetz der natürlichen Form der Hadamardmatrix (Abschn. 3.4.3.2.).

3.4.2.2. Haarprinzip

Prototyp des in Tabelle 23 beschriebenen Haarprinzips ist das Bildungsgesetz der Haarmatrix (Abschn. 3.4.3.3.).

3.4.2.3. Spezialfall des Hadamardprinzips

Es sei S = (M,N;f) eine orthogonale Struktur, beschrieben durch die Strukturmatrix (p-p-Matrix) $\underline{f}$ mit

$$\underline{f}\,\underline{f}' = \underline{f}'\,\underline{f} = \underline{e}_p \text{ über } V_3 \, , \tag{228.1}$$

$$f[i,j] = g(i \cdot j \bmod p) \, , \tag{228.2}$$

$$f'[i,j] = g(-i \cdot j \bmod p) \;^{13)} \quad . \tag{228.3}$$

Dann ist die Struktur

$$\Sigma = (M^n, N; \varphi) \tag{229.1}$$

mit der nach dem Hadamardprinzip gebildeten Strukturmatrix (p^n-p^n-Matrix)

$$\underline{\varphi} = \underline{f}^{ⓝ} \text{ über } V_3 \tag{229.2}$$

ebenfalls orthogonal:

$$\underline{\varphi}\,\underline{\varphi}' = \underline{\varphi}'\,\underline{\varphi} = \underline{e}_{p^n} \text{ über } V_3 \; , \tag{229.3}$$

und es gilt

$$\varphi[i,j] = \prod_{\nu=0}^{n-1} g(i_\nu \cdot j_\nu \bmod p) \, , \tag{229.4}$$

$$\varphi' = \underline{f}'^{ⓝ} \text{ über } V_3 \; ; \quad \varphi'[i,j] = \prod_{\nu=0}^{n-1} g(-i_\nu \cdot j_\nu \bmod p). \tag{229.5}$$

---

13) Die Matrizen $\underline{f}$ und $\underline{f}'$ enthalten nur p voneinander verschiedene Elemente g(0),g(1),..,g(p-1).

Es sei S = (M,N;f) eine orthogonale Struktur mit $\underline{f}\,\underline{f}' = \underline{e}_p$ über V_3, $\underline{f}' =$	$\underline{f}^T$	Dann ist die Struktur $\sum = (M^n,N;\varphi)$ mit ebenfalls orthogonal: $\underline{\varphi}\,\underline{\varphi}'' = \underline{e}_{p^n}$ über V_3. $\underline{\varphi} =$	$\underline{\varphi}'' =$
$\underline{f}$	$= \underline{f}$	$\Big[\underbrace{\underline{f}^{(0)},\ldots,\underline{f}^{(0)}}_{p \text{ mal}},\underbrace{\underline{f}^{(1)},\ldots,\underline{f}^{(1)}}_{(p-1) \text{ mal}},\ldots,$	$\underline{\varphi}^T$
$\overline{\underline{f}}$	$= \underline{f}$		$\underline{\varphi}^+$
$\underline{f}$	$\neq \underline{f}$	$\underbrace{\underline{f}^{(n-1)},\ldots,\underline{f}^{(n-1)}}_{(p-1) \text{ mal}}\Big]\underline{f}^{(n)}$	$\underline{f}^{(n)}\Big[\underbrace{\underline{f}^{(0)},\ldots,\underline{f}^{(0)}}_{p \text{ mal}},$ $\underbrace{\underline{f}^{(1)},\ldots,\underline{f}^{(1)}}_{(p-1) \text{ mal}},\ldots,\underbrace{\underline{f}^{(n-1)},\ldots,\underline{f}^{(n-1)}}_{(p-1) \text{ mal}}\Big]$
$\underline{f}^T$	$\neq \underline{f}$		$\underline{\varphi}^T$

Tabelle 23 Haarprinzip

Es sei $S = (M,N;f)$ eine orthogonale Struktur mit $\underline{f}\,\underline{f}' = \underline{f}'\underline{f} = \underline{e}_p$ über V_3 $f[i,j] = g(i \cdot j \bmod p)$ $f'[i,j] = g(-i \cdot j \bmod p)$.	Dann ist die Struktur $\Sigma = (M^n, N; \varphi)$ mit $\varphi[i,j] =$	$\varphi''[i,j] =$ ebenfalls orthogonal: $\underline{\varphi}\,\underline{\varphi}'' = \underline{\varphi}''\underline{\varphi} = \underline{e}_{p^n}$ über V_3
	$\prod_{\nu=0}^{n-1} g(i_\nu \cdot j_\nu \bmod p)$	$\prod_{\nu=0}^{n-1} g(-i_\nu \cdot j_\nu \bmod p)$
	natürliche Form der Struktur Σ	
	$\prod_{\nu=0}^{n-1} g(i_\nu \cdot j_{n-1-\nu} \bmod p)$	$\prod_{\nu=0}^{n-1} g(-i_\nu \cdot j_{n-1-\nu} \bmod p)$
	Paley-Form der Struktur Σ	
	$\prod_{\nu=0}^{n-1} g(i_\nu \cdot (j_{n-1-\nu} + j_{n-\nu}) \bmod p)$	$\prod_{\nu=0}^{n-1} g(-i_\nu \cdot (j_{n-1-\nu} + j_{n-\nu}) \bmod p)$
	Walsh-Form der Struktur Σ	

Tabelle 24 Zu Abschn. 3.4.2.3.

Hierbei sind die i_ν bzw. j_ν die Ziffern der Darstellung von i und j im Zahlensystem mit der Basis p:

$$i = \sum_{\nu=0}^{n-1} i_\nu \cdot p^\nu \quad ; \quad i_\nu \in \mathbb{N}(0,p-1) \quad ,$$

$$j = \sum_{\nu=0}^{n-1} j_\nu \cdot p^\nu \quad ; \quad j_\nu \in \mathbb{N}(0,p-1) \quad . \qquad (229.6)$$

Das vorstehend beschriebene Konstruktionsprinzip stellt eine Verallgemeinerung des Bildungsgesetzes der natürlichen Form der Hadamardmatrix (und damit des Funktionensystems der natürlich geordneten Walshfunktionen) dar. Es liegt nahe, die Bildungsgesetze für die Paley-Form und für die Walsh-Form der Hadamardmatrix (Abschn. 3.4.3.2.) ebenfalls in entsprechender Weise zu verallgemeinern. Das Ergebnis dieser Überlegung zeigt Tabelle 24.

3.4.3. Spezielle orthogonale Strukturen

Im vorliegenden Abschnitt sind die Strukturmatrizen $\underline{f}$ und $\underline{f}'$ einiger spezieller, insbesondere für praktische Anwendungen bedeutungsvoller orthogonaler Strukturen S = (M,N;f) zusammengestellt. Dabei sind im allgemeinen nur Grundtypen erfaßt, die aus diesen nach den in Abschn. 3.4.2. beschriebenen Konstruktionsprinzipien ableitbaren Matrizen sind nur dann angeführt, wenn sie, wie etwa im Falle der Hadamard- oder Haarmatrix, selbständige praktische Bedeutung besitzen.

3.4.3.1. Produktsymmetrisch orthogonale Strukturmatrizen

Die Strukturmatrix $\underline{f} = \left(f[i,j] \right)_{i=0,\,j=0}^{p-1,\,p-1}$ einer orthogonalen Struktur S = (M,N;f) mit den Eigenschaften

$$\underline{f}\,\underline{f}' = \underline{f}'\underline{f} = \underline{e} \quad \text{über } V_3^{\cdot} = (N;+,\bullet), \qquad (228.1)$$

$$f[i,j] = g(i \cdot j \bmod p) \,, \qquad (228.2)$$

$$f'[i,j] = g(-i \cdot j \bmod p), \qquad (228.3)$$

soll als produktsymmetrisch orthogonal bezeichnet werden. Eine solche Matrix ist durch Angabe der Funktion g(x); $x \in \mathbb{N}(0,p-1)$, vollständig bestimmt.

Bekanntester Vertreter dieses Matrizentyps ist die für die Verarbeitung von diskontinuierlichen zeitabhängigen Signalen

Lfd. Nr.	$g(x)$; $x \in \mathbb{N}(0,p-1)$	p	N	$a \oplus b$	$a \bullet b$
1	$\frac{1}{\sqrt{p}} \cdot q^x$; $q = e^{\frac{2\pi}{p} \cdot \sqrt{-1}}$	$\in \mathbb{N}(1,\infty)$	$\mathbb{C}$	$a + b$	$a \cdot b$
2	$\frac{1}{\sqrt{p}} \cdot 2^x$ modr	= kleinste von Null verschiedene natürliche Zahl, die Lösung der Kongruenz $2^y \equiv 1$ (modr) ist	$\mathbb{N}(0,r-1)$; r – ungerade Primzahl	$a + b$ modr	$a \cdot b$ modr
3	$\frac{1}{\sqrt{p}} \cdot q^x$ modr ; $q = 2^{2^{(t+1) \dot{-} s}}$	$= 2^s$; $s \in \mathbb{N}(1,2^t)$; $t \in \mathbb{N}(0,4)$	$\mathbb{N}(0,r-1)$; $r = 2^{2^t} + 1$	$a + b$ modr	$a \cdot b$ modr
4	$\frac{1}{\sqrt{p}} \cdot (x+1)^2$ modr	$= \frac{r-1}{2}$, Primzahl	$\mathbb{N}(0,r-1)$; r – ungerade Primzahl	$a + b$ modr	$a \cdot b$ modr

Tabelle 25 Produktsymmetrisch orthogonale Strukturmatrizen

und diskontinuierlichen Mustern sehr häufig benutzte Fouriermatrix. Tabelle 25 enthält neben der Fouriermatrix drei produktsymmetrisch orthogonale Strukturmatrizen über Galoisfeldern $V_3 = (\mathbb{N}(0,r-1); + \bmod r, \cdot \bmod r)$. Dabei ist jeweils nur g(x) angegeben.

Anmerkungen zu Tabelle 25

Zu 1:

$\underline{f}$ - Fouriermatrix,

$\underline{f}_{|p=2} = \underline{h}_2 = \frac{1}{\sqrt{2}}\begin{pmatrix}+1 & -1\\ +1 & +1\end{pmatrix}$ - Basismatrix der Hadamardmatrix (vgl. Abschn. 3.4.2.3. und 3.4.3.2.),

$\underline{f}_{|p>2}$ - Basismatrix für die Matrizendarstellung der Funktionensysteme der natürlich geordneten, Paley-geordneten und Walsh-geordneten Wilenkin-Chrestenson-Funktionen [17].

Zu 2:

p und r können hierbei nur folgende Werte annehmen:

p	r	r ist eine	Primzahl
2	3	Fermatsche	(t=0)
4	5	Fermatsche	(t=1)
3	7	Mersennesche	(t=3)
10	11		
12	13		
8	17	Fermatsche	(t=2)
18	19		
11	23		
28	29		
5	31	Mersennesche	(t=5)
36	37		
20	41		
14	43		
23	47		
52	53		
:	:		

- Für die Fermatschen Primzahlen

  $r = 2^{2^t} + 1 \quad ; \quad t \in \{0,1,2,3,4\}$,

  ist

  $p = 2^{t+1}$

  $$2^x \equiv (-1)^{\text{entier}\frac{x}{p/2}} \cdot 2^{x \bmod \frac{p}{2}} \pmod{r} \quad .$$

- Für die Mersenneschen Primzahlen

  $r = 2^t - 1 \quad ; \quad t \in \{2,3,5,7,13,17,19,31,61,89,107,127,521,607,1279,2203,..\}$,

  ist

  $p = t$

  $2^x \bmod r = 2^x$.

- Für gerade p ist

  $$2^x \equiv (-1)^{\text{entier}\frac{x}{p/2}} \cdot 2^{x \bmod \frac{p}{2}} \pmod{r} \ .$$

Zu 3:

$\underline{f}$ - Zahlentheoretische Transformationsmatrix, Typ Fermat-Gauß [18] .

Zu 4:

p und r können nur folgende Werte annehmen:

p	2	3	5	11	23	29	41	53	83	89	113	131	173	179	191 ..
r	5	7	11	23	47	59	83	107	167	179	227	263	347	359	383 ..

Zu 2, 3 und 4:

Finden $\underline{f}$ und $\underline{f}'$ als Transformationsmatrizen $\underline{h}$ und $\underline{h}'$ einer orthogonalen Transformation gemäß Gl. (214) (≙ orthogonale Transformation eines diskontinuierlichen Musters) Einsatz, so ist bei der Produktbildung $\frac{1}{\sqrt{p}} \cdot \frac{1}{\sqrt{p}} \bmod r = \frac{1}{p} \bmod r$ zu berechnen. Für die Fälle 2, 3 und 4 gilt

$$\frac{1}{p} \bmod r = r - \frac{r-1}{p} \quad .$$

Beispiele zu Tabelle 25

Zu 1:

Beispiel 1

$p = 8$,

$$\underline{f} = \frac{1}{\sqrt{8}} \begin{pmatrix} q^0 & q^7 & q^6 & q^5 & q^4 & q^3 & q^2 & q^1 \\ q^0 & q^6 & q^4 & q^2 & q^0 & q^6 & q^4 & q^2 \\ q^0 & q^5 & q^2 & q^7 & q^4 & q^1 & q^6 & q^3 \\ q^0 & q^4 & q^0 & q^4 & q^0 & q^4 & q^0 & q^4 \\ q^0 & q^3 & q^6 & q^1 & q^4 & q^7 & q^2 & q^5 \\ q^0 & q^2 & q^4 & q^6 & q^0 & q^2 & q^4 & q^6 \\ q^0 & q^1 & q^2 & q^3 & q^4 & q^5 & q^6 & q^7 \\ q^0 & q^0 & q^0 & q^0 & q^0 & q^0 & q^0 & q^0 \end{pmatrix} ; \; q = \frac{1}{\sqrt{2}}(1 + \sqrt{-1}) , \qquad (230.1)$$

$$\underline{f}' = \frac{1}{\sqrt{8}} \begin{pmatrix} q^0 & q^1 & q^2 & q^3 & q^4 & q^5 & q^6 & q^7 \\ q^0 & q^2 & q^4 & q^6 & q^0 & q^2 & q^4 & q^6 \\ q^0 & q^3 & q^6 & q^1 & q^4 & q^7 & q^2 & q^5 \\ q^0 & q^4 & q^0 & q^4 & q^0 & q^4 & q^0 & q^4 \\ q^0 & q^5 & q^2 & q^7 & q^4 & q^1 & q^6 & q^3 \\ q^0 & q^6 & q^4 & q^2 & q^0 & q^6 & q^4 & q^2 \\ q^0 & q^7 & q^6 & q^5 & q^4 & q^3 & q^2 & q^1 \\ q^0 & q^0 & q^0 & q^0 & q^0 & q^0 & q^0 & q^0 \end{pmatrix} . \qquad (230.2)$$

Beispiel 2

Aus Tabelle 24 erhält man für $g(x) = \frac{1}{\sqrt{p}} \cdot q^x \; ; \; q = e^{\frac{2\pi}{p} \cdot \sqrt{-1}}$

nachstehende Matrixnotierung der Funktionensysteme der natürlich geordneten, Paley-geordneten und Walsh-geordneten Wilenkin-Chrestenson-Funktionen (Wilenkin-Chrestenson-Matrix)

$$\varphi[i,j] = \frac{1}{\sqrt{p^n}} \cdot q^{\sum\limits_{\nu=0}^{n-1} i_\nu \cdot k_\nu \bmod p} \; ; \; q = e^{\frac{2\pi}{p} \cdot \sqrt{-1}} , \qquad (231.1)$$

$$\varphi''[i,j] = \bar{\varphi}[i,j] = \frac{1}{\sqrt{p^n}} \cdot q^{-\sum\limits_{\nu=0}^{n-1} i_\nu \cdot k_\nu \bmod p} \qquad (231.2)$$

mit

k_ν =	Wilenkin-Chrestenson-Matrix
j_ν	natürliche Form
$j_{n-1-\nu}$	Paley-Form
$j_{n-1-\nu} + j_{n-\nu}$ modp	Walsh-Form

. (231.3)

Für p = 3 , n = 2 liefert Gl. (231)

$$\underline{\varphi} = \frac{1}{3}\begin{pmatrix} q^0 & q^2 & q^1 & q^2 & q^1 & q^0 & q^1 & q^0 & q^2 \\ q^0 & q^1 & q^2 & q^2 & q^0 & q^1 & q^1 & q^2 & q^0 \\ q^0 & q^0 & q^0 & q^2 & q^2 & q^2 & q^1 & q^1 & q^1 \\ q^0 & q^2 & q^1 & q^1 & q^0 & q^2 & q^2 & q^1 & q^0 \\ q^0 & q^1 & q^2 & q^1 & q^2 & q^0 & q^2 & q^0 & q^1 \\ q^0 & q^0 & q^0 & q^1 & q^1 & q^1 & q^2 & q^2 & q^2 \\ q^0 & q^2 & q^1 & q^0 & q^2 & q^1 & q^0 & q^2 & q^1 \\ q^0 & q^1 & q^2 & q^0 & q^1 & q^2 & q^0 & q^1 & q^2 \\ q^0 & q^0 & q^0 & q^0 & q^0 & q^0 & q^0 & q^0 & q^0 \end{pmatrix} \; ; \; q = \frac{1}{2}(-1 + \sqrt{-3}) , \qquad (232.1)$$

$$\underline{\varphi}'' = \frac{1}{3}\begin{pmatrix} q^0 & q^1 & q^2 & q^1 & q^2 & q^0 & q^2 & q^0 & q^1 \\ q^0 & q^2 & q^1 & q^1 & q^0 & q^2 & q^2 & q^1 & q^0 \\ q^0 & q^0 & q^0 & q^1 & q^1 & q^1 & q^2 & q^2 & q^2 \\ q^0 & q^1 & q^2 & q^2 & q^0 & q^1 & q^1 & q^2 & q^0 \\ q^0 & q^2 & q^1 & q^2 & q^1 & q^0 & q^1 & q^0 & q^2 \\ q^0 & q^0 & q^0 & q^2 & q^2 & q^2 & q^1 & q^1 & q^1 \\ q^0 & q^1 & q^2 & q^0 & q^1 & q^2 & q^0 & q^1 & q^2 \\ q^0 & q^2 & q^1 & q^0 & q^2 & q^1 & q^0 & q^2 & q^1 \\ q^0 & q^0 & q^0 & q^0 & q^0 & q^0 & q^0 & q^0 & q^0 \end{pmatrix} \qquad (232.2)$$

natürliche Form ,

$$\underline{\varphi} = \frac{1}{3}\begin{pmatrix} q^0 & q^2 & q^1 & q^2 & q^1 & q^0 & q^1 & q^0 & q^2 \\ q^0 & q^2 & q^1 & q^1 & q^0 & q^2 & q^2 & q^1 & q^0 \\ q^0 & q^2 & q^1 & q^0 & q^2 & q^1 & q^0 & q^2 & q^1 \\ q^0 & q^1 & q^2 & q^2 & q^0 & q^1 & q^1 & q^2 & q^0 \\ q^0 & q^1 & q^2 & q^1 & q^2 & q^0 & q^2 & q^0 & q^1 \\ q^0 & q^1 & q^2 & q^0 & q^1 & q^2 & q^0 & q^1 & q^2 \\ q^0 & q^0 & q^0 & q^2 & q^2 & q^2 & q^1 & q^1 & q^1 \\ q^0 & q^0 & q^0 & q^1 & q^1 & q^1 & q^2 & q^2 & q^2 \\ q^0 & q^0 & q^0 & q^0 & q^0 & q^0 & q^0 & q^0 & q^0 \end{pmatrix} , \qquad (233.1)$$

$$\underline{\varphi}'' = \frac{1}{3} \begin{pmatrix} q^0 & q^1 & q^2 & q^1 & q^2 & q^0 & q^2 & q^0 & q^1 \\ q^0 & q^1 & q^2 & q^2 & q^0 & q^1 & q^1 & q^2 & q^0 \\ q^0 & q^1 & q^2 & q^0 & q^1 & q^2 & q^0 & q^1 & q^2 \\ q^0 & q^2 & q^1 & q^1 & q^0 & q^2 & q^2 & q^1 & q^0 \\ q^0 & q^2 & q^1 & q^2 & q^1 & q^0 & q^1 & q^0 & q^2 \\ q^0 & q^2 & q^1 & q^0 & q^2 & q^1 & q^0 & q^2 & q^1 \\ q^0 & q^0 & q^0 & q^1 & q^1 & q^1 & q^2 & q^2 & q^2 \\ q^0 & q^0 & q^0 & q^2 & q^2 & q^2 & q^1 & q^1 & q^1 \\ q^0 & q^0 & q^0 & q^0 & q^0 & q^0 & q^0 & q^0 & q^0 \end{pmatrix} \quad \text{Paley-Form}, \tag{233.2}$$

$$\underline{\varphi} = \frac{1}{3} \begin{pmatrix} q^0 & q^2 & q^1 & q^1 & q^0 & q^2 & q^2 & q^1 & q^0 \\ q^0 & q^2 & q^1 & q^0 & q^2 & q^1 & q^0 & q^2 & q^1 \\ q^0 & q^2 & q^1 & q^2 & q^1 & q^0 & q^1 & q^0 & q^2 \\ q^0 & q^1 & q^2 & q^0 & q^1 & q^2 & q^0 & q^1 & q^2 \\ q^0 & q^1 & q^2 & q^2 & q^0 & q^1 & q^1 & q^2 & q^0 \\ q^0 & q^1 & q^2 & q^1 & q^2 & q^0 & q^2 & q^0 & q^1 \\ q^0 & q^0 & q^0 & q^2 & q^2 & q^2 & q^1 & q^1 & q^1 \\ q^0 & q^0 & q^0 & q^1 & q^1 & q^1 & q^2 & q^2 & q^2 \\ q^0 & q^0 & q^0 & q^0 & q^0 & q^0 & q^0 & q^0 & q^0 \end{pmatrix}, \tag{234.1}$$

$$\underline{\varphi}'' = \frac{1}{3} \begin{pmatrix} q^0 & q^1 & q^2 & q^2 & q^0 & q^1 & q^1 & q^2 & q^0 \\ q^0 & q^1 & q^2 & q^0 & q^1 & q^2 & q^0 & q^1 & q^2 \\ q^0 & q^1 & q^2 & q^1 & q^2 & q^0 & q^2 & q^0 & q^1 \\ q^0 & q^2 & q^1 & q^0 & q^2 & q^1 & q^0 & q^2 & q^1 \\ q^0 & q^2 & q^1 & q^1 & q^0 & q^2 & q^2 & q^1 & q^0 \\ q^0 & q^2 & q^1 & q^2 & q^1 & q^0 & q^1 & q^0 & q^2 \\ q^0 & q^0 & q^0 & q^1 & q^1 & q^1 & q^2 & q^2 & q^2 \\ q^0 & q^0 & q^0 & q^2 & q^2 & q^2 & q^1 & q^1 & q^1 \\ q^0 & q^0 & q^0 & q^0 & q^0 & q^0 & q^0 & q^0 & q^0 \end{pmatrix} \quad \text{Walsh-Form}. \tag{234.2}$$

Zu 2:

$p = 8 \longrightarrow r = 17$, $\frac{1}{\sqrt{p}} \bmod r = 7$,

$$\underline{f} = 7 \begin{pmatrix} 1 & -8 & -4 & -2 & -1 & 8 & 4 & 2 \\ 1 & -4 & -1 & 4 & 1 & -4 & -1 & 4 \\ 1 & -2 & 4 & -8 & -1 & 2 & -4 & 8 \\ 1 & -1 & 1 & -1 & 1 & -1 & 1 & -1 \\ 1 & 8 & -4 & 2 & -1 & -8 & 4 & -2 \\ 1 & 4 & -1 & -4 & 1 & 4 & -1 & -4 \\ 1 & 2 & 4 & 8 & -1 & -2 & -4 & -8 \\ 1 & 1 & 1 & 1 & 1 & 1 & 1 & 1 \end{pmatrix} \bmod 17 = \begin{pmatrix} 7 & 12 & 6 & 3 & 10 & 5 & 11 & 14 \\ 7 & 6 & 10 & 11 & 7 & 6 & 10 & 11 \\ 7 & 3 & 11 & 12 & 10 & 14 & 6 & 5 \\ 7 & 10 & 7 & 10 & 7 & 10 & 7 & 10 \\ 7 & 5 & 6 & 14 & 10 & 12 & 11 & 3 \\ 7 & 11 & 10 & 6 & 7 & 11 & 10 & 6 \\ 7 & 14 & 11 & 5 & 10 & 3 & 6 & 12 \\ 7 & 7 & 7 & 7 & 7 & 7 & 7 & 7 \end{pmatrix}, \tag{235.1}$$

$$\underline{f}' = 7\begin{pmatrix} 1 & 2 & 4 & 8 & -1 & -2 & -4 & -8 \\ 1 & 4 & -1 & -4 & 1 & 4 & -1 & -4 \\ 1 & 8 & -4 & 2 & -1 & -8 & 4 & -2 \\ 1 & -1 & 1 & -1 & 1 & -1 & 1 & -1 \\ 1 & -2 & 4 & -8 & -1 & 2 & -4 & 8 \\ 1 & -4 & -1 & 4 & 1 & -4 & -1 & 4 \\ 1 & -8 & -4 & -2 & -1 & 8 & 4 & 2 \\ 1 & 1 & 1 & 1 & 1 & 1 & 1 & 1 \end{pmatrix} \bmod 17 = \begin{pmatrix} 7 & 14 & 11 & 5 & 10 & 3 & 6 & 12 \\ 7 & 11 & 10 & 6 & 7 & 11 & 10 & 6 \\ 7 & 5 & 6 & 14 & 10 & 12 & 11 & 3 \\ 7 & 10 & 7 & 10 & 7 & 10 & 7 & 10 \\ 7 & 3 & 11 & 12 & 10 & 14 & 6 & 5 \\ 7 & 6 & 10 & 11 & 7 & 6 & 10 & 11 \\ 7 & 12 & 6 & 3 & 10 & 5 & 11 & 14 \\ 7 & 7 & 7 & 7 & 7 & 7 & 7 & 7 \end{pmatrix}. \tag{235.2}$$

Zu 3:

$p = 8\ ,\ t = 3 \longrightarrow r = 257\ ,\ \frac{1}{\sqrt{p}} \bmod r = 15,$

$$\underline{f} = \begin{pmatrix} 15 & 68 & 17 & 197 & 242 & 189 & 240 & 60 \\ 15 & 17 & 242 & 240 & 15 & 17 & 242 & 240 \\ 15 & 197 & 240 & 68 & 242 & 60 & 17 & 189 \\ 15 & 242 & 15 & 242 & 15 & 242 & 15 & 242 \\ 15 & 189 & 17 & 60 & 242 & 68 & 240 & 197 \\ 15 & 240 & 242 & 17 & 15 & 240 & 242 & 17 \\ 15 & 60 & 240 & 189 & 242 & 197 & 17 & 68 \\ 15 & 15 & 15 & 15 & 15 & 15 & 15 & 15 \end{pmatrix}, \tag{236.1}$$

$$\underline{f}' = \begin{pmatrix} 15 & 60 & 240 & 189 & 242 & 197 & 17 & 68 \\ 15 & 240 & 242 & 17 & 15 & 240 & 242 & 17 \\ 15 & 189 & 17 & 60 & 242 & 68 & 240 & 197 \\ 15 & 242 & 15 & 242 & 15 & 242 & 15 & 242 \\ 15 & 197 & 240 & 68 & 242 & 60 & 17 & 189 \\ 15 & 17 & 242 & 240 & 15 & 17 & 242 & 240 \\ 15 & 68 & 17 & 197 & 242 & 189 & 240 & 60 \\ 15 & 15 & 15 & 15 & 15 & 15 & 15 & 15 \end{pmatrix}, \tag{236.2}$$

Zu 4:

$p = 11\ ,\ r = 23,$

$$\underline{f} = \frac{1}{\sqrt{11}}\begin{pmatrix} 1 & 6 & 8 & 12 & 18 & 3 & 13 & 2 & 16 & 9 & 4 \\ 1 & 8 & 18 & 13 & 16 & 4 & 6 & 12 & 3 & 2 & 9 \\ 1 & 12 & 13 & 9 & 6 & 18 & 2 & 4 & 8 & 3 & 16 \\ 1 & 18 & 16 & 6 & 3 & 9 & 8 & 13 & 4 & 12 & 2 \\ 1 & 3 & 4 & 18 & 9 & 12 & 16 & 8 & 2 & 6 & 13 \\ 1 & 13 & 6 & 2 & 8 & 16 & 12 & 9 & 18 & 4 & 3 \\ 1 & 2 & 12 & 4 & 13 & 8 & 9 & 3 & 6 & 16 & 18 \\ 1 & 16 & 3 & 8 & 4 & 2 & 18 & 6 & 9 & 13 & 12 \\ 1 & 9 & 2 & 3 & 12 & 6 & 4 & 16 & 13 & 18 & 8 \\ 1 & 4 & 9 & 16 & 2 & 13 & 3 & 18 & 12 & 8 & 6 \\ 1 & 1 & 1 & 1 & 1 & 1 & 1 & 1 & 1 & 1 & 1 \end{pmatrix} \bmod 23, \tag{237.1}$$

$$\underline{f}' = \frac{1}{\sqrt{11}}\begin{pmatrix} 1 & 4 & 9 & 16 & 2 & 13 & 3 & 18 & 12 & 8 & 6 \\ 1 & 9 & 2 & 3 & 12 & 6 & 4 & 16 & 13 & 18 & 8 \\ 1 & 16 & 3 & 8 & 4 & 2 & 18 & 6 & 9 & 13 & 12 \\ 1 & 2 & 12 & 4 & 13 & 8 & 9 & 3 & 6 & 16 & 18 \\ 1 & 13 & 6 & 2 & 8 & 16 & 12 & 9 & 18 & 4 & 3 \\ 1 & 3 & 4 & 18 & 9 & 12 & 16 & 8 & 2 & 6 & 13 \\ 1 & 18 & 16 & 6 & 3 & 9 & 8 & 13 & 4 & 12 & 2 \\ 1 & 12 & 13 & 9 & 6 & 18 & 2 & 4 & 8 & 3 & 16 \\ 1 & 8 & 18 & 13 & 16 & 4 & 6 & 12 & 3 & 2 & 9 \\ 1 & 6 & 8 & 12 & 18 & 3 & 13 & 2 & 16 & 9 & 4 \\ 1 & 1 & 1 & 1 & 1 & 1 & 1 & 1 & 1 & 1 & 1 \end{pmatrix} \bmod 23. \tag{237.2}$$

3.4.3.2. Hadamardmatrix

$\underline{f}$	$\underline{f}' = \underline{f}$	p	N	$a \oplus b$	$a \bullet b$	Eigenschaften
		$= 2^n$; $n \in \mathbb{N}(1,\infty)$	$\mathbb{R}(-\infty,+\infty)$	$a+b$	$a \cdot b$	$\underline{f}^T = \underline{f}$, $\underline{f}^2 = \underline{e}$

– natürliche Form

$$\underline{h}_{2^n} = \left(h_{2^n}[i,j] \right)_{i=0,\, j=0}^{p-1,\, p-1} = \underline{h}_2^{ⓝ} \; ; \quad \underline{h}_2 = \frac{1}{\sqrt{2}} \begin{pmatrix} +1 & -1 \\ +1 & +1 \end{pmatrix}$$

$$h_{2^n}[i,j] = \frac{1}{\sqrt{p}} \cdot (-1)^{\sum_{\nu=0}^{n-1} i_\nu \cdot j_\nu \bmod 2} \; ; \quad i = \sum_{\nu=0}^{n-1} i_\nu \cdot 2^\nu \; , \quad j = \sum_{\nu=0}^{n-1} j_\nu \cdot 2^\nu$$

– Paley-Form

$$\underline{p}_{2^n} = \left(p_{2^n}[i,j] \right)_{i=0,\, j=0}^{p-1,\, p-1}$$

$$p_{2^n}[i,j] = \frac{1}{\sqrt{p}} \cdot (-1)^{\sum_{\nu=0}^{n-1} i_\nu \cdot j_{n-1-\nu} \bmod 2} = h_{2^n}[i, inv_n(j)]$$ 14)

– Walsh-Form

$$w_{2^n} = \left(w_{2^n}[i,j] \right)_{i=0,\, j=0}^{p-1,\, p-1}$$

$$w_{2^n}[i,j] = \frac{1}{\sqrt{p}} \cdot (-1)^{\sum_{\nu=0}^{n-1} i_\nu \cdot (j_{n-1-\nu} + j_{n-\nu}) \bmod 2} = h_{2^n}[i, inv_n(j \oplus entier(\tfrac{j}{2}))]$$ 14)

Tabelle 26 Hadamardmatrix

Beispiel

$p = 8$,

$$\underline{h}_8 = \frac{1}{\sqrt{8}} \begin{bmatrix} +1 & -1 & -1 & +1 & -1 & +1 & +1 & -1 \\ +1 & +1 & -1 & -1 & -1 & -1 & +1 & +1 \\ +1 & -1 & +1 & -1 & -1 & +1 & -1 & +1 \\ +1 & +1 & +1 & +1 & -1 & -1 & -1 & -1 \\ +1 & -1 & -1 & +1 & +1 & -1 & -1 & +1 \\ +1 & +1 & -1 & -1 & +1 & +1 & -1 & -1 \\ +1 & -1 & +1 & -1 & +1 & -1 & +1 & -1 \\ +1 & +1 & +1 & +1 & +1 & +1 & +1 & +1 \end{bmatrix} \quad \text{natürliche Form}, \qquad (238.1)$$

$$\underline{P}_8 = \frac{1}{\sqrt{8}} \begin{bmatrix} +1 & -1 & -1 & +1 & -1 & +1 & +1 & -1 \\ +1 & -1 & -1 & +1 & +1 & -1 & -1 & +1 \\ +1 & -1 & +1 & -1 & -1 & +1 & -1 & +1 \\ +1 & -1 & +1 & -1 & +1 & -1 & +1 & -1 \\ +1 & +1 & -1 & -1 & -1 & -1 & +1 & +1 \\ +1 & +1 & -1 & -1 & +1 & +1 & -1 & -1 \\ +1 & +1 & +1 & +1 & -1 & -1 & -1 & -1 \\ +1 & +1 & +1 & +1 & +1 & +1 & +1 & +1 \end{bmatrix} \quad \text{Paley-Form}, \qquad (238.2)$$

$$\underline{w}_8 = \frac{1}{\sqrt{8}} \begin{bmatrix} +1 & -1 & +1 & -1 & +1 & -1 & +1 & -1 \\ +1 & -1 & +1 & -1 & -1 & +1 & -1 & +1 \\ +1 & -1 & -1 & +1 & -1 & +1 & +1 & -1 \\ +1 & -1 & -1 & +1 & +1 & -1 & -1 & +1 \\ +1 & +1 & -1 & -1 & +1 & +1 & -1 & -1 \\ +1 & +1 & -1 & -1 & -1 & -1 & +1 & +1 \\ +1 & +1 & +1 & +1 & -1 & -1 & -1 & -1 \\ +1 & +1 & +1 & +1 & +1 & +1 & +1 & +1 \end{bmatrix} \quad \text{Walsh-Form}. \qquad (238.3)$$

---

14) i und j seien zwei natürliche Zahlen, in Binärdarstellung

$$i = \sum_{\nu=0}^{n-1} i_\nu \cdot 2^\nu \;, \quad j = \sum_{\nu=0}^{n-1} j_\nu \cdot 2^\nu \quad .$$

Dann ist

$$\mathrm{inv}_n(i) = \sum_{\nu=0}^{n-1} i_{n-1-\nu} \cdot 2^\nu \;, \quad i \oplus j = \sum_{\nu=0}^{n-1} (i_\nu + j_\nu \bmod 2) \cdot 2^\nu \quad .$$

3.4.B.3. Haarmatrix

$\underline{f}$	$\underline{f}' = \underline{f}^T$	p	N	a ⊕ b	a ⊙ b	Eigenschaften
		$= 2^n$; $n \in \mathbb{N}(1,\infty)$	$\mathbb{R}(-\infty,+\infty)$	$a+b$	$a \cdot b$	$\underline{f}\,\underline{f}^T = \underline{f}^T\,\underline{f} = \underline{e}$
- natürliche Form $\left(\underline{e}_2, \underline{h}_{2^1}, \underline{h}_{2^2}, \ldots, \underline{h}_{2^{n-1}}\right) \underline{h}_{2^n}$						
- Haar-Form $\left(\underline{e}_2, \underline{p}_{2^1}, \underline{p}_{2^2}, \ldots, \underline{p}_{2^{n-1}}\right) \underline{p}_{2^n}$						
- Walsh-Form $\left(\underline{e}_2, \underline{w}_{2^1}, \underline{w}_{2^2}, \ldots, \underline{w}_{2^{n-1}}\right) \underline{w}_{2^n}$						

Tabelle 27 Haarmatrix

Beispiel

$p = 8$,

$$\frac{1}{\sqrt{8}}\begin{pmatrix} +1 & -1 & 0 & -\sqrt{2} & 0 & 0 & 0 & -\sqrt{4} \\ +1 & +1 & -\sqrt{2} & 0 & 0 & 0 & -\sqrt{4} & 0 \\ +1 & -1 & 0 & +\sqrt{2} & 0 & -\sqrt{4} & 0 & 0 \\ +1 & +1 & +\sqrt{2} & 0 & -\sqrt{4} & 0 & 0 & 0 \\ +1 & -1 & 0 & -\sqrt{2} & 0 & 0 & 0 & +\sqrt{4} \\ +1 & +1 & -\sqrt{2} & 0 & 0 & 0 & +\sqrt{4} & 0 \\ +1 & -1 & 0 & +\sqrt{2} & 0 & +\sqrt{4} & 0 & 0 \\ +1 & +1 & +\sqrt{2} & 0 & +\sqrt{4} & 0 & 0 & 0 \end{pmatrix} \quad \text{natürliche Form}, \qquad (239.1)$$

$$\frac{1}{\sqrt{8}}\begin{pmatrix} +1 & -1 & 0 & -\sqrt{2} & 0 & 0 & 0 & -\sqrt{4} \\ +1 & -1 & 0 & -\sqrt{2} & 0 & 0 & 0 & +\sqrt{4} \\ +1 & -1 & 0 & +\sqrt{2} & 0 & 0 & -\sqrt{4} & 0 \\ +1 & -1 & 0 & +\sqrt{2} & 0 & 0 & +\sqrt{4} & 0 \\ +1 & +1 & -\sqrt{2} & 0 & 0 & -\sqrt{4} & 0 & 0 \\ +1 & +1 & -\sqrt{2} & 0 & 0 & +\sqrt{4} & 0 & 0 \\ +1 & +1 & +\sqrt{2} & 0 & -\sqrt{4} & 0 & 0 & 0 \\ +1 & +1 & +\sqrt{2} & 0 & +\sqrt{4} & 0 & 0 & 0 \end{pmatrix} \quad \text{Haar-Form}, \qquad (239.2)$$

$$\frac{1}{\sqrt{8}}\begin{pmatrix} +1 & -1 & 0 & +\sqrt{2} & 0 & 0 & 0 & +\sqrt{4} \\ +1 & -1 & 0 & +\sqrt{2} & 0 & 0 & 0 & -\sqrt{4} \\ +1 & -1 & 0 & -\sqrt{2} & 0 & 0 & -\sqrt{4} & 0 \\ +1 & -1 & 0 & -\sqrt{2} & 0 & 0 & +\sqrt{4} & 0 \\ +1 & +1 & -\sqrt{2} & 0 & 0 & +\sqrt{4} & 0 & 0 \\ +1 & +1 & -\sqrt{2} & 0 & 0 & -\sqrt{4} & 0 & 0 \\ +1 & +1 & +\sqrt{2} & 0 & -\sqrt{4} & 0 & 0 & 0 \\ +1 & +1 & +\sqrt{2} & 0 & +\sqrt{4} & 0 & 0 & 0 \end{pmatrix} \quad \text{Walsh-Form}. \qquad (239.3)$$

3.4.3.4. Antisymmetrische orthogonale Strukturmatrizen

In den nachstehenden Tabellen 28 und 29 sind antisymmetrische orthogonale Strukturmatrizen zusammengestellt.

p	N	a ⊕ b	a ● b	Eigenschaften
$\in \mathbb{N}(1,\infty)$	$\mathfrak{G}$	$a + b$	$a \cdot b$	$sym(\underline{f}) = sym(\underline{f}') = \underline{e}$ $\underline{f}\,\underline{f}' = \underline{f}'\,\underline{f} = \underline{e}$

Lfd. Nr.	$\underline{f}$ ist Strukturmatrix einer reflexiven Halbordnungsstruktur	$\underline{f}' = \underline{e} - it\!\downarrow\!(\underline{f} - \underline{e})$
1	$\left(\begin{matrix} 1 & \text{für } i \leq j \\ 0 & \text{sonst} \end{matrix}\right)_{i=0,\,j=0}^{p-1,\,p-1}$	$\left(\begin{matrix} (-1)^{j-i} & \text{für } j-i \in \{0,1\} \\ 0 & \text{sonst} \end{matrix}\right)_{i=0,\,j=0}^{p-1,\,p-1}$
2	$\left(\begin{matrix} 1 & \text{für } (i+1) \mid (j+1) \\ 0 & \text{sonst} \end{matrix}\right)_{i=0,\,j=0}^{p-1,\,p-1}$	$\left(\begin{matrix} \mu\left(\frac{j+1}{i+1}\right) & \text{für } (i+1) \mid (j+1) \\ 0 & \text{sonst} \end{matrix}\right)_{i=0,\,j=0}^{p-1,\,p-1}$ $\mu(n) ::= \begin{cases} +1 & \text{für } n=1 \\ (-1)^r & \text{wenn } n \text{ Produkt von } r \text{ voneinander verschiedenen Primzahlen ist} \\ 0 & \text{sonst} \end{cases}$ (Möbiussche Funktion)
3	$\begin{pmatrix} 1 & 1 \\ 1 & 0 \end{pmatrix}^{ⓝ}$; $p = 2^n$, $n \in \mathbb{N}(1,\infty)$	$\begin{pmatrix} -1 & +1 \\ +1 & 0 \end{pmatrix}^{ⓝ}$
4	$\left(\begin{matrix} 1 & \text{für } \lvert i-k \rvert \leq \lvert j-k \rvert \\ 0 & \text{sonst} \end{matrix}\right)_{i=0,\,j=0}^{p-1,\,p-1}$; $p = 2k+1$, $k \in \mathbb{N}(1,\infty)$	$\left(\begin{matrix} (-1)^{\lvert j-k \rvert - \lvert i-k \rvert} & \text{für } \lvert i-k \rvert \leq \lvert j-k \rvert \\ 0 & \text{sonst} \end{matrix}\right)_{i=0,\,j=0}^{p-1,\,p-1}$

Tabelle 28 Antisymmetrische orthogonale Strukturmatrizen

Beispiele zu Tabelle 28

Zu 1:

$p = 8$,

$$\underline{f} = \begin{pmatrix} 1&1&1&1&1&1&1&1\\ 1&1&1&1&1&1&1&0\\ 1&1&1&1&1&1&0&0\\ 1&1&1&1&1&0&0&0\\ 1&1&1&1&0&0&0&0\\ 1&1&1&0&0&0&0&0\\ 1&1&0&0&0&0&0&0\\ 1&0&0&0&0&0&0&0 \end{pmatrix} ; \quad \underline{f}' = \begin{pmatrix} 0&0&0&0&0&0&-1&+1\\ 0&0&0&0&0&-1&+1&0\\ 0&0&0&0&-1&+1&0&0\\ 0&0&0&-1&+1&0&0&0\\ 0&0&-1&+1&0&0&0&0\\ 0&-1&+1&0&0&0&0&0\\ -1&+1&0&0&0&0&0&0\\ +1&0&0&0&0&0&0&0 \end{pmatrix}. \tag{240}$$

Zu 2:

$p = 8$,

$$\underline{f} = \begin{pmatrix} 1&1&0&1&0&0&0&1\\ 1&0&0&0&0&0&1&0\\ 1&1&1&0&0&1&0&0\\ 1&0&0&0&1&0&0&0\\ 1&1&0&1&0&0&0&0\\ 1&0&1&0&0&0&0&0\\ 1&1&0&0&0&0&0&0\\ 1&0&0&0&0&0&0&0 \end{pmatrix} ; \quad \underline{f}' = \begin{pmatrix} 0&0&0&-1&0&0&0&+1\\ -1&0&0&0&0&0&+1&0\\ +1&-1&-1&0&0&+1&0&0\\ -1&0&0&0&+1&0&0&0\\ 0&-1&0&+1&0&0&0&0\\ -1&0&+1&0&0&0&0&0\\ -1&+1&0&0&0&0&0&0\\ +1&0&0&0&0&0&0&0 \end{pmatrix}. \tag{241}$$

Zu 3:

$p = 8$,

$$\underline{f} = \begin{pmatrix} 1&1&1&1&1&1&1&1\\ 1&0&1&0&1&0&1&0\\ 1&1&0&0&1&1&0&0\\ 1&0&0&0&1&0&0&0\\ 1&1&1&1&0&0&0&0\\ 1&0&1&0&0&0&0&0\\ 1&1&0&0&0&0&0&0\\ 1&0&0&0&0&0&0&0 \end{pmatrix} ; \quad \underline{f}' = \begin{pmatrix} -1&+1&+1&-1&+1&-1&-1&+1\\ +1&0&-1&0&-1&0&+1&0\\ +1&-1&0&0&-1&+1&0&0\\ -1&0&0&0&+1&0&0&0\\ +1&-1&-1&+1&0&0&0&0\\ -1&0&+1&0&0&0&0&0\\ -1&+1&0&0&0&0&0&0\\ +1&0&0&0&0&0&0&0 \end{pmatrix}. \tag{242}$$

Zu 4:

$p = 7$,

$$\underline{f} = \begin{pmatrix} 0&1&1&1&1&1&1\\ 0&0&1&1&1&1&0\\ 0&0&0&1&1&0&0\\ 0&0&0&1&0&0&0\\ 0&0&1&1&0&0&0\\ 0&1&1&1&1&0&0\\ 1&1&1&1&1&1&0 \end{pmatrix} ; \quad \underline{f}' = \begin{pmatrix} 0&-1&+1&-1&+1&-1&+1\\ 0&0&-1&+1&-1&+1&0\\ 0&0&0&-1&+1&0&0\\ 0&0&0&+1&0&0&0\\ 0&0&+1&-1&0&0&0\\ 0&+1&-1&+1&-1&0&0\\ +1&-1&+1&-1&+1&-1&0 \end{pmatrix}. \tag{243}$$

$\underline{f} = \underline{e} \boldsymbol{+} \underline{\varphi}$	$\underline{f}' = \underline{e} \boxminus \underline{\varphi}$	p	N	$a \boldsymbol{+} b$	$a \bullet b$	Eigenschaften
$\underline{\varphi}$ ist Strukturmatrix einer über dem Körper V_3 irreflexiven, antisymmetrischen und transitiven Struktur: - $re(\underline{\varphi}) = \underline{0}$ - $sym(\underline{\varphi}) = re(\underline{\varphi})$ - $it{\uparrow}(\underline{\varphi}) = \underline{\varphi}$ über $V_3 = (N; \boldsymbol{+}, \bullet)$						$sym(\underline{f}) = sym(\underline{f}') = \underline{e}$ $\underline{f}\ \underline{f}' = \underline{f}'\ \underline{f} = \underline{e}$
$\mathfrak{n}_{2^n} = \begin{pmatrix} \mathfrak{n}_{2^{n-1}} & \mathfrak{n}'_{2^{n-1}} \\ \mathfrak{n}_{2^{n-1}} & \underline{0} \end{pmatrix}$ $\mathfrak{n}_2 = \begin{pmatrix} +1 & +1 \\ +1 & 0 \end{pmatrix}$	$\mathfrak{n}'_{2^n} = 2\underline{e} - \mathfrak{n}_{2^n}$ $\mathfrak{n}'_2 = \begin{pmatrix} -1 & +1 \\ +1 & 0 \end{pmatrix}$	$= 2^n$; $n \in \mathbb{N}(1,\infty)$	$\mathbb{G}$	$a + b$	$a \cdot b$	$f[i,j] \in \{-1,0,+1\}$ $f'[i,j] \in \{-1,0,+1\}$

Tabelle 29 Antisymmetrische orthogonale Strukturmatrizen

Beispiel

p = 8,

$$\mathfrak{n}_8 = \begin{pmatrix} +1 & +1 & -1 & +1 & -1 & -1 & +1 & +1 \\ +1 & 0 & +1 & 0 & -1 & 0 & +1 & 0 \\ +1 & +1 & 0 & 0 & -1 & +1 & 0 & 0 \\ +1 & 0 & 0 & 0 & +1 & 0 & 0 & 0 \\ +1 & +1 & -1 & +1 & 0 & 0 & 0 & 0 \\ +1 & 0 & +1 & 0 & 0 & 0 & 0 & 0 \\ +1 & +1 & 0 & 0 & 0 & 0 & 0 & 0 \\ +1 & 0 & 0 & 0 & 0 & 0 & 0 & 0 \end{pmatrix} ; \quad \mathfrak{n}'_8 = \begin{pmatrix} -1 & -1 & +1 & -1 & +1 & +1 & -1 & +1 \\ -1 & 0 & -1 & 0 & +1 & 0 & +1 & 0 \\ -1 & -1 & 0 & 0 & +1 & +1 & 0 & 0 \\ -1 & 0 & 0 & 0 & +1 & 0 & 0 & 0 \\ -1 & -1 & +1 & +1 & 0 & 0 & 0 & 0 \\ -1 & 0 & +1 & 0 & 0 & 0 & 0 & 0 \\ -1 & +1 & 0 & 0 & 0 & 0 & 0 & 0 \\ +1 & 0 & 0 & 0 & 0 & 0 & 0 & 0 \end{pmatrix} . \quad (244)$$

3.4.4. Anwendungen

Die im vorliegenden Abschnitt 3.4. betrachteten Strukturmatrizen orthogonaler Strukturen finden in verschiedensten Anwendungsbereichen, wie Informationsübertragung und automatische Musterverarbeitung, zur Transformation von Vektoren (hier als Spaltenvektoren dargestellt) und quadratischen Matrizen Einsatz.

Im folgenden seien

- $\underline{h}$ eine orthogonale p-p-Matrix,

$$\underline{h}\ \underline{h}' = \underline{e} \quad \text{über } V_3 \quad , \tag{245}$$

$$\vec{f} = \begin{bmatrix} f[p-1] \\ \vdots \\ f[1] \\ f[0] \end{bmatrix} \quad \text{und} \quad \vec{\varphi} = \begin{bmatrix} \varphi[p-1] \\ \vdots \\ \varphi[1] \\ \varphi[0] \end{bmatrix} \tag{246.1,2}$$

  p-komponentige Spaltenvektoren

- und $\underline{f}$ und $\underline{\varphi}$ p-p-Matrizen.

Dann heißt die Bildung	Diese Transformation ist umkehrbar; mit Gl. (245) erhält man aus	
des Spaltenvektors $\vec{\varphi} = \vec{f}\,\underline{h}$ über V_3 orthogonale Transformation des Spaltenvektors $\vec{f}$ mit der Transformationsmatrix $\underline{h}$	$\vec{\varphi}$ wieder $\vec{f}$: $\vec{f} = \vec{\varphi}\,\underline{h}'$ über V_3 (Rücktransformation)	(247.1,2)
der Matrix $\underline{\varphi} = \underline{h}'\,\underline{f}\,\underline{h}$ über V_3 orthogonale Transformation der Matrix $\underline{f}$ mit der Transformationsmatrix $\underline{h}$.	$\underline{\varphi}$ wieder $\underline{f}$: $\underline{f} = \underline{h}\,\underline{\varphi}\,\underline{h}'$ über V_3 (Rücktransformation).	(248.1,2)

Bei den obengenannten Anwendungen liegen i.a. folgende semantische Belegungen vor:

- $\vec{f}$ - Spaltenvektor der Amplituden eines diskontinuierlichen zeitabhängigen Signals,
  $\vec{\varphi}$ - Spaltenvektor des zugehörigen (diskontinuierlichen) Spektrums (z.B. Fourierspektrum),

- $\underline{f}$ - Matrix der Grauwerte eines diskontinuierlichen Musters
  $\underline{\varphi}$ - Matrix des zugehörigen Spektrums.

Anmerkung:

Die hier benutzte erweiterte Fassung des Orthogonalitätsbegriffes und damit auch des Begriffes der orthogonalen Transformation gestattet die zwanglose Einbeziehung einer Reihe weiterer umkehrbarer Transformationen, wie etwa der Matrizendarstellung von Schaltfunktionen [19] oder der Umkehrungssätze der Zahlentheorie [20] , für den Umkehrungssatz 1 ist z.B.

- $\vec{f}$ - Spaltenvektor der Funktionswerte einer zahlentheoretischen Funktion $f(n)$,
- $$\underline{h} = \begin{pmatrix} 1 & \text{für } (i+1)\,|\,(j+1) \\ 0 & \text{sonst} \end{pmatrix}_{i=0,j=0}^{p-1,p-1}, \qquad (249.1)$$
- $$\underline{h}' = \underline{e} - \text{it}{\downarrow}(\underline{h} - \underline{e}) \quad \text{über } V_3 = (\mathbb{R}(-\infty,+\infty);+,\cdot)$$
  $$= \begin{pmatrix} \mu(\frac{j+1}{i+1}) & \text{für } (i+1)\,|\,(j+1) \\ 0 & \text{sonst} \end{pmatrix}_{i=0,j=0}^{p-1,p-1}, \qquad (249.2)$$
  $\mu(n)$ - Möbiussche Funktion (vgl. Tab. 28.2)

Anhang

Berechnung der Wegematrix

In Abschn. 3.2.4. wird der Begriff der transitiven Hülle (Hülle Typ 1) einer Struktur S = (M,N;f) über einem Semiring W (bzw. allgemeiner: V) gemäß Gl. (6) eingeführt, und es werden die in Tab. 17 aufgelisteten Anwendungen dieser Hüllenbildung über speziellen Semiringen V aus Tab. 1 betrachtet.

Die Anwendungsfälle 2 (Bestimmung der Erreichbarkeitsmatrix aus der Adjazenzmatrix eines Graphen) und 3 (Bestimmung der Matrix der kürzesten Abstände aus der Matrix der direkten Abstände der Knoten eines Graphen) der Tab. 17 legen nun die Frage nahe, ob mit Hilfe der Hüllenbildung nach Gl. (149) nicht auch die Bestimmung aller kreisfreien Wege zwischen je zwei Knoten des Strukturgraphen einer gegebenen, insbesondere antisymmetrischen Struktur realisiert werden kann. Das ist in der Tat der Fall, die Lösung dieses Problems ist in Tab. 30 angegeben. Die Hüllenbildung erfolgt hier über einem Semiring V'_i für den gegenüber Gl. (6) abgeschwächte Bedingungen gelten. Unter Benutzung des in Abschn. 2.9.6. beschriebenen Hauptdiagonalverfahrens ist es erforderlichenfalls möglich, nur eine einzelne Spalte bzw. Zeile der Wegematrix $\underline{\varphi}'$ zu berechnen.

Beispiel 1

Gegeben:

Irreflexive antisymmetrische relationale Struktur S = (M,{0,1};f) mit

$M = \{m_0, m_1, m_2, m_3, m_4\}$,

$$\underline{f} = \begin{bmatrix} 0 & 0 & 1 & 1 & 0 \\ 1 & 0 & 0 & 0 & 0 \\ 1 & 1 & 0 & 0 & 0 \\ 0 & 0 & 0 & 1 & 1 \\ 0 & 1 & 0 & 0 & 0 \end{bmatrix} . \qquad (250.1)$$

Gesucht:

- Zu S gehörige Wegematrix $\underline{\varphi}'_1$ gemäß Tab. 30.1.
- Zu S gehörige Matrix der Minimalwege $\underline{\varphi}'_2$ gemäß Tab. 30.2.

Lösung:

- Bezeichnung der Kanten des Strukturgraphen von S

Lfd. Nr.	Ist $\underline{f}'$	so liefert die Aufwärtsiteration Typ 1 über dem Semiring $V' = (N; \boldsymbol{+}, \bullet)$	mit $\underline{\varphi}' = it\!\uparrow\!(\underline{f}')$ die zugehörige
1	die Matrix der Kantenbezeichnungen eines Graphen $f'[i,j] = a_k \in A$ – Knoten m_j ist direkter Nachfolger von Knoten m_i, der Kante $\overrightarrow{m_i m_j}$ ist eineindeutig das Kodezeichen a_k aus dem Zeichenvorrat A zugeordnet $f'[i,j] = \lambda$ (Leerzeichen) – Knoten m_j ist nicht direkter Nachfolger von Knoten m_i	N – Menge der Worte über dem Zeichenvorrat A $a \boldsymbol{+} b = \begin{cases} a & \text{für } a \sqsubseteq b \\ b & \text{für } a \sqsupseteq b \\ a,b & \text{sonst} \end{cases}$ $a \sqsubseteq b$ – Wort a ist in Wort b enthalten (als Teilwort oder auch als durch andere Zeichen $\in A$ unterbrochene Zeichenfolge) a,b – Aufzählung der Worte a und b $a \bullet b = ab$ – Verknüpfung der Worte a und b Eigenschaften von <u>A</u>ddition und <u>M</u>ultiplikation: – A und M sind assoziativ – M ist bezüglich A distributiv – A ist kommutativ – bezüglich A gibt es genau ein neutrales Element, das Nullelement λ (Leerzeichen) des Semiringes – $a \bullet \lambda = \lambda \bullet a = \lambda$	**Wegematrix** $\varphi'[i,j] \neq \lambda$; $i \neq j$ – **Gesamtheit aller kreisfreien Wege von Knoten m_i nach Knoten m_j, dargestellt in Wortnotation über dem Zeichenvorrat A** $\varphi'[i,i] \neq \lambda$ – **Gesamtheit aller Kreise, in denen m_i als Knoten enthalten ist, dargestellt in Wortnotation über dem Zeichenvorrat A** $\varphi'[i,j] = \lambda$ – **Knoten m_j ist von Knoten m_i aus nicht erreichbar**

Tabelle 30 Anwendung der Hüllenbildung Typ 1

Lfd. Nr.	Ist $\underline{f}'$	so liefert die Aufwärtsiteration Typ 1 über dem Semiring $V' = (N; \boldsymbol{+}, \bullet)$	mit $\underline{\varphi}' = it\!\uparrow\!(\underline{f}')$ die zugehörige
2	die Matrix der Kantenbezeichnungen eines Graphen wie bei 1	wie bei 1, aber mit der Addition $a \boldsymbol{+} b = \begin{cases} a & \text{für } l(a) < l(b) \\ b & \text{für } l(a) > l(b) \\ a,b & \text{sonst} \end{cases}$ $l(a)$ - Länge des Wortes a	Matrix der Minimalwege $\varphi'[i,j] \neq \;;\; i \neq j$ - Gesamtheit aller Wege von Knoten m_i nach Knoten m_j mit der kleinsten Anzahl von Kanten, dargestellt wie bei 1 $\varphi'[i,i] \neq \lambda$ - Gesamtheit aller Kreise durch m_i mit der kleinsten Anzahl von Kanten, dargestellt wie bei 1 $\varphi'[i,j] = \lambda$ - Knoten m_j ist von Knoten m_i aus nicht erreichbar

Tabelle 30 Fortsetzung

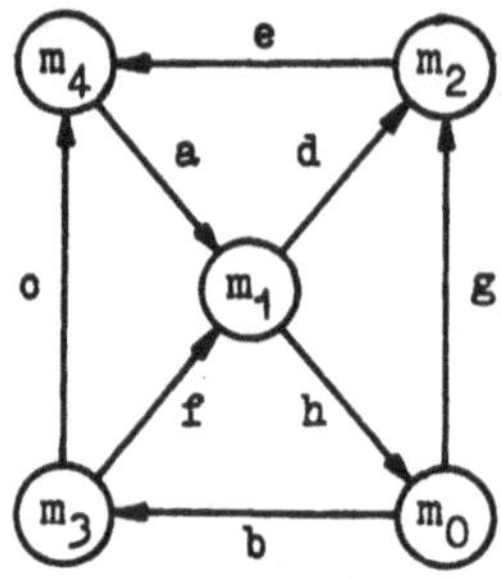

$A = \{a,b,c,d,e,f,g,h\}$,

- Matrix der Kantenbezeichnungen

$$\underline{f}' = \begin{bmatrix} \lambda & \lambda & e & c & \lambda \\ b & \lambda & \lambda & \lambda & \lambda \\ g & d & \lambda & \lambda & \lambda \\ \lambda & \lambda & \lambda & f & a \\ \lambda & h & \lambda & \lambda & \lambda \end{bmatrix} , \qquad (250.2)$$

- Wegematrix

$\underline{\psi}'_1 = \mathrm{it}\,{\uparrow}(\underline{f}')$ über V'_1

$$= \begin{bmatrix} ge,bc, & de,hge, & e & c,fde, & ade,ahge, \\ bfde & hbc & & fhge & ahbc \\ b & hb & eahb & fhb,cahb & ahb \\ g,bfd, & d,hg & ead,eahg & fd,fhg, & ad,ahg \\ bcad & & & cad,cahg & \\ bf,gea, & hbf,dea, & ea & f,ca & a \\ bca & hgea,hbca & & & \\ bfh,geah, & h & eah & fh,cah & ah \\ bcah & & & & \end{bmatrix} , \qquad (250.3)$$

- Matrix der Minimalwege

$\underline{\psi}'_2 = \mathrm{it}\,{\uparrow}(\underline{f}')$ über V'_2

$$= \begin{bmatrix} ge,bc & de & e & c & ade \\ b & hb & eahb & fhb & ahb \\ g & d & ead & fd & ad \\ bf & hbf,dea & ea & f & a \\ bfh & h & eah & fh & ah \end{bmatrix} . \qquad (250.4)$$

Beispiel 2

Gegeben:

Irreflexive kreisfreie antisymmetrische relationale Struktur

$S = (M, \{0,1\}; f)$ mit

$M = \{m_0, m_1, .., m_6\}$,

$$\underline{f} = \begin{bmatrix} 0 & 1 & 0 & 0 & 0 & 0 & 0 \\ 0 & 0 & 0 & 0 & 1 & 0 & 0 \\ 1 & 0 & 0 & 0 & 0 & 0 & 1 \\ 0 & 0 & 1 & 0 & 0 & 1 & 0 \\ 0 & 0 & 0 & 0 & 1 & 0 & 0 \\ 0 & 0 & 0 & 0 & 0 & 0 & 0 \\ 0 & 1 & 0 & 0 & 0 & 0 & 0 \end{bmatrix} . \qquad (251.1)$$

Gesucht:

Spalte 1 der zu S gehörigen Wegematrix $\underline{\varphi}'$ gemäß Tab. 30.1

Lösung:

- Bezeichnung der Kanten des Strukturgraphen von S

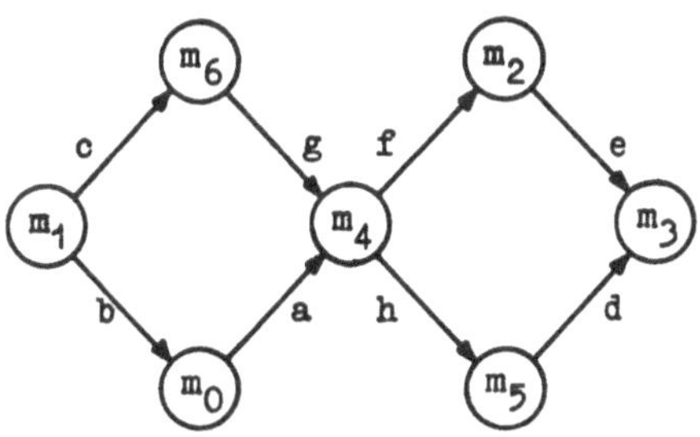

$A = \{a, b, c, d, e, f, g, h\}$,

- Matrix der Kantenbezeichnungen

$$\underline{f}' = \begin{bmatrix} \lambda & c & \lambda & \lambda & \lambda & \lambda & \lambda \\ \lambda & \lambda & \lambda & \lambda & h & \lambda & \lambda \\ a & \lambda & \lambda & \lambda & \lambda & \lambda & g \\ \lambda & \lambda & e & \lambda & \lambda & d & \lambda \\ \lambda & \lambda & \lambda & \lambda & f & \lambda & \lambda \\ \lambda & \lambda & \lambda & \lambda & \lambda & \lambda & \lambda \\ \lambda & b & \lambda & \lambda & \lambda & \lambda & \lambda \end{bmatrix} , \qquad (251.2)$$

- Berechnung von Spalte 1 der Wegematrix $\underline{\varphi}'$ nach dem Hauptdiagonalverfahren, Eigensteuerung (Abschn. 2.9.6.2.),
  - Bestimmung des Steuervektors gemäß Abschn. 2.9.6.2.2.
    - $r(\underline{f}') = \underline{f}$, (251.3)

$$\underline{h}_a = \begin{bmatrix} 0 & 0 & 0 & 0 & 0 & 0 & 1 \\ 0 & 0 & 0 & 0 & 1 & 0 & 0 \\ 1 & 0 & 0 & 0 & 0 & 0 & 1 \\ 0 & 0 & 1 & 0 & 0 & 1 & 0 \\ 0 & 0 & 0 & 0 & 1 & 0 & 0 \\ 0 & 0 & 0 & 0 & 0 & 0 & 0 \\ 1 & 0 & 0 & 0 & 0 & 0 & 0 \end{bmatrix} ; \quad \underline{h}_e = \begin{bmatrix} 0 & 0 & 0 & 0 & 0 & 0 & 1 \\ 0 & 0 & 0 & 0 & 0 & 3 & 0 \\ 0 & 0 & 0 & 0 & 2 & 0 & 0 \\ 0 & 0 & 0 & 4 & 0 & 0 & 0 \\ 0 & 0 & 3 & 0 & 0 & 0 & 0 \\ 0 & 0 & 0 & 0 & 0 & 0 & 0 \\ 1 & 0 & 0 & 0 & 0 & 0 & 0 \end{bmatrix} , \qquad (251.4;5)$$

$$\overrightarrow{h}_{st} = (1,0,3,4,2,3,1), \tag{251.6}$$

- Berechnung der Spalte 1 von $\underline{\varphi}'$

$$\underline{h}_a = \begin{bmatrix} \lambda & \lambda & \lambda & \lambda & \lambda & \lambda & (c,1) \\ \lambda & \lambda & \lambda & \lambda & h & (\lambda,3) & \lambda \\ a & \lambda & \lambda & \lambda & (\lambda,2) & \lambda & g \\ \lambda & \lambda & e & (\lambda,4) & \lambda & d & \lambda \\ \lambda & \lambda & (\lambda,3) & \lambda & f & \lambda & \lambda \\ \lambda & (\lambda,0) & \lambda & \lambda & \lambda & \lambda & \lambda \\ (b,1) & \lambda & \lambda & \lambda & \lambda & \lambda & \lambda \end{bmatrix}, \tag{251.7}$$

$$\text{Spalte 1 von } \underline{\varphi}': \quad \begin{Bmatrix} \text{c} \\ \text{bah,cgh} \\ \text{ba,cg} \\ \text{bafe,cgfe,bahd,cghd} \\ \text{baf,cgf} \\ \lambda \\ \text{b} \end{Bmatrix}. \tag{251.8}$$

Beispiel 3

Gegeben:

Irreflexive symmetrische relationale Struktur $S = (M,\{0,1\};f)$ mit

$M = \{m_0,m_1,\ldots,m_8\}$,

$$\underline{f} = \begin{Bmatrix} 0&0&0&1&0&1&1&0&0 \\ 1&0&0&1&1&0&0&0&0 \\ 0&1&1&0&0&0&0&0&1 \\ 1&0&1&1&0&0&0&0&1 \\ 1&1&0&0&0&0&0&1&0 \\ 0&0&0&0&0&1&0&1&1 \\ 1&1&0&0&0&1&1&0&0 \\ 0&0&1&0&1&0&1&0&0 \\ 0&0&1&0&1&1&0&1&0 \end{Bmatrix}. \tag{252.1}$$

Gesucht:

Spalte 3 der zu S gehörigen Matrix der Minimalwege $\underline{\varphi}'$ gemäß Tab. 30.2.

Lösung:

- Bezeichnung der Kanten des Strukturgraphen von S

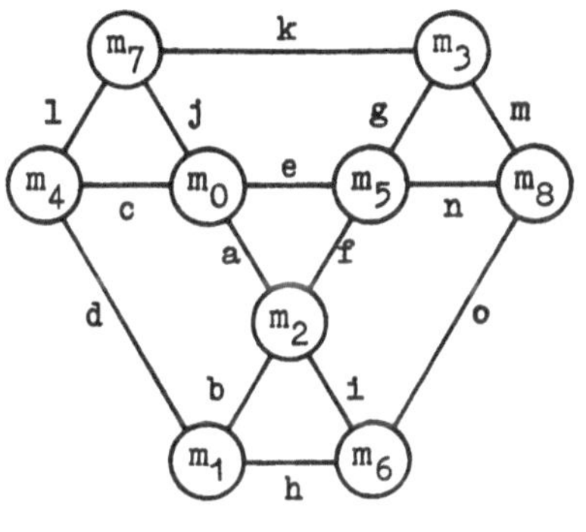

$A = \{a,b,c,d,e,f,g,h,i,j,l,m,n,o\}$,

- Matrix der Kantenbezeichnungen

$$\underline{f}' = \begin{pmatrix} \lambda & \lambda & \lambda & m & \lambda & n & o & \lambda & \lambda \\ j & \lambda & \lambda & k & l & \lambda & \lambda & \lambda & \lambda \\ \lambda & h & i & \lambda & \lambda & \lambda & \lambda & \lambda & o \\ e & \lambda & f & g & \lambda & \lambda & \lambda & \lambda & n \\ c & d & \lambda & \lambda & \lambda & \lambda & \lambda & l & \lambda \\ \lambda & \lambda & \lambda & \lambda & \lambda & g & \lambda & k & m \\ a & b & \lambda & \lambda & \lambda & f & i & \lambda & \lambda \\ \lambda & \lambda & b & \lambda & d & \lambda & h & \lambda & \lambda \\ \lambda & \lambda & a & \lambda & c & e & \lambda & j & \lambda \end{pmatrix}, \qquad (252.2)$$

- Berechnung von Spalte 3 der Matrix der Minimalwege $\underline{\varphi}'$ nach dem Hauptdiagonalverfahren, Standardform (Abschn. 2.9.6.2.)

$$\underline{h}_a = \begin{pmatrix} \lambda & \lambda & \lambda & \lambda & \lambda & n & o & \lambda & m \\ j & \lambda & \lambda & \lambda & l & \lambda & \lambda & k & \lambda \\ \lambda & h & i & \lambda & \lambda & \lambda & \lambda & \lambda & o \\ e & \lambda & f & \lambda & \lambda & g & \lambda & \lambda & n \\ c & d & \lambda & \lambda & \lambda & \lambda & \lambda & l & \lambda \\ \lambda & \lambda & \lambda & \lambda & \lambda & g & \lambda & k & m \\ a & b & \lambda & \lambda & \lambda & f & i & \lambda & \lambda \\ \lambda & \lambda & \lambda & \lambda & d & \lambda & h & \lambda & \lambda \\ \lambda & \lambda & \lambda & \lambda & c & e & \lambda & j & \lambda \end{pmatrix}, \qquad (252.3)$$

Spalte 3 von $\underline{\varphi}'$:

$$\begin{pmatrix} m \\ k \\ mo \\ g \\ kl \\ gg,kk,mm \\ gf \\ moh,kld,gfb \\ gc,kj \end{pmatrix}. \qquad (252.4)$$

Literatur

[1] Stahn, H.: Ein Beitrag zur Analyse und Synthese automatisierter Systeme diskreter technologischer Prozesse. Dissertation B, TU Dresden 1979

[2] Stoschek, E.; Winter, H.: Zur Definition der Begriffe Äquivalenzrelation, Halbordnungsrelation, Ordnungsrelation, Gruppe und Metrik. TU Dresden 1975, Informationen 08-06-75

[3] Stahn, H.; Stoschek, E.: Eine einheitliche Matrizendarstellung von Äquivalenzrelationen, Halbordnungsrelationen, Ordnungsrelationen und Metriken. EIK 14(1978) 1/2, S. 81 - 87

[4] Gentzsch, G.: Entwicklung eines Programmpaketes für metrische Strukturen. Diplomarbeit, TU Dresden (08) 1977

[5] Jonas, V.; Petersohn, U.; Stahn, H.: Kürzeste-Wege-Algorithmen. In: Materialien des Symposiums Informationsverarbeitung, TU Dresden 1979

[6] Thiedig, I.: Programmpaket STRUKTUR. Unveröffentlichtes Manuskript, TU Dresden (08) 1980

[7] Schiekel, P.: Matrizenverfahren zur Zusammenfassung einer antisymmetrischen relationalen Struktur durch eine Äquivalenzstruktur. Diplomarbeit, TU Dresden (08) 1980

[8] Schmidt, G.: Matrizenverfahren zur Abtrennung einer Halbordnungsstruktur von einer antisymmetrischen relationalen Struktur. Diplomarbeit, TU Dresden (08) 1980

[9] Hesse, R.; Schodlok, H.: Ein Beitrag zur rechnergestützten Fertigungsplanung in einem Betrieb der metallverarbeitenden Industrie. Unveröffentlichtes Manuskript

[10] Stoschek, E.: Angewandte Strukturtheorie - ein didaktisch-methodischer Beitrag zur Vereinheitlichung und Systematisierung mathematischer Grundlagen der Informationsverarbeitung. TU Dresden 1978, Informationen 08-05-78, 08-06-78, 08-07-78, 08-11-78

[11] Lugowski, H.: Grundzüge der Universellen Algebra. Leipzig 1976

[12] Peipmann, R.: Grundlagen der technischen Erkennung. Berlin 1975

[13] Mehlhorn, K.: Effiziente Algorithmen. Stuttgart 1977

[14] Горбатов, В.А.: Теория частично упорядоченных систем. Москва 1976

[15] Wunsch, G.: Systemanalyse, Band 3.
Berlin 1971

[16] SOPS BASTEI, Problembeschreibung.
VEB Kombinat Robotron, ZFT. Dresden 1973

[17] Löffler, H.: Information - Signal - Nachrichtenverkehr.
Berlin 1980

[18] Agarwal, R.C.; Burrus, C.S.: Number theoretic transforms to implement fast digital convolution.
Proc. IEEE 63(1975) 4, S. 550 - 560

[19] Stoschek, E.: Zur Matrizendarstellung von Schaltfunktionen.
TU Dresden 1975, Informationen 08-05-75

[20] Naas, J.; Schmid, H.L.: Mathematisches Wörterbuch, Band II.
Berlin, Leipzig 1974

Sachverzeichnis

FSC
www.fsc.org
MIX
Papier | Fördert gute Waldnutzung
FSC® C083411

Zeitfracht Medien GmbH
Ferdinand-Jühlke-Straße 7
99095 Erfurt, Deutschland
produktsicherheit@kolibri360.de